이 책에 쏟아진 찬사!

"《연결지능》은 새로운 물결을 타고 있는 이 시대의 리더들을 열정 어린 눈길로 바라본다. 영감을 불러일으키는 이야기들로 가득한 이 책은 의미 있는 관계를 구축하고 대담한 목표를 이뤄낼 수 있는 상상력 넘치는 방법을 제시한다."

— 애덤 그랜트, 와튼스쿨 교수, 뉴욕타임스 베스트셀러 《오리지널스》 저자

"에리카와 사지-니콜은 누구나 상호연계성의 힘으로 명확한 영향력을 끼치는 일을 시도할 수 있도록 중요한 자원을 일궈냈다. 나는 우리 글로벌쉐이퍼 중 한 사람인 에리카가 독자들에게 궁극적으로 영향력을 공유하는 공동체에 참여할 것을 요청하고 있음에 특별히 자부심을 느낀다. 제4차 산업혁명의 가장 핵심적 원칙은 '연결'이다."

— 클라우스 슈밥, 세계경제포럼 창립자 및 회장, 《제4차 산업혁명》 저자

"기회는 당신이 상상하는 것보다 훨씬 더 크다. 얼굴을 돌리지도, 눈을 깜박거리지도 말라. 이 책이 당신에게 온 이 순간은 당신이 붙잡아야 할 중요한 기회이다."

— 세스 고딘, 《보랏빛 소가 온다》 저자

"좋은 리더는 이미 알고 있는 것 외에, 새로운 전문가와 아이디어의 원천을 지속해서 접해야 한다. 성공을 이루고 영감을 얻고자 한다면 말이다. 당신의 네트워크를 최대한 활용해 변화와 의미를 창출하도록 이끄는 가이드북이 바로 《연결지능》이다."

— 베스 콤스톡, GE 최고마케팅책임자

"상호연계성이 증가하면서 답하기 어려운 질문을 던져야 하는 집단적 책임 또한 커지고 있다. 《연결지능》은 행동하느냐 행동하지 않느냐에 따라 엄청난 결과가 따른다는 점뿐 아니라 세계의 가장 중요한 문제들과 씨름하는 데 필요한 수단이 우리에게 있다는 것을 상기시킨다. 이는 우리가 꿈꾸는 세상을 창조하도록 영감을 주며 자극한다. 부디 당신 자신을 위해 이 책을 읽고 지금 당장 행동하려는 사람들과 공유하기를!"

— 재클린 노보그라츠, 어큐먼 펀드 CEO,《블루 스웨터》저자

"소셜시대의 혁신은 사람들과 아이디어, 그리고 여러 가지 일을 연결할 때 일어난다. 《연결지능》은 우리 각자가 커다란 가치를 발생시키는 힘을 집중 조명한다."

— 닐로퍼 머천트,《#소셜시대에 가치를 창출하는 11가지 법칙
11 Rules for Creating Value In #SocialEra》의 저자

"영감으로 가득한 이 책은 우리에게 있는 믿을 수 없을 만큼 놀라운 창조력이 어떤 것인지 보여준다. 그것은 우리가 의미 있는 방식으로 외부세계와 연결할 때 얻게 되는 것이다. 두 저자가 연결지능이라 부르는 것은 21세기를 사는 개인, 집단 그리고 기업이 어떻게 해법과 가치, 신뢰와 신의를 끌어낼 수 있는가에 대한 핵심을 두드릴 것이다."

— 존 사이페르트, 오길비 앤드 매더 북미 지부 회장 겸 CEO

"우리가 연결되어야 창조가 이루어지고, 관계를 맺는 그 방식이 우리의 모습과 하는 일을 만들어낸다는 것을 에리카와 사지-니콜은 알고 있다. 사려 깊은 관찰과 예리한 조언, 굉장한 이야기들이 넘치는 이 책은 저자들이 '둘의 힘'이라 부르는 것의 핵심을 찌르고 있다."

—조슈아 울프 셍크,《둘의 힘Powers of Two》저자

"이 세상에는 우리가 해야 할 크고 중요한 일들이 많다. 그 일을 해내는 데는 의욕과 용기, 그리고 무엇보다 서로의 존재가 필요하다. 《연결지능》은 우리가 다른 사람들과 연결될 때 발생하는 힘이 어떤 것인지 보여주고 있다. 이 책을 읽고 당신은 가장 원대하고 무모하며 야심 찬 꿈과 대결하고 싶어질 뿐 아니라, 그 꿈을 이루기 위해 어떻게 하면 좋을지 알게 될 것이다."

―마리아 아이텔, 나이키 재단 설립 회장 및 CEO

"《연결지능》은 보기 드문 책이다. 오늘날과 같이 서로 연결된 세상에 존재하는 엄청난 가치를 어떻게 이해하고 활용해야 할지, 그리고 리더들은 이를 적용해 어떻게 전략을 세우고 실행해야 할지를 보여주고 있기 때문이다. 이 책은 우리를 안내하는 지도이자 영감을 주는 자극제이기도 하다. 인간의 생태계가 지닌 탁월한 잠재력의 비밀을 풀며, 노력이 성공으로 이어지도록 한다."

― 요한 오리크, 에이티커니 총괄 파트너 및 회장

"우리 각각의 재능과 자질을 세상 사람들과 연결하고 통합함으로써 나타나는 힘이 무엇인지 이해하는 것은 우리가 이 세상을 더 나은 곳으로 만드는 데 가장 강력한 자산 중 하나로 활용할 수 있다. 《연결지능》은 '그래야 할' 이유뿐 아니라 '어떻게 하면 될지'를 함께 보여주고 있다."

― 헬렌 게일, M.D., M.P.H, 미 대외구제협회 케어 회장 및 CEO

"미래의 비즈니스 성공을 위해서는 변화하는 근무 환경을 인식해야 한다. 재능 있는 모델들이 세대를 거듭해 진화해 왔지만, 직원의 일부에게만 반향을 불러일으키는 접근방식은 그 밖의 직원들에게 아무런 호응을 얻지 못할 것이다. 《연결지능》은 모두가 세대를 뛰어넘어 서로 연결되고 관계 맺음으로써 돌파구를 얻고 미래를 향해 성장할 수 있는 길을 제시한다. 오늘날 리더십을 발휘해야 하는 위치에 있는 사람이라면, 혹은 미래에 그러한 사람이 되려는 열망을 품은 사람이라면 반드시 이 책을 읽어야 한다."

― 존 모팟, 딜로이트 컨설팅 LLP 회장 및 CEO

"연결고리를 맺는 것은 난제를 돌파해 결실을 얻고자 하는 여성과 남성이라면 누구나 나아가야 할 길이다. 연결지능이 바로 그 방법이다. 이 책은 가슴 속에 원대한 목적을 품은 이를 위한 필독서다."

— 샐리 크로첵, 엘레베이트 네트워크 회장

《연결지능》은 동기를 부여하는 풍부한 이야기를 담고 있을 뿐 아니라 비즈니스 리더와 기업가가 연결지능의 힘을 통해 조직을 근본적으로 탈바꿈시키는 데 도움이 되는 실제적 체계를 제공한다. 이 책은 오랫동안 내 참고 문헌에 속할 것이다."

— 스콧 거버, 젊은 기업가 협회 CEO

"연결지능은 이 시대에 적합하고 중요한 개념으로, 그 의미를 충분히 이해해야 한다. 오늘날처럼 상호연관성이 증가하는 세계에서는 우리가 알고 있는 것을 서로 통합해 혁신적인 해법을 창출할 기회가 많다."

—제프 로젠덜, 서밋 시리즈 공동 창립자

연지
별롱

당신의 미래를 결정하는

단순하고 강력한 힘

에리카 다완
사자니콜 조니 지음
최지원 옮김

Winner's Secret Library · 위너스북
WINNER'S BOOK

당신의 미래를 결정하는 단순하고 강력한 힘

연결지능

초판 1쇄 발행 2016년 8월 25일

지은이 | 에리카 다완, 사지-니콜 조니
발행인 | 홍경숙
발행처 | 위너스북

경영총괄 | 안경찬
기획편집 | 임소연, 김세영

출판등록 | 2008년 5월 2일 제310-2008-20호
주소 | 서울 마포구 합정동 370-9 벤처빌딩 207호
주문전화 | 02-325-8901

책임편집 | 임소연
디자인 | 최치영
제지사 | 한솔PNS(주)
인쇄 | 영신문화사

ISBN 979-89-94747-66-8 03320

·책값은 뒤표지에 있습니다.
·잘못된 책이나 파손된 책은 구입하신 서점에서 교환해 드립니다.
·위너스북에서는 출판을 원하시는 분, 좋은 출판 아이디어를 갖고 계신 분들의 문의를 기다리고 있습니다.
 winnersbook@naver.com | Tel 02)325-8901

이 도서의 국립중앙도서관 출판예정도서목록(CIP)은 서지정보유통지원시스템 홈페이지
(http://seoji.ni.go.kr)와 국가자료공동목록시스템(http://www.ni.go.kr/kolisnet)에서 이용하실 수 있습니다.
(CIP제어번호 : CIP2016018710)

테스와 캐시에게
그들이 주는 기쁨과 사랑, 웃음과 지지에 감사하며
- SNJ -

남편 라훌에게
그의 무한한 사랑과 격려, 나의 모든 잠재력에 대한 믿음에 감사하며
- ED -

한국의 독자들에게

연결지능은 삶에서 가장 가치 있고 소중한 측면 중 하나이다. 이 책에서는 연결지능을 **"다양한 지식과 경험, 의욕, 인적자원 등을 결합해 연결성을 구축하여 새로운 가치와 의미를 창출하는 재능"**이라 정의한다.

연결지능은 새로운 것이 아니다. 사실 연결지능의 역사는 아주 오래되었다. 특히 한국인들은 연결지능의 깊이를 보여주는 오래되고 유서 깊은 역사를 지니고 있다. 예술, 과학, 지식, 정신적 삶과 사회를 발달시켜온 한국의 역사를 꿰뚫어 보면, 연결성을 기반으로 한 성취와 발전이 드러난다.

하지만 최근에 이르러 연결성은 매우 제한되고 높은 비용이 드는 것이 되었다. 기회는 엄격하게 통제되어 대부분 엘리트층이 누리게 되었다. 모든 사람이 어디서나 연결지능을 발휘할 수 있으려면, 규모 있는 연결성과 접근성이 필요하다. 오늘날 여러 가지 새로운 기술 능력의 폭발적 결합 덕분에 우리는 배움, 사회적 상호 작용, 다양한 관계들, 상업, 과학, 주변 환경, 그리고 인간 행동에 대한 더 깊은 이해에 새롭고도 즉각적으로 접근할 수 있게 되었다. 이것은 연결지능을 중요하게 여기는 시대에 들어섰다는 것을 의미한다.

지난 반세기 동안 한국의 발전은 매우 눈부셨다. 50년 전, 한국은 그 어떤 나라보다도 빈곤한 국가였다. 그러나 2010년에 이르러, G-20 정상회의를 개최하는 첫 번째 아시아 국가이자 첫 번째 비非 G-7 회원국이 되었다. 2015년에는 1인당 소득이 거의 23,000달러로 뉴질랜드와 스페인보다 더 부유하다고 평가되었다. 같은 해 스마트폰 분야에서 세계 1위 자리를 차지했다. 한국은 인구의 88%가 스마트폰을 보유하고 사용함으로써 세계를 주도하고 있다. 접속된 세상이 제공하는 모든 것에 24시간 접근할 수 있는 것이다.

이것은 한국인들이 연결지능을 발달시키고 효율적으로 발휘하는 데 있어 세계를 주도하는 위치에 있음을 시사한다. 한국인들은 선두에 서서 세계와의 즉각적인 상호접속을 한다. 이를 통해 아이디어의 확장과 교차, 그리고 복합적인 운영 능력을 사용함으로써, 우리가 '풀지 못해' 안타까워하고 있는 문제들에 대해 새롭고 독특한 해결책을 제시할 것이다.

연결지능은 네트워킹보다 더 광범위하고 강력한 것이다. 이것은 관계를 맺을 때 사용하는 구태의연한 방식 그 이상이다. 연결지능은 관심, 성실함, 도덕성, 열정, 혁신, 투지, 헌신, 꿈, 그리고 즐거움을 결합하여 부단히 노력해 얻을 수 있는 것과 우리를 연결해 준다. 사실 이 시대의 도전 과제들에 부응하기 위해, 우리는 자신 말고는 질문을 던질 곳이 없다.

공식은 단순하다.

꿈을 꾸라
연결하라
더 크게 꿈꾸라
큰일을 이루라

연결지능을 익히는 것이 함축하는 바는 의미심장하다. 이 책은 당신을 안내하며 그 방법을 제시할 것이다. 당신이 꾸는 꿈은 무엇인가? 어떤 노력을 기울일 것인가? 누구와 유대관계를 맺을 것인가? 다른 사람들과 연결할 때 얼마만큼 용기 있는가? 새로운 가능성에 얼마나 열려있는가? 우리는 여러분들이 다른 사람들과 함께 하는 것이 혼자 상상하는 것보다 더 많은 능력과 영향력을 지니고 있다고 믿는다.

우리의 여정에 함께하겠는가? 선택은 여러분에게 달려있다.

2016년 8월
사자-니콜 조니, 에리카 다완

CONTENTS

이제 연결지능을 영리하게 발휘하지 않고서는
어떤 세상도 상상할 수 없을 것이다.

1부

거대한
물결

CHAPTER 01

단순히 '거대한 물결'이라는 표현만으로는 해발 50m 높이로 치솟아 밀어닥치는 대규모의 파도를 묘사하기에 충분치 않을 듯하다. 그런 파도를 한 번도 본적이 없다면 실제 크기를 파악하기란 쉽지 않다. 구체적으로 상상해보면 자동차 여섯 대가 범퍼와 범퍼끼리 마주해 수직으로 쌓여있는 길이쯤 될 것이다. 아니면 작은 빌딩 한 채 높이만한, 혹은 야구장의 1루에서 3루까지의 거리만 한 높이의 파도를 떠올려보면 될까? 이 괴물 같은 파도는 얼핏 한 눈으로만 봐도 범상치 않은 데다, 작용하는 성질 자체도 차원이 완전히 다르다. 서너 개의 주변 물결에서 끌어온 힘을 흡수해 거대한 너울을 만들어 믿을 수 없을 만큼 커다란 규모에 이르기 때문이다. 파도가 일 때 모든 자연적 요인이 복합적으로 작용하며 다양한 운동에너지를 발생시키기 때문에 그 움직임을 제대로 예측하기란 불가능하다.

이 책에서 말하는 '연결지능'은 이 시대에 괴물처럼 물결치고 있는 거대한 파도로 비유할 수 있다. 사람들은 21세기라는 전환점을 지나면서, 기술의 발전에 힘입어 인간의 정신으로 창조해낼 수 있는 세계를 꿈꾸기 시작했다. 마치 산업시대에 기계가 생산 수단을 바꿔놓은 것처럼 말이다.

1945년 배너바 부시 박사는 《애틀랜틱 먼슬리Atlantic Montly》에 〈우리가 생각하는 대로As We May Think〉라는 혁신적인 에세이를 발표했다. 이 잡지의 편집자들은 부시가 제시한 전제에 경탄했다. 이것을 연결지능에 대한 선언이라 불러도 무리가 아니었기 때문이다. 그들은 인간이 전쟁 무기를 내려놓은 이후의 일에 대해 다음과 같이 쓰고 있다.

현대의 과학자들에게 인간이 쌓아놓은 지식 저장고는 너무나 거대하고 복잡다단해 보여서, 그것을 어떻게 다루어야 할지 당황스럽고 난감하기만 하다. 그렇지만 이제 그들은 그 보물창고에 누구나 더 쉽게 다가가 열어볼 수 있도록 모든 역량을 바쳐야 하는 막대한 사명이 있음을 정확히 주시해야 한다. 오랜 세월 동안 발명은 인간의 정신력보다는 신체적 힘을 확장하는 데 기여했다. 주먹의 힘을 증가시키는 동력 망치, 시야를 넓히는 망원경, 파괴 장치나 탐지기계 등이 새로운 성과를 가져오기는 했지만, 그것이 현대 과학의 최종 결과물이라 할 수는 없다. 이제, 부시 박사가 말했듯, 과학적 지식을 적절하게만 발전시킨다면, 오랜 세월 동안 축적해 온 지식에 접근해 장악하도록 도와줄 수 있는 수단을 우리 가까이에 두게 되는 셈이다.[1]

앞으로 우리는《애틀랜틱 먼슬리》편집자들이 70여 년 전 "다루기 난감한 지식의 보물창고"라 불렀던 것이 어떤 것인지 과감히 열어젖혀 볼 것이다. 오늘날에는 역사상 처음으로 계층과 인종, 국가, 사회적·경제적 지위와 상관없이, 수십억 명의 사람들이 폭넓은 연결 고리들로 복잡다단하게 연결되어 있다. 이전에는 새로운 형태의 관계나 소통 방식을 주로 엘리트층이 보유하고 이용했다. 이토록 많은 사람이 모바일 정보기술이나 사회공학, 디지털 기술 등을 통해 이처럼 많은 자료와 지식, 집단 지성을 공유할 수 있게 된 것은 인류역사상 처음이다.

우리는 이 새로운 관계망이 커다란 문제들을 해결하고, 꿈을 현실로 바꾸고, 놀라운 생산물을 창조할 수 있으며, 생존의 문제를 번영의 문제로 격상시키고, 사회 정책을 변화시키며, 생명을 구하는 치료법을 발견하는 등 훨씬 더 많고 다양한 일을 해낼 힘을 줄 것이라 믿는다. 여기서 비롯되는 일종의 관계망상을 (서로 모두 연결된) 수십억 지구인의 폭넓은 상상력, 통찰력과 결합할 때, 우리의 삶을 변모시키고 있는 연결지능이라는, 괴물과도 같은 물결의 실체를 파악할 수 있을 것이다.

이토록 많은 사람이 모바일 정보기술이나 사회공학, 디지털 기술 등을 통해 이처럼 많은 자료와 지식, 집단적인 지적 능력을 공유할 수 있게 된 것은 인류역사상 처음이다.

연결지능의 물결 속에서 우리가 생각하던 일이 일어나고 있다. 우리는 높은 지능지수IQ의 가치를 안다. 높은 지능의 중요성은 인쇄 기술이 출현한 이후에 본격적으로 두드러지기 시작했다. 이때부터 사람들이 읽기 형태로 생각을 나누고 책을 공유할 수 있게 되었기 때문이다. 이로써 과학은 급속히 발전했고 읽고 쓸 수 있는 능력을 배우는 방법이 널리 보급되었으며, 여기서 결과적으로 새로운 방식의 지배와 수많은 발명이 가능해졌다. 이렇게 우리는 현대로 접어들었다.

이와 유사하게 감성지능EQ의 중요성 또한 급격하게 부상했다. 인구가 밀집된 대도시가 증가하고 수천 수백 명의 사람이 함께 일하는 조직이 지구 곳곳에 퍼지게 된 상황이 된 것이다. 높은 수준의 감성지능은 지도자들에게 매우 유리하다. 특히 큰 집단을 이끌 때 절대 없어서는 안 될 결정적인 재능이다. 그래서 오늘날 EQ는 공적 영역과 민간 부문뿐 아니라 비영리 조직에서도, 다채롭고 뿔뿔이 흩어져 있는 다수의 대규모 조직들을 한꺼번에 이끄는 사람이면 누구나 필수적으로 갖추어야 하는 능력으로 인식되고 있다.

그리고 이제 연결지능Connectional Intelligence(CxQ)이라 불리는 능력이 새로운 모습으로 우리 앞에 출현했다. 우리 두 저자는 연결지능을 "세계의 다양한 사람과 네트워크, 여러 분야의 지식과 경험, 자원 등을 결합해 연결성을 구축함으로써 가치와 의미를 창출하고 난관을 타개할 수 있는 돌파구를 발견하는 재능"이라 정의한다.

연결지능이 제시하는 비전은 굉장히 단순하고 강력하며 매우 고무적이다.

꿈을 꾸라
연결하라
더 크게 꿈꾸라
큰일을 이루라

'연결' 혹은 '연계'라는 단어는 오늘날 많이 남용하고 있다. 다른 이들과 관계 혹은 소통할 수 있는 여러 도구가 넘치도록 많기 때문에, 우리는 인간의 잠재력을 이용해 무수히 많은 연결 양식을 사용하는 방법을 분별하지 못한 채 어쩔 줄 몰라 하고 있다. 이런 상황에서 어떤 이들에게 '연결'은 단순히 빈번하게 온라인 상태에 있는 것, 즉 우리가 사는 체제에 만연하기 시작한 소셜 미디어나 통신 장비, 애플리케이션, 오락물, 디지털 공유, 그리고 모든 즉각적인 의사소통 방식을 활용하는 것을 의미한다.

> **연결지능**Connectional Intelliegence:CxQ이란 세계의 다양하면서도 이질적인 사람들과 복잡한 정보관계망network, 여러 분야의 지식과 경험, 자원 등을 결합하고 연결해 통합을 이루어 나감으로써, 다가오는 인류의 미래를 결정하는 가치와 의미를 창출하고, 난관을 타개할 수 있는 돌파구를 발견하는 재능을 가리킨다.

연결지능이 좋은 것이라는 생각이 들긴 해도 지금보다 더 많이 '연결'될 필요는 없다고 느끼는 사람들이 있다면, 여기서는 새롭고 멋진 디지털 기기보다 훨씬 더 광범위하고 심도 있는 것에 관해 이야기하고 있음을 알아주기 바란다. 또한, 연결망으로의 과도한 접속이 단지 트위터나 인스타그램을 하는 10~20대 젊은이들에 관한 것으로 생각하는 이들이 있다면, 폭넓은 연결성은 앞으로 인간의 잠재력을 솟구치게 할 물결의 기반이라는 것을 알았으면 한다.

인간은 언제나 서로 연결되어 있다. 항상 호기심이 많고 늘 어떤 것들을 결합한다. 천성이 여행자이며 이야기꾼이다. 그런데 이제 우리는 힘이 되어주던 전통적인 경로(가족, 학교, 전화번호부 등)가 더는 출세나 성공을 향한 유일한 방편이 될 수 없는 새로운 시대에 살고 있다. 이토록 다양한 배경을 지닌 많은 사람이 방대한 아이디어와 정보, 정신적 능력의 네트워크와 연결될 수 있었던 적은 없었다. 핵심은 폭넓은 연결성을 지닌 연결지능의 본질이 대중적이라는 점이다.

이 책에서 다루고자 하는 주제 중 하나는 어떻게 이메일과 소셜미디어의 공해를 헤치고 나아가 '지능적으로' 연결하느냐다. 알고 있는 것을 어떻게 훨씬 더 빨리 정돈해낼 수 있을까? 어떻게 지지자들을 찾아내어 계속 함께하도록 만들까? 전통적인 네트워킹과 현시대의 디지털적 삶의 거대한 오락적 요소들을 극복하여 좀 더 높은 목적을 가지고 연결지능을 추구할 방법은 무엇일까? 간단히 말해, 어떻게 새로이 발견된 이 연결성의 본질을 꿰뚫어 우리가 가고자 하는 곳에 이를 수 있게끔 이용할 것인가?

인터넷이 세계를 강타한 지 20여 년이 지난 지금, 연결성을 구축하는 인간의 타고난 능력을 발달시킬 방법을 알려줄 안내서가 필요한 때가 왔다. 다행히도 디지털 과부하나 피로를 경험하는 모든 이들이 실생활에서 자신만의 연결성을 구축할 수 있는 방법이 많다는 것이다. 이것은 트위터 팔로워 수나 페이스북의 '좋아요' 수보다 더 크고 강력하다. 연결지능은, 네트워킹과 오락을 넘어서, 삶을 향상시키고 지속 가능한 사회를 구축하며 원하는 미래를 창조하는 것과 같은 높은 목적을 향해 나아가게 한다. 머지않아 연결지능은 필수적인 기술이 될 것이다. 이제 연결지능을 영리하게 발휘하지 않고서는 어떤 세상도 상상할 수 없을 것이다. 그러므로 우리는 우리 세대가 가장 잘할 수 있는 일을 다른 세대에 떠넘기거나 그냥 내버려 두어서는 안 된다.

연결지능은 트위터 팔로워 수나 페이스북의 '좋아요' 수보다 더 크고 강력하다.

현대의 연결지능은 어떤 모습을 띠고 있을까? 일터에서 (그리고 '놀이터'에서) 볼 수 있는 예를 만나보자.

뉴욕에 기반을 두고 산업디자인 제품을 제작하고 판매하는 쿼키 Quirky의 설립자이자 최고경영자인 벤 코프먼은 평범한 사람들의 아이디어를 발명품으로 탄생시키는 데 연결지능을 사용했다. 짧은 기간 내에 벤은 수백 명의 발명가를 이끌어 수많은 상품을 개발, 제작, 유통하여 베스트 바이, 홈데포, 윌리엄 소노마 같은 주요 소매점에 내놓았다. 쿼키의 최근 광고를 보면 이 회사가 어떻게 전통적인 기업 구조와 자세를 뒤집었는지 볼 수 있다. '세상에서 가장 하찮은 CEO'라는 광고 시리즈에서 벤은 중요한 것은 팀이지 대장이 아니라고 역설한다. 한 광고에서 벤은 자신의 휴대폰 번호를 공개하면서 "세상에서 가장 하찮은 CEO는 별로 바쁘지 않으니 당신의 전화를 받을게요."라고 약속한다. 실제로 한 기자가 벤에게 전화를 걸었는데 정말로 벤이 전화를 받는 바람에, 그녀는 너무 놀란 나머지 그만 전화를 끊어버리고 말았다고 한다. 또한 그 기자의 친구가 아이디어 하나를 얘기하려고 벤에게 전화했을 때, 벤은 이 '신예 발명가'와 2분 정도 통화하며 어떻게 상품 하나를 홈데포에 입점할 수 있는지 조언해주었다.[2] 작은 기업이지만 CEO 한 명이 자신의 휴대폰 번호와 개인 이메일을 공개하고(벤이 그렇게 했다) 의미 있는 일을 함으로써 리더십의 법칙을 다시 쓴 (최소한 고쳐 쓴) 것이다. 쿼키에 대한 이야기는 뒤에서 다시 이어진다.

나이키Nike는 환경 지속적인 혁신을 자극하는 최상의 방법이 연결지능을 통해 가능하다고 믿는다. 이런 신념은 나이키의 웹 기반 마켓플레이스 그린익스체인지GreenXchange를 보면 분명해진다. 이곳에서는 여러 회사가 환경 지속적인 새 비즈니스 모델을 발전시키기 위해 협업하고 지적 재산권을 공유한다.[3] 나이키는 그린익스체인지에서 공공 연구를 위해 400개 이상의 자사 특허권을 사용할 수 있게 함으로써 상당한 위험 부담을 안았지만, 이는 곧 결실을 보았다. 한 산악자전거 회사가 타이어 튜브를 새로 만들면서 그린익스체인지에서 제공한 나이키의 고무 특허권을 사용했고, 이로써 좀 더 환경친화적인 상품을 보다 빠르고 저렴하게 시장에 내놓을 수 있었던 것이다. 이 회사혼자만의 힘으로는 할 수 없는 일이었다.

마이 스타벅스MyStarbucks 플랫폼을 사용한 스타벅스는 자사의 열성 팬들이 신상품과 서비스 혁신을 제안 하도록 했다. 그 결과 5년 동안 소비자들은 무려 15만 개의 새로운 아이디어를 내놓았다. 스타벅스가 초반에 출시한 소비자 중심의 디자인 제품 중 하나는 초록색 스틱 겸 마개였다. 이것으로 테이크아웃 음료 컵을 덮으면 이동할 때 뜨거운 음료를 쏟아 손을 델 염려가 없고, 기존의 홈 있는 뚜껑도 필요 없다.[4] 연결지능은 이런 방식으로 작용한다. 즉 우리 시대의 폭넓은 연계성을 통해 소비자와 접촉하고 대응할 수 있으며 이를 통해 멋진 솔루션이 탄생하는 것이다. 이러한 해법은 다양한 구성원이 단일한 집단을 꾸려 공통된 목적을 위해 협력할 때 결과물을 빠르고 명확하게 시장에 내놓을 수 있도록 해준다.

불과 몇 년 전만 해도, 하와이에서 두 번째로 큰 마우이 섬에 미국 상위권 프로 서퍼가 한 명도 없다는 것은 농담거리가 되고도 충분했다. 하지만 젊은 서핑광 더스티 페인은 모든 걸 바꾸고 싶었다. 더스티는 서로 돕는다면 하나의 훌륭한 그룹이 될 수 있을 거라 믿는 동네 서퍼 친구 네 명을 모았다. 다섯 친구는 서로 겨루고 비판해주며 함께 최대한 많은 것을 배우자고 맹세했다.[5]

이들은 서핑, 스케이트보드, 윈드서핑, 산악자전거, 모터사이클 등의 분야에 있는 세계 정상급 선수들의 DVD와 유튜브 영상을 장면별로 분석해 자신들의 기술을 담은 영상과 비교하며 많은 시간을 보냈다. 이런 방식으로 인접 스포츠 선수들과 그 경쟁자들에 연관된 아이디어를 조합하다 보니, 더스티는 자신의 트레이드마크인 '슈퍼맨' 자세를 떠올리게 되었다. 그리고 이것은 그가 월드 주니어 서핑 선수권 대회에서 우승하는 데 핵심 열쇠가 되었다. 오늘날 더스티와 그의 친구들은 모두 전미 상위권의 프로 서퍼가 되어, 마우이 섬은 서핑 인큐베이터로서 명성을 떨치게 되었다.

연결지능의 강력한 힘을 발휘함으로써 우리는 도움이 가장 필요한 사람들의 생명을 구하고 삶의 질을 향상시킬 수도 있다. 2010년 아이티 대지진 당시 보스턴에서는 이런저런 사람들이 모여, 수천 명의 생존자를 구조하는 UN과 미 해안 경비대, 해병대를 도왔다. 그리고 한 여성은 자신의 어머니처럼 유방암을 이겨낸 수많은 여성이 유방절제술 이전의 체형을 유지하게끔 특수 제작된 속옷을 입을 수 있다면 자신감을 회복해 더 활기찬 삶을 살아갈 수 있으리라 믿었다. 그녀는 연결지능에 힘입어 유명 란제리 브랜드 빅토리아 시크릿에 '유방암 브라'를 만들어달라는 청원을 했다. 또 하버드 의대 연구원들이 제1형 당뇨병을 안고 사는 사람들의 간호와 치료에 대한 기대치를 높일 수 있는 해법을 생각해낸 것도 바로 연결지능 덕분이었다.

공동 저자인 우리 두 사람은 연결지능이라는 물결을 타기 위해 몇 년 동안 시간을 함께하고 있다. 놀라운 것은 기업, 단체, 학교, 농업, 스포츠, 미국 등, 세계의 어떤 분야에서도 연결지능을 발견할 수 있었다는 것이다. 우리는 연결지능을 새롭게 만들어낸 것도 아니고 그러려고 하지도 않았다. 연결지능은 옛 부족들의 지혜만큼이나 유래가 깊고 당신이 좋아하는 휴대용 최신 기기만큼이나 변화무쌍한 것이다. 이 책은 세계에서 '연결지능이 가장 높은 25명'에 대한 것이 아니다. 인명사전이나 최고 인기곡 모음집에 실리는 유명인을 나열한 것은 더더욱 아니다. 의미 있는 일을 하고 싶은 온갖 계층의 사람들을 위한 가이드북이다.

우리가 들려줄 이야기들은 다음과 같은 물음에 답하는 것이다. 우리가 서로의 지력을 연계하면 어떤 일을 해낼 수 있을까? 핵심은 아이들을 포함한 사람들의 대규모 지성과 창조력이 단지 일회적인 도약을 이루어내는 데 그치지 않는다는 것을 보여주는 데 있다. 연결지능은 놀라운 일을 하는 어떤 사람의 근사한 유튜브 영상이나, 널리 퍼지고 있는 크라우드 소싱(전문가나 아마추어 등 다양한 이들을 참여시켜 그들이 지닌 기술이나 도구를 활용하여 특정 문제를 해결하는 방법—역자) 캠페인, 혹은 신상품을 만들어내는 독창적인 기업 그 이상의 것이다. 이제 일을 하는 방식이나,

어떤 것을 배우는 방법 자체가 변하고 있다. 이 '대단한' 이야기들을 따로따로 떨어트려 바라본다면, 우리가 가고자 하는 곳에 이를 수는 없을 것이다. 이 이야기들은 매우 흥미롭고 강력한, 서로 유기성을 지닌 것으로 이해해야 한다.

이 책은 세계에서 '연결지능이 가장 높은 25명'에 대한 것이 아니다. 인명사전이나 최고 인기곡 모음집에 실리는 유명인을 나열한 것은 더더욱 아니다. 이것은 우리가 서로의 지력을 연결하면 어떤 일을 해낼 수 있을까에 관한 것이다.

그렇다면 이 책은 어떻게 세상에 나오게 되었을까?

오늘날과 같은 초연결Hyper-connectivity 시대에 우리 두 저자의 만남은 아마도 피할 수 없는 일이었나 보다. 처음 만났을 때부터 느낀 것은 세대 차이에도 불구하고 이야기할 것이 아주 많았다는 점이었다. 국제 자문회사 케임브리지 인터내셔널 그룹의 CEO인 한 사람은 세계 각지 CEO들의 자문가 겸 전략 파트너로 일하며 그들이 난제들을 풀어내도록 돕고 있다. 다른 한 사람은 하버드 공공리더십 센터의 선임 연구원을 지내고 현재는 역시 국제 자문회사 커텐셜의 CEO로 일하며 미래의 세계적인 일꾼들을 길러내고자 여러 문화와 세대를 뛰어넘어 혁신을 추진하는 조직들과 함께하고 있다. 세대 차이는 실감이 났다. 한 명은 MIT 응용수학과 학부에 입학한 최초의 여성으로 세상에 발을 디뎠다. (시대가 참 많이 변했나보다. 당시 MIT 수학과 건물에는 여성용 화장실조차 없었으니까.) 또 다른 한 명은《틴피플》에 '세상을 바꿀 10대 20인' 중 한 명으로 이름을 올리며 젊은 사회 변혁 리더로서 일을 시작했다. (이 무렵 대학 화장실은 대개 남녀 공용이었다.) 세대 차이는 있었지만, 각자 일을 하며 인식했던 공통점 또한 존재했다. 우리 두 사람은 모두 사람들이 의미 있는 일을 하도록 돕고자 하는 이상적인 목표를 실현하는 데 전념했다. 그리고 예전보다 지금 더 다양한 유형의 사람들이 많은 기회를 얻을 수 있으리라 감지하고 있었다. 그래서 우리는 이렇게 자문했다. 사람들에게 삶과 일의 질을 더 향상시키기 위해 연결지능을 활용하도록 알리고 영감을 주려면 어떻게 해야 할까?

우리를 놀라게 했던 것 중 하나는 연결지능이 모든 성격 유형에 걸쳐 작용한다는 점이다. 당신은 처음에 연결지능을 접했을 때 외향적 성격, 즉 네트워킹을 좋아하고 사교적인 성격이나 유명세를 지닌다든지, 무대 위나 대중매체 앞에 서는 것을 중요하게 여기는 성격이 요구될 것으로 생각했을지 모른다. 그러나 우리가 본 바로는 영향력 있는 일을 하기 위해 깊이 있는 연결지능을 이용하는 이는 이런 사람뿐만이 아니었다. 인적 정보망을 위한 모임에서 낯선 사람들에게 자신을 소개하는 것을 유독 어려워하는 자칭 내향적인 사람들도 온라인 블로그에는 열심히 참여해 그 관계를 실제 세계로 확장하기도 한다.

오늘날 우리는 다양한 형태의 연결성으로 동력과 능력을 제공받을 수 있다. 외향적인 사람들처럼 당신도 사람들의 관계망을 활용해 서로의 아이디어를 자극함으로써 더 많은 사람을 모을 수 있다. 또한 내향적인 사람들처럼 책, 음악, 자연 등 다양한 분야의 자료에서 더 많은 아이디어나 가능성을 만들어내는 기초 관계를 형성할 수도 있다. 연결지능이 단순히 전통적인 네트워킹에 관한 것이었다면 외향적인 사람들만이 뛰어난 연결지능을 지녔다고 말할 수 있을 것이다. 하지만 연결지능은 기술의 사용 방식과 전통적 형태의 정보에 기반을 둘

뿐 아니라 감성지능을 바탕으로 하는 것으로, 이는 내향적인 사람들 또한 접근할 수 있는 자원이다. 연결지능에서는, 모임이나 전문적 환경에서 얼마나 자신을 효과적으로 선전할 수 있느냐 만큼이나 큰 그림을 그릴 줄 알고 멋진 아이디어를 낼 수 있느냐가 중요하다.

이러한 측면은 두 저자의 일과 삶 곳곳에서 발견되고 있다. 저자 중 한 사람인 사지-니콜은 연결지능에 관해서라면 전형적인 '르네상스' 스타일의 사색가다. 그녀는 어떤 분야든 배우는 것부터 시작했고, 여기서 생겨난 그녀의 아이디어는 사람들과의 만남을 끌어내는 원동력이 되었다. 사지-니콜의 통합적 사고에는 종종 예술과 인문학, 스포츠, 과학 등의 분야에서 비롯된 연계적 사고가 포함되며, 이 덕분에 훌륭한 비즈니스 아이디어를 얻고 성공적인 일을 하기 위해 사람들과 관계 맺는 것이 가능하다.

또 다른 저자 에리카는 좀 더 외향적이다. 초창기에 사람들과 맺은 관계는 그녀의 호기심을 자극해 새로운 아이디어를 창출했고, 그 독창적 아이디어는 더 많은 사람을 결집해 좋은 일을 함께하도록 이끌었다. 에리카의 이 같은 사고방식은 그녀가 뉴욕에서 수백 명의 젊은 전문가들을 위해 사회적 기업가 정신을 다루는 모임을 공동으로 주최한 데서 드러난다. 이 행사를 통해 광범위한 팀을 꾸린 젊은 전문가들은 어큐먼Acument과의 파트너십을 바탕으로, 사회 변화를 이끄는 뉴욕의 리더들로 구성된 지역 공동체인 'NY+어큐먼'을 공동 설립했다. 어큐먼은 세상 사람들이 가난과 씨름하는 방식에 변화를 주려는 기업, 리더 또는 아이디어에 투자하기 위해, 자선 기부금을 마련하는 비영리 조직이다. 첫 시험이 성공을 거두면서, 어큐먼의 조-앤 탄이 이끄는 '+어큐먼'이라는 네트워크는 이제 26개 도시 전역에서 사회 변화를 이끄는 리더들이 모인 세계적 공동체가 되었다.

우리는 조직에서 의미 있는 일이 이루어질 수 있도록 관리자나 최고 경영자에게 이렇게 조언한다. 우선 과도한 협업이나 지나친 연결성을 강조해 각 개인이 창조성과 책임감을 잃고 집단 순응 사고를 취하도록 해서는 안 된다. 또한 내향적인 사람들의 연결지능을 최대한 북돋워 주어야 한다. 연결지능을 발휘한다는 것은 협력할 때를 아는 것 못지않게 독자적으로 일할 때와 그 방법을 이해하는 것과도 연관이 있다.

이 책은 크게 세 부분으로 나뉜다. 1부에서는 연결지능에 대한 우리의 이야기와 연결지능의 개념을 소개한다. 2부에는 연결지능의 범위에 대한 설명과 그 잠재성을 드러내는 이야기를 모았다. 이 이야기들을 종합해보면 연결지능이 어떻게 삶과 일, 사회의 모든 측면에 가능성을 더해주고 있는지에 대한 파노라마적 전망을 얻을 수 있다. 이 속에는 한 세대 전에, 혹은 어떤 경우 불과 5년 전조차 상상할 수 없었을 일을 해내고 있는 실존 인물들이 등장한다. 당신은 여러 이야기 속에서 자신의 모습을 발견할 수 있을 것이다. CEO, 경영진, 이사회나 여러 단체에게 자문해주는 일을 하며 그들과 이 이야기들을 공유하다 보면, 우리는 그 이야기들이 단순히 고무적인 것에 그치는 것이 아니라, 실행과 적용을 할 수 있음을 끊임없이 확인할 수 있었다. 이 이야기들이 일으키는 불꽃은 당신의 삶에 직접적이고 쓸모가 있다. 독자를 위해 마련한 3부의 핸드북은 일과 삶 속에서 당신이 꿈을 이루는 데 힘이 되도록 연결지능을 사용하는 방법을 안내한다.

연결지능의 핵심 요소 중 하나는 이것이 근본적으로 세대를 넘는다는 점이다. 그 특유의 기풍은 연결지능의 법칙을 이해한 뒤 그 법칙 자체를 초월하여 어떤 사항에도 얽매이지 않고 자유로이 그 정신을 발휘하는 데 있다. 이제 새로운 기술적 지식을 지닌 세대는 연결지능을 요구하고 있으며 구세대가 그 힘을 그냥 내버려두도록 기다리려 하지 않을 것이다. 하지만 새로운 세대 홀로 이 일을 할 수는 없다. 이들에겐 구세대의 지식과 경험, 지혜가 절실하다. 하루빨리 세상의 긴급한 문제들을 해결하길 원한다면 우리가 가진 모든 것을 사용할 수 있도록 연결지능을 합쳐야 한다.

이 책을 읽고 아무것도 생각나지 않는다 해도 단 한 가지만 기억해주길 바란다. 연결지능은 어떤 꿈이든 그것을 최대로 실현할 수 있는 가장 강력하고 효과적인 방법이라는 것을.

지금까지 우리는 연결지능을 경험했다. 쉽지만은 않았다. 하지만 세대를 초월한 팀을 꾸려 함께 일하며 그 안에서 함께 변화를 겪었고, 각각 자기 세대 영역에만 머물렀더라면 해낼 수 없었을 많은 것을 이룰 수 있었다. 우리는 각자의 세대와 관점이 서로 교차하는 지점에서 만났고, 모든 일 속에서 연결지능을 구체화했다. 더 많은 사람과 조직들이 연결지능의 힘을 동력으로 활용한다면 앞으로의 삶의 방식과 일터의 모습이 근본적으로 탈바꿈될 수 있다고 믿는다.

확실한 것은 연결지능의 힘이 모두에게 열려 있으며 그 누구도 막을 수 없다는 점이다. 우리의 이야기에 당신이 매력을 느끼고 영감을 받기를 바랄 뿐이다. 또한, 일상적인 소셜 미디어의 수단과 기술을 사용해 훌륭한 일들을 해내고 있는 단체와 사람들이 지닌 '각각의 점을 연결하는' 기회를 발견하길 바란다.

이 책의 진정한 힘은 후반부에 있다. 마지막 장을 읽고 나면, 집이나 일터에서, 차 안에서나 휴가 중에 불현듯 어떤 것이 마음속에 불꽃을 일으킬 것이다. 아마도 해보고 싶었던 것일 테다. 혹은 생각지도 못했던 일이 일어나서, 다른 사람들을 돕고 싶어지거나, 함께 변화를 일으키자며 북돋고 싶어질 수도 있다. 뜬구름 같은 이야기만 오가는 사업상의 회의 시간에 좀 더 똘똘한 사람이 필요하다 느낄 때, 마침 멋진 해결책을 떠올리는 데 도움이 될 만한 연결지능 이야기가 기억날 수도 있다. 이 책을 읽고 아무것도 생각나지 않는다 해도 단 한 가지만 기억해주길 바란다. 연결지능은 어떤 꿈이든 그것을 최대로 실현할 수 있는 가장 강력하고 효과적인 방법이라는 것을.

연결지능은 우리에게 작가이자 신화학자인 조지프 캠벨이 말했던 '영웅의 모험'[6]을 개별적으로든 집단적으로든 계속해나가라고 요구한다.

캠벨을 비롯한 몇몇 작가들은, 영웅의 모험이 전형적으로 어떤 결핍이나 영감에서 시작되어, 모험에 소명 의식을 지니고, 관문과 방황을 거쳐, 결국 조력자를 만나는 것으로 이어진다고 정의한다. 시련의 경험(또는 여신과의 만남)과 신격화의 길을 거친 영웅은 결정적인 임무를 수행하기 위해 다시 귀환하여 관문을 통과하고, 마침내 '두 세계의 마스터'가 된다.[7]

개인이든 팀의 일원이든 간에, 연결지능을 얻고자 하는 당신의 길은 영웅의 모험처럼 열정으로 시작할 것이다. 결의를 다진 당신은 동료를 모아 방해물과 장벽을 제압하여 마침내 목적지에 도달할 것이다.

접촉 가능한 모든 사람의 힘을 통해 당신의 머리와 마음, 당신의 IQ와 EQ로 알고 있는 모든 것을 몇 곱절로 확대할 수 있다면 당신이 진정으로 하고 싶은 것은 무엇인가?

연결지능을 이해하는 것은 당신이 시작한 영웅의 모험에서 첫 발자국을 떼는 것에 불과하다. 이 책 속의 사람들이 한 일을 이루기 위해서는 헌신과 용기, 인내, 그리고 때로는 행운이 있어야 한다.

이제 이 책의 마지막 부분에서 하게 될 질문을 당신에게 던지고자 한다. 이메일이나 소셜 미디어 등의 기술로 접촉 가능한 모든 사람의 힘을 통해, 당신의 머리와 마음, 당신의 IQ와 EQ로 알고 있는 모든 것을 몇 곱절로 확대할 수 있다면, 당신이 진정으로 하고 싶은 것은 무엇인가? 다시 말해보자. **무엇이든** 가능하다면 당신이 하고자 하는 것은 대체 무엇인가?

연결지능의
기원

CHAPTER 02

연결지능의 세계를 알게되면서 여러 생각과 사람, 정보와 자원을 서로 결합함으로써 문제 해결의 돌파구를 찾는 능력은 전혀 새로운 것이 아니라는 것을 깨닫게 되었다. 르네상스 시대의 화가이자 건축가이며 수학자, 발명가, 생물학자로서, 박식하기로 유명했던 레오나르도 다빈치는 연결지능의 대부라 불리도 손색이 없다.

현대 간호학의 어머니인 플로렌스 나이팅게일이 처음으로 세계적 명성을 얻은 것은 크림 전쟁 때였다. 나이팅게일은 야간 회진 때 돌보았던 부상 병사들에게 '등불을 든 여인'으로 불리며 유명해졌다. 이때 실제로 병사들의 생명을 구하면서 동시에 수학과 의학에서 영구불변의 유산을 남길 수 있도록 나이팅게일을 이끈 것은 바로 그녀의 연결지능이다.

이탈리아 피렌체에 좋은 연고를 많이 둔 부유한 영국 가정의 딸로 태어난 플로렌스 나이팅게일은, 여성 교육의 중요성을 믿고 딸들의 학교 교육을 최고로 우선시했던 아버지 밑에서 자라는 행운을 누렸다. 그녀는 주로 아버지에게서 이탈리아어, 그리스어, 라틴어와 역사, 수학 등을 배웠다. 나이팅게일은 일찌감치 간호 분야로 나가길 원했지만, 어머니와 언니는 여성이 직업을 추구할 필요는 없다고 생각했다. 그녀는 결혼이 자신의 인생 과업에 방해가 될 것이란 염려 때문에 좋은 가문의 귀족에게서 들어온 청혼을 거절했던 것으로 알려져 있다. 30대가 되어 결혼에 대한 압박이 줄어들자 나이팅게일은 런던 숙녀병원 간호부장으로서 첫 주요 업무를 맡는다. 몇 달 뒤 나이팅게일은 (대부분 자신이 훈련시킨) 서른 명이 넘는 자원 간호사들을 이끌고 크림 반도의 싸움터 발라클라바로 향한다. 거기서 그녀는 여러 비위생적 조건과 무질서한 의료 행위들이 영국군 막사의 부상병들에게 이루 말할 수 없는 고통을 주고 높은 사망률을 초래하고 있음을 목격한다. 당시 막사 병원에 있는 부상자 2명 중 1명이 목숨을 잃고 있어서, 군의관들은 사망률을 낮추려고 허둥대고 있었다.

이러한 상황에서 나이팅게일은 아버지에게서 훈련받은 고급 수학 지식을 활용하여 비위생적 환경에 대한 자료를 수집했다. 그리고 몸소 자신의 능력을 총동원하여 사망률을 낮출 방법을 알려주었다. 극좌표도표를 만들어낸 것으로 유명한 나이팅게일은 그래픽을 사용해 통계 자료를 제시하는 데 선구자였다. 이러한 체계적인 자료를 제시하며 그녀는 현장의 의사들과 군 장교들에게 자신의 주장을 증명해 보이는 한편, 고향에 있는 언론과 정부 관리들을 상대로 편지 캠페인을 벌이기도 했다(편지 캠페인은 현대 소셜 미디어 캠페인을 선도하는 중요한 위치에 있다). 나이팅게일의 편지들은 영국 정부가 세계 최초의 간이병원 중 하나인 렝키오이 병원을 구상하고 건립하게 했고, 그 결과 이 병원의 부상병 사망률은 90% 이상으로 떨어졌다.[1]

말년에 나이팅게일은 통계, 위생 환경, 공공 보건 서비스 등에 관한 지식과 경험을 가지고 인도로 갔다. 거기서 그녀는 부상병 1,000명 중 사망자 수를 69명에서 18명으로 낮추는 극적인 변화를 끌어냈다.[2] 나이팅게일은 왕립통계협회에 가입된 첫 번째 여성이기도 하다.[3]

나이팅게일의 별칭인 '등불을 든 여인'은 그녀의 신화에서 빼놓을 수 없다. 이 신화 속에서 그녀는 자료 분석, 정보 공유, 일상 시민들의 캠페인 활동이 어떻게 긍정적인 변화를 불러올 수 있는지를 보여줌으로써 진정으로 위대한 모습을 보여주었다. 더 좋고 위생적인 병원을 만들기 위해 시작했던 나이팅게일의 캠페인은 그녀의 조국 영국뿐 아니라 전 세계에 걸쳐 의료와 공공 보건 분야에서 중요한 혁명을 이끌어낸 것이다.[4]

연결지능의 힘이 기하급수적으로 증가하는 사례는 벤저민 프랭클린이 남긴 기금에 관한 이야기에서 엿볼 수 있다. 세상을 떠나면서 프랭클린은 출생지 보스턴과 자신이 살았던 필라델피아에 영국 화폐로 1,000파운드를 쾌척했다. 200여 년이 지난 후 필라델피아 프랭클린 트러스트의 가치는 200만 달러를, 보스턴 트러스트는 500만 달러를 넘겼다. 이 자금은 대학교 장학금과 담보 대출로 사용되었고 각 도시에 있는 프랭클린 연구소 건립 자금과 연구 지원금에도 보태졌다.[5] 이러한 결과를 불러올 수 있는 연결지능은 본래 어떤 아이디어 하나에서부터 불이 붙는 법이다. 1785년, 프랑스의 수학자 샤를 조제프 마통 드 라 쾨르는 《복 터진 리처드Fortunate Richard》라는 책에서 적은 자선기금일지라도 수백 년이 지나면 이자 덕분에 엄청나게 불어날 것이라는 아이디어를 소개했다. 이 책은 프랭클린의《가난한 리처드의 달력Poor Richard's Almanack》을 우호적으로 패러디하려 했던 것이었지만, 오히려 프랭클린이 더 큰 꿈을 꾸고, 연결성을 높여서 큰일을 이루는 데 영감을 주었다.[6]

변화의 불꽃을 일으키기 위해 연결지능을 이용한 사람들은 수없이 많다. 아프리카계 시민권운동가인 로사 파크스, 건축가 마야 린, 이후 좀 더 언급하게 될 넬슨 만델라, 그리고 미국 전 대통령 빌 클린턴 등이 그러하다. 그러나 이 책은 위대한 선각자나 지도자들에 관한 이야기가 아니다. 놀라운 일을 해낸 일상적인 사람들에 관한 것이다. 당신과 나, 우리의 힘에 관한 것이며, 사람들이 서로 연결되고 그들의 꿈이 맞부딪쳤을 때 생겨나는 동력에 관한 이야기다.

연결지능은 자기 자신과의 대화건, 다른 사람과의 대화건, 어떤 일을 시작할 때 진솔한 대화를 통해 일의 순서를 밟는 비범한 창조적 자질이다. 좀 더 구체적으로 말하면 이런 질문을 하는 것이다. 당신이 어떤 특정한 상황에 놓여있다고 생각하는가? 당신의 일, 연구, 마음, 경험, 탐구 속에서 무엇을 발견했는가? 당신은 나를 도와줄 수 있을 만한 사람을 알고 있는가? 당신의 전문 지식이나 기술 분야에는 어떤 것이 작용하고 있는가? 내 영역에서 당신이 전문역인 역할을 맡을 수 있을까? 우리가 함께 임상 실험을 시도해 예상치 못했던 새로운 것, 또는 예전에는 실패했지만 이번에는 성공할 수 있을 만한 것들을 해보면 어떨까?

'작은 학교 운동'의 창시자로 알려진 교육자 데보라 마이어는 "우리는 질문하는 '자궁'에서 태어났다"고 말한다. 하지만 워런 버거가《어떻게 질문해야 할까》에서 말했듯, 사람들이 가장 많이 질문하는 시기는 보통 네다섯 살 때이다. 그 후에는 묻기보다 답하는 것, 정답을 말해 반짝거리는 별표 스티커를 받는 것에 더 많은 초점을 두게 된다. 버거는 의미 없이 '왜'라는 질문만을 반복하거나, 구글처럼 강력하면서도 한정된 도구를 남용할 경우 결국 목적이나 방향을 잃기 쉬워진다고 말한다. 그리고 인간의 내적 '탐구' 애플리케이션들을 시험하고 발달시키기 위해서는, 명확한 초점과 특정한 의도를 가지고 질문할 수 있어야 한다고 피력한다. 그는 이렇게 말한다. "생산적이면서도 '멋진' 질문을 던지는 것은 어떤 방향과 목적을 설정하여 물음을 던지는 것이다."[8]

> 질문할 때는 먼저 문제의 초점을 분명히 해야 다음 과제로 옮겨갈 수 있다(무엇이 문제인가?). 그리고 나서 가능한 해결책을 상상해본다(이 문제에 이런 식으로, 혹은 저런 방법으로 접근하면 어떨까?). 그다음 새로운 해결책의 가치를 곰곰이 생각한다(새롭고, 차별화되고, 위험할 수도 있는 이 일에 최선을 다해야 할 만큼 이것이 중요한가?). 마지막으로, "만약 이런 방식으로 접근해본다면 어떨까?" 생각해 보고 이를 가능케 하기 위한 실제적인 방법을 떠올려본다(이 일을 실현하려면 실제로 무엇부터 시작해야 할까?).

연결지능은 자기 자신과의 대화건, 다른 사람과의 대화건, 어떤 일을 시작할 때 대화로 일의 순서를 밟는 비범한 창조적 자질이다. 무엇이 문제인가? 이렇게 하면 어떨까? 이 일은 중요한 것인가? 어떻게 이 의미 있는 일을 해낼 수 있을까?

질문의 길은 우리가 이 책에서 논하고 있는 연결지능적인 질문을 따라 끊임없이 이어진다. 거대한 불만의 소용돌이를 일으키는 시민들의 격렬한 시위 한가운데서 환자들에게 적절한 의료용품을 제공하는 방법을 강구하든, 세계 최초로 90kg이 넘는 호박을 길러내는 방법을 강구하든, 그들은 분명한 목적을 가지고 정곡을 짚는 질문들을 던지며 자신만의 길을 걸어갔다.

· 무엇이 문제인가?
· 내 손에 있는 자원과 정보, 인맥, 아이디어를 다른 방식으로 활용해보면 어떨까?
· 이 일은 중요한가? 이를테면 나에게? 다른 이들에게? 우리의 미래에?
· 어떻게 이 의미 있는 일을 해낼 수 있을까?

10년도 더 전에, 말콤 글래드웰은 획기적인 책《티핑 포인트》를 펴냈다. 여기서 글래드웰은 일명 '소수의 법칙'에 대해 이야기한다. "몇몇 특별한 사람들의 능력은 사회적 전염을 유발한다."[9] (W.E.B. 두 보이즈는 1903년 신기원을 이룬 에세이《재능 있는 열 번째 사람》에서 유사한 현상에 대해 말했다.)

'소수의 법칙'에서 말하는 '소수'는 세 범주, 즉 커넥터, 메이븐(새로운 정보를 연결해주는 정보 전문가. 자기 문제를 해결한 경험으로 다른 사람의 문제를 풀어주며, 이들의 사심 없는 의견 공유는 입소문으로 퍼져나감—역자), 세일즈맨으로 나뉜다. 이 중에서도 세계적 규모의 상상력을 포착하는 것은 첫 번째 그룹인 커넥터다. 1980년대의 고고 세대와 1990년대에 일어난 첫 인터넷 붐 이후 우리는 대부분 네트워킹에만 뛰어난 사람들에게 별로 흥분하지 않는다. 반면에 커넥터는 특별하다. 글래드웰은 커넥터를 다음과 같이 설명한다.

"커넥터는 다수의 사람과 접해 있는 공동체에 속한 이로, 사람들을 서로 소개해주는 일이 일상 그 자체다. 커넥터의 본질이, 대단히 많은 세계에 발을 걸치고 있으므로 사람들을 서로 연결해주는 역할을 한다. 우리를 세상과 연결하는 이 커넥터들은 우리와 세계를 맺어주는 데 특별한 재능을 가진 사람들이다."[10]

흥미로운 것은 오늘날 글래드웰의 저서를 되돌아볼 때, 밀레니얼 세대(1980년대 초에서 2000년대 초 사이에 출생한 세대로, 높은 대학 진학률, 능숙한 모바일·소셜 네트워크 서비스 이용이 특징—역자)를 하나의 세대로 볼 수 있다는 점이다. 그리고 나이를 불문하고, 폭넓게 온라인 공간에 접속하는 것은 단지 오락행위로 즐거움을 느끼거나 뉴스를 접하기 위한 것뿐만이 아니다. 그것은 일상적인 일이 되었다. 우리는 서로 접속된 곳에서 모든 일을 한다. 다른 곳에 사는 친구나 가족과 일상을 나누는 것부터, 쇼핑하고 값을 지급하는 것, 일터에서 소통하고 퇴근 후 사람들을 만나는 것, 맛있는 샌드위치 파는 곳을 찾고 사람들과 함께 스포츠나 게임을 하는 것, 의료 서비스를 이용하는 것, 새로운 것을 배우는 것, 아이나 노부모를 돌보는 것까지 나열하자면 정말 끝이 없다. 인간은 이제 온라인에 접속하는 것만으로 만족하지 못하고, 이를 오프라인으로 연결시키려 하고 있다.

《티핑 포인트》출간 10여 년이 지난 후, 우리는 '소수의 법칙'을 넘어 조부모와 부모 세대가 상상만 해온 '다수의 잠재력'의 영역으로 나아가고 있다. 이를 깨닫는 것은 정말 즐겁고 흥분되며 고무적인 일이다. 조상들의 능력을 폄하하려는 것이 아니다. 벤저민 프랭클린이 필라델피아와 보스턴에 1,000파운드를 증여한 것을 두고 의심한 이도 있었다. 그러나 프랭클린은 그것을 '다수의 잠재력'에 대한 투자로 생각했다. 넬슨 만델라가 남아공의 '진실과 화해 위원회'를 소집한 것도 같은 맥락이며, 로사 파크스 또한 다수의 잠재력을 믿었기에, 후에 시민의 권리 주장을 하기위해 일어날 때를 위하여 백인에게 버스 좌석을 양보하지 않고 앉아 있었던 것이다(아프리카계 미국인 로사 파크스는 1955년 12월 미국 몽고메리에서 백인 승객에게 자리를 양보하라는 버스 운전사의 지시를 거부해 경찰에 체포되었고, 이 사건은 1년 넘게 계속된 몽고메리 버스 보이콧과 함께 인종 분리에 저항하는 큰 규모로 번져 마틴 루서 킹 목사가 참여한 미국 시민권 운동의 시초가 됨—역자).

19세기 여성이었던 나이팅게일의 여행은 매우 광범위했다. 그녀의 여행서는 여성 탐험가 프레야 스타크나 헨리 제임스 같은 저명한 작가들의 뛰어난 여행기에 견줄 만하다. 1850년 나이팅게일은 이집트를 방문했을 때, 나일 강을 따라 람세스 2세가 세운 아부심벨 신전에 다녀와 이런 글을 남겼다.

> "내게 이보다 더 많은 영향을 끼친 것은 없었다… 지성미를 지닌 고도의 양식 속에 흐르는 숭고함, 특별히 공을 들이지 않은, 고통스러운 감정을 품지 않은 지적인 아름다움… 수천의 목소리가 열정과 감성으로 일치되고 결합하여 하나의 목소리로 들리는 것 같다. 이는 세상에서 가장 강한 남자마저 압도할 수 있는 목소리다."[11]

나이팅게일의 천부적인 재능 중 하나는 모든 일과 장소에서 수천의 목소리가 하나가 될 힘, 즉 연결의 힘이 우리 세상을 창조하고 변화시킬 수 있다는 것을 알았다는 점이었다.

우리 두 사람이 모여 이 책을 집필하며 연결지능과 관련된 경험들을 연구, 발견, 조사하고 이를 알리는 일을 시작한 것은 우리 자신이 그러한 집단적 역사를 경험했기 때문이다. 우리는 같은 곳에서 하나의 공통된 비전을 창조하기 위해 함께 도전하면서 강한 팀이 되었다. 나이도, 민족성도, 삶의 경험도, 때로는 세계관마저 달라, 더 많은 일과 배짱, 끈기 있는 헌신이 요구됐다. 서로의 차이와 각자의 다양성에서 발생하는 특유의 긴장감을 생산적인 것으로 만들기 위해서는 무엇이든 기꺼이 하려는 마음가짐, 지구력, 정직함이 필요했다.

이 여정을 시작할 무렵 우리는 요탐 오토렝기와 사미 타미미라는 식당 경영자들의 이야기를 접했다. 이 두 사람은 서로의 차이를 극복하고 뛰어난 파트너십을 보여주었고, 이는 우리의 시선을 끌었다. 이스라엘 사람인 요탐과 팔레스타인 출신 사미는 1967년 아랍과 이스라엘 간에 벌어졌던 제3차 중동 전쟁인 6일 전쟁이 발발한 후 몇 달 뒤에 예루살렘에서 태어났다. 두 사람은 런던에서 만나 이곳에서 요리 업계에 발을 내디뎠다. 요탐과 사미는 처음 만났을 때는 영어를 쓰다가 이내 히브리어로 말을 나눴다. 하지만 요탐은 새 친구 사미가 팔레스타인 사람인 줄 아는 데 시간이 좀 걸렸다. 사미가 억양 없는 히브리어를 썼기 때문이었다.

2002년 두 청년은 노팅 힐에 자신들의 첫 레스토랑을 연다. 하지만 처음부터 이들을 묶어준 것은 훌륭한 음식에 대한 애정, 그리고 공통 관심사였던 지중해 스타일의 요리였지, 정치 문제나 서로의 민족이 지닌 고통스러운 과거가 아니었다.[12] 이들의 이야기는 우리에게 영감을 주었다. 한 수학 천재가 케임브리지 출신의 호평 받는 세계 비즈니스 리더로 변신해 뉴욕과 뉴델리, 피츠버그에서 살았던 인도계 미국인 리더십 전문가와 친구가 되어 함께 책을 쓰는 일이 그리 흔한 일은 아니지 않은가.

요탐과 사미가 함께 식당을 시작한 지 십여 년이 지나자, 영국 국영방송 BBC는 두 사람에게 함께 요리책을 한 권 내보면 어떻겠느냐며 다가와, 이참에 예루살렘—이들의 요리책 이름 또한 《예루살렘 Jerusalem》이다—에 대한 다큐멘터리도 만들어보자고 제안했다. 요탐과 사미는 이 프로젝트에 응했을 경우 서로의 차이로 시험대에 오르게 될 수도 있으리라는 것을 느꼈다. 하지만 이것은 완전히 새로운 국면을 맞이하여, 함께 어떤 것을 만들어 낼 기회가 될 수도 있었다. 요탐과 사미는 적지 않은 두려움과 의심을 품고 프로젝트에 응했다.

이들은 "무엇을," 그리고 "그렇게 하면 어떨까"라는 질문을 던지며 일을 시작했다. 두 사람이 이 프로젝트를 하기로 마음먹게 된 결정적인 순간은 "이 일이 나에게 중요한 것인가?"라고 질문했을 때였다. 이들이 예루살렘으로 돌아가는 것은 아프리카계 미국인이 한때 노예무역이 번성했던 항구를 찾아 세네갈의 고레 섬으로 순례를 떠나는 것과 다를 게 없었다. 그런 여정엔 '기꺼이 모두 받아들이겠어.'라는 마음이 있다. 이렇게 전적으로 수용하는 마음은 너무나도 오랜 시간 동안 역사적으로 겪어온 내면의 뼈아픈 고통과 상실이 매듭지어지며 의미가 부여될 때 나타나는 것이다. 또한, 그러한 이야기가 드러나는 현장을 찾아 나서며 (당신이 속한 세대에 따라) 가벼이 코닥 필름으로 찍거나 인스타그램에 올릴 일은 아니라고 느끼게 되는 묵직한 순간이나, 스카이프 등의 다른 기술을 통해 원격으로 연결되는 것보다는 몸소 과감히 길을 나섬으로써만 얻을 수 있는 깨달음의 깊이 등을 마주하는 순간 생겨나는 것이기도 하다.

예루살렘 다큐멘터리는 요탐과 사미가 이러한 여정을 시작할 기회였으며, 이것은 그들만이 아니라 다른 많은 사람을 위한 것이기도 했다. 함께 빵을 나누며 식사하는 내용의 이 다큐멘터리는 (문자 그대로,

그리고 은유적으로도) 음식이 조각난 세계의 한 장소에서 여러 공동체를 결합하는 하나의 강력하고 흔치 않은 평화의 수단이 될 수 있다는 것을 시사했다.

다큐멘터리를 만들면서 두 사람은 이스라엘과 팔레스타인 사람들을 위해, 그리고 이들의 음식을 사랑하는 전 세계 모든 사람을 위해, 예루살렘에 관련된 많은 사람과 관련 정보를 접했고, 새로운 시각을 창출할 수 있었다. 요탐과 사미는 예루살렘에 가기로 마음먹고는 말했다. "우리는 준비됐어요. 같은 배를 탔으니까요." 이렇게 말하는 목소리에는 울림이 있었다.

우리 두 저자의 여정과 요탐과 사미가 런던에서부터 예루살렘까지 함께하며 겪은 일들 사이에는 강력한 유사점이 있다. 우리는 이 책을 구성할 언어를 선정하고, 관점을 정립하고, 플랫폼과 수단을 구축하는 등 함께 일하며 서로 연결되고 소통하고자 노력했고, 결과적으로 연결지능을 향상시켰다. 우리가 서로 공통으로 지니고 있는 것, 즉 일상적인 사람들의 잠재력이 의미 있고 멋진 일을 이룰 수 있으리라는 흔들림 없는 낙관적 태도에 집중하자, 서로의 차이점들은 더 이상 문제가 되지 않았다. 게다가 우리는 각자 필요로 하는 것을 서로 반반씩 가지고 있기도 했다. 각자의 공통된 책임감과 차이점 덕분에 우리는 그 어느 쪽도 혼자라 여기지 않도록 연결지능을 확인하고 이해하며 활성화할 수 있었다.

연결지능은 "우리는 준비됐어요. 같은 배를 탔으니까요."라고 말하는, 당신의 비전을 공유할 사람들과 관계 맺을 때 비로소 생기를 얻는다.

우리는 정말 다양한 방식으로 연결지능을 경험할 수 있다. 이것은 하나의 물결이며, 90kg짜리 호박을 길러낼 수 있는 아이디어의 씨앗이다. 서로 다른 믿음을 가진 다른 인종의 사람들이 함께 빵을 나누며 생각을 공유하는 식탁이요, 오늘날의 벤저민 프랭클린들이 세상에 꼭 필요한 것들을 발명하는 작업대며, 당신이 단 10초만 내어주면 1년에 250만 권의 책을 디지털화할 수 있는 컴퓨터 스크린이다. 연결지능은 예루살렘만큼이나 오래되었으며 마이크로칩만큼이나 새로운 것이다.

영국의 소설가 겸 비평가인 E. M. 포스터는 소설 《하워즈 엔드》에서 다음과 같은 유명한 말을 남겼다. "단지 연결하라! 산문과 열정을 연결하라! 그러면 양쪽은 모두 고양되고 인간의 사랑은 정점에 이르게 될 것이다."[13] 그렇다면 연결지능에 대해서는 이렇게 말할 수 있지 않을까? "영리하게 연결하라! 목적과 열정을 연결하라! 그러면 인간의 잠재력은 정점에 이르게 될 것이다."

이 책 속의 이야기들은 우리 자신을 바라보는 시각과 인간의 집단 잠재력을 보는 시각을 풍요롭게 만들었고, 흩어져 있는 여러 단편적 사실에서 더 크고 강력한 결론을 도출하도록 도와주었다. 우리는 CEO나 기업, 공동체에 자문하며 어떻게 훌륭하고 의미 있는 일을 이룰 수 있을 것인가에 대해 논의했는데, 그 이야기들은 연결지능을 통해 더욱 풍부해질 수 있었다. 연결지능은 우리 자신이 영리하고, 호기심이 넘치며, 성취 의욕이 강하고, 많은 것을 품으려 하는 사람이 될 수 있도록 해준다. 또한, 어떻게 가치 있는 일을 이룰 것인가 하는 목전의 일과 씨름하는 방법에 대해 새롭고도 수많은 로드맵을 제공한다.

영리하게 연결하라! 목적과 열정을 연결하라!
그러면 인간의 잠재력은 정점에 이르게 될 것이다.

우리는 오늘날의 성취와 가능성에 대한 지침서인 이 책 속으로 당신을 초대한다. 우리의 선언은 단순하다. "꿈을 꾸라. 연결하라. 더 크게 꿈꾸라. 큰일을 이루라." 이 책에서 다루는 내용은 최고 경영자나 인사 담당자, 비정부기구 직원들, 공공 정책자 같은 수많은 사람과 함께 이야기했던 것이다. 이는 어떤 문제를 신선한 시각으로 바라보려 분투하는 한 사람, 한 사람에 관한 이야기다. 여기엔 자신만의 꿈을 설계하려 애쓰는 모든 사람을 위한 영감과 자양분, 그리고 전략이 어려 있다. 속임수나 트렌드가 아니다. 어떤 사람이 '연결지능'이라는 표현을 쓸 때마다 로마가 하루아침에 건설되거나 그 이름을 붙인 우리 저자들에게 돈이 생기는 것도 아니다.

연결지능은 르네상스 시대의 피렌체만큼 유서가 깊다. 레오나르도 다빈치는 피렌체의 공증인인 아버지와 소작농인 어머니에게서 태어나 교육을 받고 많은 경험을 할 수 있었다. 이 덕분에 역사상 가장 유명한 그림뿐 아니라 수많은 발명품, 인간 해부학, 초기 형태의 판구조론에 대한 정보를 알 수 있는 기록을 남기게 되었다. 다빈치의 판구조론은 지구의 암반층이 서로 어떻게 영향을 끼치며 움직이는가를 묘사한 것이다. 그가 이러한 이론을 구상한 것은 과학자들이 지질 구조 이론을 정의하고 다듬는 것은 고사하고 그 이론에 이름을 붙이지도 않은 수백 년 전의 일이다.

연결지능은 커다란 비전이나 희망이 있다면 적은 액수도 진정으로 커다란 일을 이룰 수 있다는 점을 깊이 이해하고 아들이나 손자들이 아닌 200년 후의 미래에 1,000파운드를 내어놓은 벤저민 프랭클린이자, 버스에 앉아 있던 로사 파크스다. 또한 죄수와 교도관 이 두 집단 모두가 인종차별 정책 아파르트헤이트에 얽매인 노예나 다름없다는 것을 깨닫고 이들을 위해 감연히 일어선 넬슨 만델라다. 만델라는 야만적 역사에서 벗어날 수 있는 하나의 길을 개척해, 완벽하진 않더라도 남아공 전체가 현재의 경제 안정성과 교육 가능성을 지닌 모델이 되도록 이끌었다.

우리는 오늘날의 성취와 가능성에 대한 지침서인 이 책 속으로 당신을 초대한다.

수집한 이야기들을 바탕으로 책을 쓰면서, 우리는 '완전한 정신의 발달을 위한 원칙'에 대한 다빈치의 조언을 염두에 두려 노력했다. 그는 이렇게 말했다. "예술의 과학을 공부하라. 과학의 예술을 공부하라. 너의 감각을 발달시켜라. 그리고 특히 어떻게 볼 것인지를 배워라. 모든 것은 다른 모든 것과 연결되어 있고 관계되어 있음을 깨달아라."[14]

우리는 이 일을 함께하기 위해 서로 연결되고 관계를 맺었으며, 이로써 성장하고 변화했다. 바라건대, 우리의 여정이 멋진 질문과 더불어 시작되기를.

연결지능은 과거를 재검토하고 좀 더 대담하게
미래로 나아갈 수 있는 인식의 틀을 제공한다.

2부

의미 있는 성공은 어떻게 이루어지는가

CHAPTER 03

◉ 연결의 시작

거대한 호박에 대단한 관심을 두는 사람이 얼마나 있을까? 아마도 알래스카의 팔머, 캘리포니아 하프 문 베이, 인디아나 주의 이스트 햄릿 같은 곳에는 서로 더 큰 호박을 키우려는 경쟁에 열을 붙인 사람들이 수천 명쯤 있기는 할 것이다. 세계에서 처음으로 1t짜리 호박을 길러낸 론 윌리스의 이야기를 듣기 전에는 분명 큰 호박을 재배하는 일이 단지 경쟁을 위한 것이라고만 생각했었다. 하지만 엄청나게 큰 호박 하나를 길러내는 일이 세계 곳곳의 굶주림과 기근을 해결하는 데 도움이 될 수 있다면 거기에서 어떤 것을 배울 수 있지 않을까?

초대형 호박을 재배하는 것은 유별난 취미처럼 들릴지 모르나 실은 놀랄 만큼 인기 있는 일이다. 대형 호박 클럽도 있고 하루 방문자

수가 어떤 지역의 뉴스 사이트보다 많은 대형 호박 관련 웹 사이트도 있다. 기념 리본과 현금 상품이 주어지는 대형 호박 콘테스트도 매년 열린다. 여기에는 어떤 강박관념이나 집착 같은 것이 있다. 생각해보라. 농업은 기원전 10,000년쯤에 시작되었고, 어떤 농부가 처음으로 450kg이 넘는 호박을 재배하기까지 무려 2,000년의 세월이 걸렸다. 그런데 론 월리스는 단 10년 만에 이보다 두 배 더 무거운 호박을 길러내고 싶었다.

호박 재배라는 극단적 틈새 세계에서 무게가 1t에 달하는 호박을 키우는 것은 오랫동안 이상하고 유별난 꿈으로 여겨졌다. 호박의 평균 무게는 보통 4.5kg~9kg 사이고 1년 중 호박을 기를 수 있는 기간은 지역을 불문하고 75일에서 100일 정도다. 1959년으로 거슬러 올라가 만화가 찰스 슐츠가 '그레이트 펌프킨'이라 불리는, 뭐라 규정하기 어려운 영웅 이야기를 하며 찰리 브라운을 그리던 때를 생각해 보면, 슐츠는 대부분의 사람이 알지 못했던 어떤 것을 알고 있었던 것 같다(찰스 슐츠의 만화 〈피너츠〉를 바탕으로 한 TV 특집 애니메이션 〈그레이트 펌프킨 It's the Great Pumpkin, Charlie Brown〉은 1966년 10월 미국 CBB에서 방영되어 큰 인기를 누림. 찰리 브라운의 친구 라이너스는 핼러윈이 올 때마다 그레이트 펌프킨이 산타클로스처럼 세상을 돌아다니며 착한 아이들에게 장난감을 선물해 준다고 믿지만 다른 친구들은 믿지 않음. 라이너스는 어느 핼러윈 밤에 그레이트 펌프킨이 오기를 애타게 기다리며 편지를 씀―역자). 호박은 기르기가 까다롭고 챙겨줘야 할 것이 많다. 추운 날씨를 피해야 하고 지속해서 물을 주어야 하며, 또 줄기가 마음대로 휘어지며 뻗어 나갈 수 있도록 비옥한 토양이 갖춰졌을 때 제일 잘 자란다. 하지만 서리나 뿌리 손상, 해충 등을 막아줄 장비나 기술은 제대로 갖춰져 있지 않았다. 대개 호박은 다 자라기 전에 절반이 죽어버린다.

하지만 컨트리클럽 매니저이자 2세대 호박광 론 월리스는 (론의 아버지도 커다란 호박을 키웠다.) 이 모든 호박 재배의 불리함을 극복해 얼핏 불가능해 보였던 일을 해낸다. 어떻게 그것이 가능했을까? 바로 연결 지능을 통해서다.

◉ 꿈을 꾸라. 그 꿈에 연결성을 더하라

론의 거대한 호박이 기네스북 세계 신기록에 오르기 약 10년 전쯤, 론은《세계 최상급의 대형 호박을 재배하는 방법》이란 책에 사로잡힌다. 그는 곧 자기가 사는 주의 총 호박 협회에 가입했고, 그 무렵 우연히 '빅펌프킨.com'이란 웹 사이트를 발견했다. 론은 온라인과 오프라인에서 다른 재배자들과 호박에 대한 사소한 정보들과 다양한 무용담, 여러 가지 전략과 최상의 재배법 등을 공유하게 되었다. 그러면서 감자나 토마토를 기르는 농부들에게 자신의 연구에 도움이 될지 모르는 어떤 통찰력이 있지 않을까 하는 호기심이 생겼다. 론은 유명한 과학자들에게 농업에 관한 조언과 정보를 달라고 줄기차게 졸랐다. 호박 모종을 테스트하려고 전문가들에게 보내기도 했다. 그러던 와중에 론은 '균뿌리 곰팡이'라 불리는 것을 우연히 발견하게 된다. 균뿌리 곰팡이는 땅 속에서 자연적으로 생겨나는 포자로, 뿌리에 달라붙어 식물에 수분과 영양분들을 다시 돌려주는 역할을 한다. 론은 이 정보를 자신의 주된 무기 중 하나로 삼게 된다.

이 지점에서 론이 이런저런 책을 읽고 자료들을 기록하며 자신이 꿈꾸는 '거인'을 탄생시키기 위한 최상의 방법을 알아내고자 일주일에 40시간을 바쳤다는 점을 밝혀야겠다. (론의 이야기와 연결지능에 대한 많은 이야기는 영국 작가 말콤 글래드웰이 말한 '일만 시간의 법칙'을 상기시킨다.) 그러나 시간만 중요한 것이 아니었다. 최고의 발견은 우연히 이루어졌다. 한 예로, 론은 4월 초 자신의 밭에 영양제 주는 것을 깜박한 것을 알아차리고 5월 말이 되어서야 밭으로 달려가 영양제를 뿌렸는데, 이 덕분에 그의 호박이 엄청나게 자라난 것이다. 론은 정보를 뒤지다가 감자 재배자들이 바이오 훈증소독법이란 기법을 사용한다는 것을 알게 되었다. 바이오 훈증소독법은 해충과 질병을 막을 수 있도록 거름을 주어 토양을 생기 있게 만드는 방법이다. 론은 이 기술을 시도해보면서 겨자 함량이 높은 토양에서 튼튼한 작물이 자란다는 것을 알게 됐다. 새로운 지식으로 무장한 론은 알고 있던 것과 다른 분야의 기술을 뒤섞고 조합했다. 여기서 얻은 정보에서 약간, 저기서 알게 된 기술에서 조금, 그렇게 여러 기법을 혼합해 적용해나간 결과, 마침내 론이 '프릭 2세'라고 별명 붙인 호박이 탄생했다. 주황보다는 노란색에 가까운, 제멋대로 생긴 못난이 호박이었지만, '프릭 2세'가 2012년 미국 매사추세츠 주 탑스필드 농업 박람회에서 세계 최초의 1t짜리 호박으로 선정되면서, 론 월리스는 역사를 새로이 썼다.

◉ 한 호박 재배자가 세계 식량 위기에 영향을 끼치다

론 월리스의 이야기는 성공하지 못할 것 같았던 약자가 챔피언이 된 사례로서, 우리 모두 불가능할 것 같은 꿈을 이룰 수 있다는 것을 깨닫게 해주었다. 하지만 1t짜리 호박 이야기 부류의 일은 페이스북이나 트위터에 매일 등장한다. 그렇다면 그의 초대형 호박 하나가 그토록 중요한 이유는 대체 어디에 있을까?

그것은 론의 호박 이야기가 연결지능의 교과서적 사례라는 점에 있다. 론은 처음에 혼자 움직였다. 그러나 거기서 멈추지 않고 여러 지역의 재배자와 과학자, 토양 전문가 등 다양한 사람들의 힘을 연결했다. 다양성은 그의 연구 과정에서 자연스럽게 작용했다. 그는 감자나 토마토 재배자가 어떤 것을 알려줄 수 있을 것이라고 확신하진 않았다. 하지만, 인터넷 같은 현대 기술의 도움으로 프로젝트를 진행하며 다른 사람들의 정보를 접하는 일이 수월해졌고 심지어 이 일은 사실상 아무런 비용도 들지 않았다. 덕분에 론은 자신의 분야에서 그 누구도 해내지 못했던 방식으로 여러 아이디어와 지식들을 결합했다. 여기에는 '용기'라는 요소도 한몫했다. 론은 자신이 찾아낼 수 있는 가장 똑똑한 과학자들에게 연락해 이런 저런 질문들로 그들을 귀찮게 했다. 대개는 그런 론에게 자기 지식을 쉽사리 알려주려 하지 않았지만, 잠깐 짬을 내어 이메일에 답해 주고 조언을 주는 이들도 있었다. 이런 정보는 불과 50년 전만 해도 론 같은 사람이 결코 얻을 수 없었던 것이었다. 게다가 '프릭 2세'를 키우는 지력에 기여한 사람들은 모두 이 일을 '그냥' 해주었고 그에 대한 어떤 보상도 받지 않았다. 또 자신들을 쫓아다녔던 이의 프로젝트가 불러온 영광이나 명성을 얻으려 하지도 않았다. 그들은 론의 호기심과 헌신, 열정에 자극을 받아 자신들의 연결지능을 내놓았을 뿐이다.

이야기가 이렇게 끝난다면 그저 교훈 하나를 듣는 것에 불과할 것이다. 그러나 여기엔 그 이상이 담겨 있다. 론의 고향인 작은 마을 그린에서 7,500km나 떨어진 인도의 과학자들과 농부들은 대중 매체를 통해 '프릭 2세'에 대한 기사를 여럿 보게 된다. 전체 노동자의 절반 이상이 농업에 종사하는 이 나라의 공무원들은 시간과 화학물질을 적게 들이면서 더 크고 많은 작물을 생산하는 것을 목적으로 삼고 론의 기술을 실험해보기 시작했다. 대규모 산업형 농업 기업들 또한 론의 기술에 주목하고 있다. 다시 말해, 호박 재배라는 별난 취미를 아주 열심히 하던 작은 마을 사람 한 명이 키워낸 괴물 같은 열매가 바로 지금 이 순간 대규모 농업의 미래와 식량 생산, 잠재적으로는 세계 식량 공급에 영향을 끼치고 있다. 이는 바로 연결지능을 통해 가능한 것이다.

◉ 평범한 대학원생의 용기있는 질문이 세계 경제시장을 뒤바꾸다

론 월리스가 지닌 연결지능은 그에게 영감을 주어 전례 없는 질문들을 하게끔 하였다. 세상과 폭넓게 연결하는 것이 가능해졌기에 론은 그러한 궁금증을 세상 어떤 사람과도 나눌 수 있게 되었다. 이러한 풍부한 지략은 한 세대 이전에는 결코 상상할 수 없었던 것이었다.

연결지능, 질문하기, 폭넓은 접속성이 한데 어울려 좋은 결과를 낳은 사례의 진수는 한 무명의 대학원생이 경제학자들과 미 연방 의회 의원들, 공공 정책자들이 극찬하며 수용했던 한 연구를 뒤집은 이야기에서 찾을 수 있다.

2009년에 28살이었던 토마스 헌든은 유명한 사람이 아니었다. 워싱턴 주도 올림피아의 에버그린 스테이트 대학을 졸업한 그는 매사추세츠대학교 애머스트 캠퍼스의 경제학과 대학원에서 공부하고 있었다. 교수들이 3학년 과정의 학생들에게 경제학 논문을 하나 택해 연구 결과를 재현해 보라는 과제를 내자, 토마스는 카르멘 라인하르트와 케네스 로고프의 논문 〈부채 시대의 성장Growth in a Time of Debt〉을 고른다. 그런데 토마스는 라인하르트와 로고프의 연구 결과를 재현할 수 없다는 사실에 놀라지 않을 수 없었다.

카르멘 라인하르트는 하버드대 교수로, 미국 대형 투자은행이었던 베어스턴스의 수석 경제학자를 지냈으며, 당사자의 표현을 빌리면 "벌판에 흩어진 소 떼처럼"[5] 자료를 모으는 수완으로 유명하다. 라인하르트의 데이터 마이닝(인터넷 같은 기술을 이용해 방대한 자료를 토대로 유용한 정보를 추출하는 기술—역자) 실력은 절정에 이르렀고 이는 그녀의 명성으로 이어졌다. 공동 논문 저자 케네스 로고프도 라인하르트처럼 뛰어난 경력을 지닌 하버드대 교수로, 전 국제 통화 기금IMF 수석 경제학자를 지냈다. 그런데 이렇게 유명한 학자들의 데이터가 잘못된 것일 리 있겠는가?

토마스 헌든은 당시를 떠올리며 말했다. "이것 때문에 기분이 정말 이상했어요. 제가 어떤 부분에서 큰 잘못을 했다고 생각했죠. 저는 학생이니까, 확률로 볼 때 실수한 건 저였지, 유명한 하버드대 교수였을 리는 없었으니까요."[6]

토마스가 몸담은 전공 교수들도 생각이 같았다. "마이클 애쉬 교수님과 면담했던 때를 기억해보면, 교수님은 '이봐 톰, 그렇게 어려워할 것 없어. 그냥 자료를 정리하면 돼.'라고 말씀하신 게 다였죠."[7] 그래서 토마스는 계속 자료를 정리하며 라인하르트와 로고프에게 해당 논문 자료를 요청하는 이메일을 보낸다.

이 하버드대 교수들이 무심결에 보내준 데이터를 받아 본 토마스는 어처구니가 없었다. 라인하르트와 로고프가 중요한 계산 과정에 자신들이 분석한 20개 국가 중 단지 15개 국가의 자료만 포함해놓은 것이다. 호주와 오스트리아, 벨기에, 캐나다, 그리고 덴마크의 자료는 누락되어 있었다. 그리고 작은 나라인 뉴질랜드에서 불경기였던 한 해와 관련된 수치들이 영국의 20년간에 해당하는 숫자들과 똑같은 비중으로 다뤄져 있었다.

토마스는 이렇게 결론 내렸다. "오류 정보를 코드화하고, 이용 가능한 데이터를 선별적으로 배제했으며, 요약된 통계 자료에 관례 없이 가중치를 두었다. 그 결과, 전후 시기의 선진 경제 국가 20개국의 공공 부채와 국내 총생산GDP 증가의 관계를 부정확하게 제시하는 심각한 오류가 발생했다."[8]

이것은 결코 사소한 결론이 아니었다. 숱한 경제학자들이 라인하르트와 로고프의 연구 결과를 차용하며, 당시의 경기 침체에서 벗어나려면 1930년대 미국 대공황 당시의 뉴딜 정책처럼 정부 지출을 증가시킬 것이 아니라 축소해야 한다고, 즉 긴축 정책을 펴야 한다고 주장하고 있었기 때문이다. 다수의 정치가 또한 긴축 정책에 대한 두 학자의 논거를 절대적으로 받아들였다. 긴축 위주 정책은 유로존 전체의 실업률을 10% 이상, 그리스와 스페인의 경우 20% 이상 높이는 데일익을 했다.[9] 잘못된 판단이 대부분의 가난한 사람과 실업자들에게 고통스러운 피해를 주는 결과를 낳았던 것이다.

토마스의 전공 교수 로버트 폴린은 처음에 이 대학원생의 결론을 믿지 않았다. "저는 생각했죠. '좋아, 학생인 그가 틀린 거야.' 논문 저자들은 저명한 경제학자고 토마스는 대학원생이니까요. 그래서 우리는 톰에게 그럴 리 없다며 줄곧 몰아붙였고 그렇게 성화를 낸 지 몇 달이 흐르고 나서야 수긍하게 됐습니다. '맙소사, 톰이 틀린 게 아니잖아.'"[10]

토마스는 학교 교수들과 함께 작업한 자신의 연구 초안을 매사추세츠대학교 정치경제연구소 웹 사이트에 게시했다. 곧바로 불같은 반응이 이어졌다. 웹 사이트가 마비돼 버린 것이다. 경제학자 폴 크루먼, 미국 경제 전문 채널 CNBC를 비롯한 언론계 인사들과 지방 방송국들이 일제히 이를 주목했다. 토마스는 말했다. "완전히 불가항력이었어요. 정오가 되자 이 소식이 바이러스처럼 퍼져 전 세계 언론사가 저에게 전화를 걸어대기 시작했죠. 정말이지 믿을 수가 없었습니다."[11]

라인하르트와 로고프는 자신들의 실수를 완전히 받아들이지 않았다. 그들은 이렇게 언급했다. "우리의 논문 〈부채 시대의 성장〉에 깊은 관심을 가지고 논문의 도표에 대한 중요한 지적을 해주신 헌든과 그 밖의 사람들에게 감사드립니다. 끊임없이 신중을 기하기 위해 언제나 최상의 노력을 하는데도 이번 논문에서 그러한 실수가 발생하게 되어 더더욱 각성해야겠다는 생각이 듭니다. 앞으로 그러한 실수를 피하고자 한층 더 노력하겠습니다. 작은 실수가 생겨서 유감스럽지만, 이것이 이 논문의 중심적인 주장이나 저희의 차후 연구에 심각한 영향을 끼치지는 않을 것입니다."[12]

긴축 경제를 지지하지 않는 노벨 경제학상 수상자 폴 크루먼은 두 논문 저자의 대처를 두고, "굉장한 실망을 금할 길이 없다. 이들은 기본적으로 자신들을 향한 비판을 회피하고 있다"라며 이들의 비겁한 태도를 신랄하게 꼬집었다.[13]

연결지능은 과거를 재검토하고 좀 더 대담하게 미래로 나아갈 수 있는 인식의 틀을 제공한다.

그렇다면 라인하르트와 로고프와 달리, 토마스 헌든은 어떠한 자세를 취했는가? 세계에서 가장 저명한 사상가들이 증명해낸 '사실'에 의문을 제기하는 데는 용기가 필요하다. 정부 지출을 삭감해야만 불안한 경제를 장기적으로 회복시킬 수 있다고 보는 현대 경제 정책의 주요 논리가 실제로는 사실이 아니라는 것을 알게 되면 왠지 마음이 심란해지는 법이다. 하지만 아는 이 하나 없는 일개 대학원생임에도 토마스는 길을 잃지 않았다. 그는 전 세계를 뒤흔드는 논의를 끌어냈다. 스탠퍼드 대학 경제학자 존 테일러에 따르면, 토마스의 발견은 2013년 G20 정상회의에서 긴축정책 완화를 이끌어낸 한 요소가 되었다. 테일러는 말했다. "그것은 예산에 관한 논쟁에서 새로운 화제가 되었죠. 토마스 헌든의 논문은 미국이 예산 개혁과 부채 정리에 대한 고민을 접어두고 긴축을 할 것인지 말 것인지 걱정해야 하는 근거를 제시했습니다."[14]

연결지능이 확산하는 과정에서 토마스 같은 경우가 우연히 나타났다는 생각이 든다. 우리는 연결지능의 힘을 통해, 그동안의 연구 내용과 방식을 재검토하고 기존에 깨달았던 생각이나 밝혀낸 이론이 사실이 아닐 수도 있음을 받아들이는 길을 발견하게 될 것이다. 토마스의 이야기는 일부 언론에서 빗대어 말하는 다윗과 골리앗의 싸움처럼 재치 있게 앞세대를 쓰러뜨리는 일화에 불과한 것이 아니다. 과거를 사려 깊게 재검토하는 과정이 필요하며 그것이 우리를 확신 넘치는 미래로 이끌어 줄 것이라는 의미 있는 메시지를 전하고 있다.

◉ 우리는 모두 같은 바다의 파도를 타고 있다

걷잡을 수 없는 두려움의 감정은 연결지능에서 상당히 흥미로운 역할을 한다. 혁신은 절박함과 실패, 알 수 없는 것에 대한 두려움에서 비롯되기도 하니 말이다. 'CHAPTER 01'에서 언급했던 괴물 같은 물결을 예로 들어보자. 항구를 떠나 바다를 항해하게 되면 사람들은 아주 커다란 파도에 겁을 집어먹는다. 이유는 분명하다. 높이가 20~30m에 이르는 큰 파도는 거대한 화물선 정도는 손쉽게 반 토막 내 버릴 수 있으니까. 하지만 이런 파도를 겁냈던 사람 중에는, 그 파도를 타고 좀 더 가까이 다가가 보려는 사람, 밤이 되면 그런 물 태풍의 눈의 내부는 어떤 모습일지를 꿈꾸는 그런 사람도 있다.

대형 파도타기는 1930년대 와이키키 해변에서 시작됐다. 애초부터 스포츠 분야의 발전은 연결지능 연구에서 빠뜨릴 수 없는 대상에 속했다. 초기의 대형 파도 서퍼인 존 켈리, 월리 프로자이드와 그들이 속한 와이키키 그룹의 서퍼들은 파도를 탈 때 정면을 향하지 않고 비스듬히 타면 더 큰 파도를 탈 수 있다는 것을 알아냈다. 그들은 함께 연구하면서 사용하던 서핑보드의 꼬리 부분을 좁히고 보드에 V자 곡선을 더 넓게 파서 형태를 바꿔서 전보다 더 큰 파도를 탈 수 있게 됐다. 그리고 이 서핑 보드에 '핫 컬 보드'란 별명을 붙였다.[15]

10년 후, 최초로 '파도타기 거인'이라 불렸던 조지 다우닝이 이 그룹에 가세했다. 그는 캘리포니아의 말리부로 휴가를 갔다가 아이디어를 얻어서 서핑 보드에 오리발을 붙여 와이키키 그룹의 기술을 개선했다. 여기서 1930년대와 1940년대에 대형 파도를 타는 서퍼들이 3.5m가 넘는 파도를 탔다는 것을 염두에 두어야 한다. 오싹할 정도

의 거대한 높이지만 오늘날의 기준에서 볼 때 분명 대단치는 않을 규모다.[16]

현대로 돌아와 대형 파도에 몸을 싣는 서퍼 레어드 해밀턴과 그의 동료 서퍼 대릭 도에너, 부지 커박스의 사례를 살펴보자. 이들은 함께 서핑을 하면서, 보드에 엎드려 양손으로 물을 젓는 전통적인 패들링 방식으로 다가가기에 너무 큰 파도를 만났을 때, 서로를 데려다주기 위해 공기 주입식 보트를 이용했다. 몇 달이 지나자 이 세 젊은이는 백여 년 전 수많은 열성 서퍼들보다 더 빠르고 멀리 보드를 밀고 나갈 수 있게 됐다. 이런 눈부신 발전은 하와이뿐 아니라 전 세계 서핑계의 모습을 변화시켰다.

서핑계는 급속한 혁신이 끊임없이 일어나는 온상이 되고 있다. 연결지능이 서핑 문화의 DNA에 깊숙이 자리 잡았기 때문이다. 마우이 섬을 서핑계 지도에 올리자고 마음먹었던 더스티 페인과 네 명의 친구들의 그룹이 그렇다. 'CHAPTER 01'에서 보았듯, 이들은 자신들과 다른 최고 서퍼들의 영상을 연구하느라 수많은 시간을 보냈고, 거기서 멈추지 않았다. 스케이트보드, 윈드서핑, 산악자전거, 모터사이클의 챔피언 등 세계 곳곳에서 관련 분야의 선수들을 찾아가 만났다. 그들의 모습을 촬영하고 스카이프로 그들과 얘기를 나눴다. 연구하고 비디오를 촬영해 모니터링하면서, 연습하고 또 연습했다. 그렇게 더스티는 '슈퍼맨' 자세를 만들어냈고 계속해서 세계 주니어 서핑 선수권 대회에서 우승했다. '차세대 레어드 해밀턴'이 되건 안 되건, 더스티는 탁월한 모습을 보여주었고 서핑이란 스포츠에 또 다른 변화의 바람을 불어넣었다.[17]

연결지능의 문화 속에 사는 서퍼들은 이제 변화하는 바다의 환경

적 요인에 대해 세계적으로 소통하고 여러 기술 정보를 공유하고자 한다. 그리고 위에서 언급했던 다른 극한 스포츠 선수들에게 그들이 너무나 좋아하는 파도타기 방법을 알려주면서 그들에게서 훌륭한 지식을 이끌어내기 위해 여러 기술을 이용하고 있다. 서퍼들은 세계의 한 모서리에서 자신들이 파도타기를 하는 바다가 (문자 그대로 그리고 비유적으로도) 세계 다른 나라의 서퍼들이 타고 있는 바다와 연결되어 있음을 지능적으로, 또 본능적으로 알고 있다.

◉ 함께 목적에 이르자

연결지능은 언제나 팀 스포츠의 본질적인 요소였다. 테니스처럼 혼자 하는 스포츠에서조차 한 개인이 최상의 실력을 이끌어내고 유지하려면 여러 전문가로 구성된 팀에 의존해야 한다. 하지만 비즈니스 세계의 팀워크는 늘 유기적일 수 없다. 우리 저자들이 함께 일하며 알게 된 바로는, 비즈니스에서 가능한 새로운 형태의 협업은 잘 사용하기만 한다면 밀레니얼 세대의 강점이 될 수도 있다. 이들은 새로운 협업 방식이 어떤 것인지 직감적으로 아주 잘 알고 있으므로 서로에게 '접속'한다.

밀레니얼 세대가 연결지능 속에서 발휘하는 직감력은 여러 분야에서 보이는데, 그중에서도 오랜 역사의 한 전문 로펌에서 매우 영향력 있는 예를 찾을 수 있다. 1년 차 주니어 변호사들의 임금 총액이 미화로 약 16만5천 달러에 이르는 뉴욕의 일류 로펌 스캐든Skadden, Arps, Slate, Meagher and Flom은 분명 유명한 로스쿨의 졸업생들을 직원으로 데

려갈 것이다. 1,700명의 스캐든 변호사들이 받는 연간 수임료는 20억 달러를 넘는다. 이런 규모로 이 회사는 월스트리트의 가장 영향력 있는, 그리고 세계에서 가장 큰 로펌으로 자리 잡았다.

그러니 2012년 스캐든의 CEO는 한 주니어 변호사 그룹의 거래 총액이 하락하는 것을 알고 충격받지 않을 수 없었다. 직원들이 일을 안 할 리는 없었다. 그들을 바쁘게 할 고객은 넘쳐났으니까. 그럼 변호사 역량에 문제가 있나? 그것도 아니었다. 시니어 변호사들의 보고로는 그들의 능력이 탁월하다고 했다. 그렇다면 대체 무엇이 문제일까?

그런데 문제는 바로 다름 아닌 주니어 변호사들에게 있었다. 그들은 새로운 문화를 창출하는 뉴 브리드였다. 서로에게 '접속'하는 것이 일반적인 세계에서 자란 이들에게 경쟁하면서도 협력하는 것은 자연스러운 일이었다. 그들은 신입 주니어 변호사들이라면 누구나 들어올 수 있는, 트위터와 유사한 사적 네트워크를 만들어 그곳에서 서로에게 도움을 청하고 조언과 정보를 구했다. 물어볼 게 있다면? 그냥 물어본다. 그러면 다른 변호사가 대답을 해준다.[18]

이들이 사용하는 트위터에 올라오는 질문은 이런 것이다.

· 이 법률 문서를 인용하려면 어떻게 해야 하나요?
· 로스쿨 다닐 때 비슷한 사례를 다뤘다는 건 기억이 나는데, 그 사례 이름이 뭐였죠?
· 이런 유형의 합병에 대해 누구한테 물어보면 될지 아는 분 계세요?

이곳에서 주니어 변호사들은 법률에 관련된 수천 수백 개의 질문과 문제 사항, 해결책 등을 공유하고 있었다. 이들은 담당 사례에 대해 모르는 것이 생기면 심란해 하지 않고 재빠르게 이런 식으로 정보를 나눌 수 있었던 것이다. 로스쿨에서 늘 하던 방식인데 이제 와서 왜 그걸 바꾸겠는가?

주니어 변호사들이 자연스럽게 그들의 스타일대로 일하자, 관리자들은 진퇴양난에 빠졌다. 주니어 변호사들은 일을 더 많이, 더 효과적으로 해내고 있었다. 이들은 각자의 회사에서 개별적으로 수행능력을 평가받고 있다는 것을 알면서도 서로서로 연결되어 있다고 느꼈다. 정보를 공유하니 오래 걸릴 일도 더 수월하게 할 수 있었다. 하지만 고객 상담 시간이 그만큼 짧아져 청구서 금액이 줄어든 것이 문제였다. 예상컨대 전통적인 솔루션은 회사 측에서 스캐든의 최우선 순위가 수익에 있다고 공표하고 주니어 변호사들의 트위터를 차단하는 것이었다. 그런데 그런 일은 일어나지 않았다.

스캐든의 윗자리에 있는 시니어 변호사들은 변화를 원하지는 않았겠지만, 이것이 바로 미래라는 것을, 더 낫고 강력한 시스템이라는 것을, 그리고 신세대에게는 자연스러운 방식이라는 것을 이해했다. 그 힘에 시니어들은 저항할 수 없었다. 그래서 그들은 주니어 직원들이 일하는 방식을 배우기로 마음먹었다. 모든 직원이 아는 회사용 트위터 프로그램을 만들었고 주니어 변호사들과 접속하는 것이 선택사항임을 보장했다. 그리고 역 멘토십 프로그램을 도입해 주니어 변호사에게 시니어 변호사를 한 명씩 맡겨 이 소셜 소프트웨어를 좀 더 효과적으로 이용할 수 있도록 도우라는 임무를 주었다. 회사의 경제 상황은 조금씩 변했고 성과도 달라졌다. 아니 더 향상되어, 마침내 업계 최고가 되면서 승자가 되었음을 재차 확인했고 이러한 승리가 청구서보다 진정 중요하다는 것을 알았다. 이 로펌은 이제 막 여정을 시작했다. 밀레니얼 세대 직원들의 연결지능을 받아들인 덕분에 스캐든은 전문 분야의 미래를 창조하는 데 필요한 소양을 충분히 갖추게 되었다.

◉ 더 빨리 목적에 이르자

아프리카 속담 중에 "빨리 가려면 혼자 가라. 멀리 가려면 함께 가라."라는 말이 있다. 스캐든의 1년 차 변호사들의 이야기는 분명 후자의 경우에 속하지만, 연결지능은 속도를 높이는 유용한 수단이기도 하다. 함께하면 생각했던 것보다 더 빨리 갈 수 있다.

몰리 뷰티Molly Beauty를 설립한 몰리 론칼을 예로 들어보자. 미국의 필리핀계 이민 2세대 출신으로, 매력이 넘치는 그녀는 샴푸 광고에나 나올 법한 완벽한 헤어스타일과 흠잡을 데 없는 속눈썹, 바르기만 해도 기분 전환이 되어 '해피 고 립글로스happy go-lip-gloss' 마인드라 불리는 유혹적인 입술 컬러로 유명하다. 안젤리나 졸리나 비욘세, 제니퍼 로페즈 같은 유명 인사들은 가장 예쁘게 보이고 싶을 때 몰리 론칼을 부른다. 20년간 자신의 브랜드를 운영하며 이제 42살이 된 몰리는 일류 고객을 얻었을 뿐만 아니라 대인기를 누리는 '미의 왕국'을 건설한 듯했다. 그녀의 브랜드는 종합 홈쇼핑 채널 QVC에서 정기적으로 방송하며, 자사 상품을 700만 건 이상 판매하는 실적을 올렸다. 페리콧 MD, 웬 헤어케어, 베어 엑센츄얼 같은 유명한 대형 브랜드와 더불어, 몰리 뷰티는 QVC의 5대 협력 업체 중 하나다. QVC 첫 방송 때, 몰리 뷰티는 1시간을 배정받았으나 방송은 계획과 달리 22분 일찍 종료됐다. QVC가 비축해둔 몰리의 회사 제품이 매진된 것이다.[19] 몰리의 말처럼 '몰리니스타'들은 그녀를 부자로 만들었다.

미국 기업가 사례 중 하나인 그녀의 이야기에서는 매우 친숙한 주제를 찾을 수 있다. 근면하고 희생적인 이민자 부모의 딸이 화려한 분야에 뛰어들어 높은 지위를 차지하고 사람들의 시선을 끄는 그런 이야기 말이다. (그녀가 모델 하이디 클룸이나 배우 매기 질렌할, 가수 리한나와도 일한다는 것을 언급했던가?) 그녀는 인지도를 쌓은 뒤에 자기 사업을 시작했고 굉장한 성공을 거두었다.

몰리의 이야기를 24살의 미셸 판과 대조해보자. 베트남 이민자의 딸인 미셸은 플로리다 주 새러소타에서 성장했다. 그녀는 말한다. "학교 친구는 사귀지 못했어요. 플로리다에는 아시아계 아이들이 거의 없었기 때문에 저는 또래들과 모습이 달라 항상 놀림거리였지요. 그런 상황들을 피하려고 제 방에 숨어서 슈퍼히어로를 그리고 책을 읽으며 시간을 보냈어요. 어느 날 그림을 그리다가 우리 가족을 어려운 상황에서 구할 수 있는 초능력이 있는 멋진 제 모습을 그리게 되었지요."[20] 싱글맘의 손에 자란 그녀는 링링 아트 디자인 대학에서 입학 허가를 받았을 때 1만 2천 달러에 달하는 등록금을 어떻게 내야 할지 앞이 깜깜했다. 하지만 어머니는 이모들과 삼촌들에게서 받아온 돈을 모아 미셸의 첫 학기 등록금을 내주었다. 미셸은 어머니에게 자신의 교육에 투자한 것이 절대 헛된 것이 되지 않게 하겠다고 약속했다. 어머니가 딸들을 돌보기 위해 오랜 세월 애써왔던 것처럼, 미셸도 가족을 부양할 수 있는 길을 찾으려 했다.

대학 첫 학기에 한 교수는 비디오 디자인 수업에 사용할 수 있게 학생들에게 맥북 프로를 제공했다. 당시 18살이었던 미셸은 생계유지를 위해 낮에는 수업을 듣고 밤에는 식당에서 서빙을 했다. 그녀는 새로 얻은 맥북으로 취미삼아 메이크업 튜토리얼 영상을 만들어 유튜브에 올렸다. 미셸은 자기가 차려입을 법한 스타일, 예를 들어 저녁 때 친구들과 만나는 날의 도발적인 로커 소녀 스타일 메이크업이나 가족과 일요일 예배에 갈 때 할 만한 스윗 핑크 계열 색조 화장 뿐 아니라, 이보다 더 드라마틱한 모습도 연출했다. 그녀는 생활용품 판매점 할인행사나 점포정리 때 구입한 립스틱과 아이섀도로 어떤 숙련된 영화 분장 아티스트의 전문 기술을 이용하여, 어렸을 때 그렸던 슈퍼히어로 같은 다양한 캐릭터를 창조했던 것이다.

어릴 적 백인들이 가득한 동네에 살았던 아시아 소녀 미셸은 주변의 백인 여자아이들을 닮고 싶었다. "서구적인 미는 세계를 주도하는 것으로 여겨지잖아요. 큰 키와, 금발에 파란 눈 같은 것 말이에요. 항상 더 백인같이 되고 싶었기 때문에 남의 시선을 의식하는 편이었어요. 눈도 더 컸으면 좋겠고 사립학교에 다니는 부잣집 아이들처럼 옷을 입으려 했었죠."[21] 하지만 이후 미셸은 비디오를 찍으며 자신이 지닌 차별성과 표현성을 돋보이게 하고 널리 알릴 수 있는 스타일을 창조하며 전혀 다른 길을 갔다. 그녀의 팬들이 최고로 좋아하는 비디오 중에는 '로맨틱 발렌타인 룩'이나 '신비한 가장무도회 룩'을 만드는 방법이 있다. 미셸은 전적으로 자신만의 스타일을 창조해 보여주었다. 피부색을 매우 어둡게 해서 거의 보랏빛이 돌 정도의 화장을 한 (코가 둥근 단추처럼 작고 귀여운) 그녀는 바브라 스트라이샌드의 영향을 받은 듯한 옆모습(미국의 팝 아이콘으로 가수, 배우 겸 감독. 유난히 큰 코로 유명하나 성형을 전혀 하지 않고 자신의 독특함을 있는 그대로 유지하며 많은 이의 사랑을 받음. 큰 코가 그대로 드러나는 옆모습을 찍은 사진이 많음—역자) 으로 콘택트렌즈를 하고 송곳니와 보철을 드러내며 자신을 표현했다. 미셸의 스타일은 모두 이런 질문을 던지는 듯하다. "무엇이 아름다운 것인가?"[22]

몇 달 만에 유튜브 조회 수가 폭발적으로 늘어나 미셸은 웨이트리스 일을 할 때보다 광고로 번 돈이 더 많아졌다. 비디오를 찍기 시작한 지 4년이 흐른 2012년, 그녀는 200편 이상의 비디오 단편을 소유하게 되었고(모두 그녀의 방에서 찍은 것이다), 그와 더불어 처음으로 7자리 숫자가 찍힌 수표를 받게 된다. 미셸의 유튜브 구독자들은 완벽한 블랙 아이라인을 그리는 것부터 다크한 피부 빛을 연출하는 것까지 궁금한 것을 모두 그녀에게 직접 물어보기 시작했고, 미셸은 그녀의 커뮤니티에 올라온 내용을 바탕으로 비디오를 만들게 되었다. 팔로워들과의 상호역동성으로 미셸은 정보를 공유하는 새로운 방식의 선두에 서게 되었고, 그녀의 커뮤니티도 점점 더 커져 영향력 있는 모습을 갖추게 되었다. 미셸은 커뮤니티 멤버들에 대해 이렇게 말한다. "그들은 배의 키를 잡고 있는 사람들이에요. 그 사람들이 질문하면 저는 거기에 답하기 위해 비디오를 만들죠. 팔로워들이 없다면 허공에서 일하는 것과 다를 게 없을 거예요. 선생님이 빈 교실에서 가르치는 것처럼 말이죠. 그들의 열정이 저를 매일 훈련하게 하고 그것을 나눌 수 있도록 동기를 부여하고 영감을 준답니다."[23]

　　구글은 그녀가 20시간짜리 콘텐츠를 제작하는 데 백만 달러를 내놓았다. 그러자 로레알이 미셸에게 그녀의 코스메틱 브랜드 '엠Em'을 런칭하자고 제의했다. 베트남어로 '여동생' 혹은 '연인'이란 뜻이 담긴 엠 브랜드로 미셸은 엄청난 부를 거머쥐었다. 그리고 이것은 시작에 불과했다. 그녀는 몰리 론칼이 20년에 걸쳐 이룬 것을 5년 만에 해낸 것이다.

　　미셸 판의 이야기는, 시장 조사를 통해서가 아닌, 열정으로써 끈기, 호기심, 공동체, 상상력, 직관력을 이용하여 1,700억 달러 규모의 코스메틱 업계를 변화시킬 수 있는 영리한 비즈니스 결정을 내린 한 젊은 여성의 힘을 보여주어 의미가 있다. CEO나 경영진이라면 유튜브의 생리를 충분히 연구하고 이해해야 하리라고는 생각하지 못했을 것이다. 다음 같은 경우가 있다는 것을 고려해보자. 2014년 3월에 메이크업 전문브랜드 맥에서 제작한 유튜브 영상 중 최고 조회 수를 얻은 것은 '비바 글램-비하인드 더 신 위드 리한나'였다. 이 회사가 유명인을 섭외해 광고를 제작하는데 수천 수백만 달러의 비용이 들었으리라는 것은 짐작이 가고도 남는다. 이 영상의 조회 수는 5만 8천 회에 그쳤다. 한편 2014년 3월 7일, 미셸 판은 자신의 유튜브 채널에 '매트 어바웃 유'라는 비디오를 게시했고, 이것은 백만 2천 건의 조회 수를 기록했다. 하지만 이 정도 규모는 미셸의 팬층을 생각했을 때 기본적인 반응에 불과한 것이다. 《우먼스 웨어 데일리》는 미셸 같은 뷰티 블로거를 두고 "마스카라는 메이저브랜드보다 훨씬 낫지요."라는 기사를 쓰는 뻔뻔함을 보였다.[24]

미셸은 정기적으로 팬들과 나누는 대화에 자신의 창조력을 결합함으로써 연결지능을 드러냈다. 그녀는 한 인터뷰에서 "여성들이 더 대담해질 수 있도록 힘을 보태고 싶어요."라고 말했다.[25] 엄청나게 많은 뷰티 블로거가 있기는 하지만, 미셸은 메이크업 방법을 보여주는 것 이상의 것을 하고 있으므로 인터넷상에서 오랫동안 팬들과 관계를 유지할 수 있다. 그녀는 자기표현에 대한 본질적인 욕구를 마주하고 거기에 '응답'하며 여성들에게 대담하게 자신을 드러낼 수 있는 용기와 단계별 노하우를 제공하고 있다.

배움을 북돋워주고 그 틀을 변화시키려는 열의는 가치 있는 일을 하고자 했던 살만 칸의 마음에서도 드러난다. 루이지애나 주의 메타리에서 소년 시절을 보낸 칸은 넉넉지 않은 가정에서 자랐다. 그는 어렸을 때부터 자신이 특별히 수학에 재능이 있다는 것을 알고 있었다. 초등학교 2학년 때 선생님은 각각의 아이들에게 제일 좋아하는 것이 무엇이냐고 물어보았고, 7살짜리 칸은 그림 그리기와 퍼즐 맞추기라 대답했다. 그래서 선생님은 칸에게 마인드 벤더스(연역적 사고를 길러주는 퍼즐)를 소개해주었고, 이것은 지금의 칸 아카데미를 있게 한 '집짓기 블록'이 되었다. 살만은 말한다. "지금 제가 하는 일에는 그 [2학년] 프로그램에서 배운 것이 많이 적용되고 있어요. 같은 날 다른 수업 다섯 시간에 공부한 것을 합친 것보다 더 말이죠."[26]

고등학교 때 살만은 머리를 흐트러뜨리고 귀에 피어싱하고서 데스메탈 밴드 활동을 했다. 지역과 전국에서 열리는 수학 경시대회에 나가기도 했는데, 그 성적으로 그는 메타리를 벗어나 매사추세츠 주의 케임브리지로 갈 수 있게 됐다. 살만은 강의실에 앉아 있는 것보다 더 생산적으로 배울 방법이 많았기 때문에 많은 수업을 건너뛰고 4년 만에 하버드와 MIT에서 학사와 석사학위를 땄다. 2009년이 되자 그는 보스턴에서 헤지 펀드 애널리스트로 일하며 거액 연봉을 받았고 의료계에서 수련 중이던 아내와 결혼해 젖먹이 아들도 얻었다. 그런 그에게 '취미'라 할 만한 일이 하나 생기게 된다.[27]

루이지애나에 사는 살만의 사촌 동생 나디아는 대수학 과목을 유난히 어려워했다. 나디아를 도와주려고 살만은 비디오 몇 개를 만들어서 유튜브에 올렸다. 이 자습용 비디오는 다른 것들과 달랐다. 나디아는 스크린에서 손으로 쓴 네온색깔 방정식을 본다. 살만은 등장하지 않지만 그의 목소리가 각각의 '수업'을 해설한다. 나디아와 다른 동생들은 이 비디오를 이용해, 이해가 가지 않는 부분은 정지시키고

다시 보고 지루한 부분은 건너뛰며 자기만의 속도로 공부할 수 있었다.[28]

살만은 이 방식에 또 다른 장점이 있다는 것을 알게 됐다. "새로운 개념을 처음 접해 머리를 쓰고 있는 바로 그 순간, 당신에게 정말 필요한 것은 다른 사람이 '이해가 되나요?' 하고 물어봐 주는 겁니다." 동생들도 같은 생각이었다. 살만은 "동생들은 저를 직접 만나는 것보다 유튜브에서 보는 걸 더 좋아하더군요."라고 말한다.[29]

살만은 대수학에 관련된 영상을 90개 정도 만들고 나서 기하학과 미적분, 물리를 가르치는 비디오를 만들었다. 그는 앞으로 자산관리자가 되어 직접 기금을 만들고 "아마도 15년에서 20년 후에는 나만의 방식으로 학교에 투자하겠다."라는 목표를 세웠다. 살만의 유튜브 교육 비디오는 인기가 점점 커지더니 조회 수가 수백만 건에 이르렀고 그만큼 고마워하는 학생들의 추천 글이 넘쳐나, 결국 그는 직장을 그만두게 됐다. 자신을 향한 호응에 대해 그는 "받을 수 있는 최고의 사회적 보답"이라 말했다. 살만은 침실에서 멀리 떨어져 있는 작은 방 하나에 스튜디오를 차리고 비디오를 더 많이 만들었다. 1년 이내에 십만 명에 이르는 사람들이 이 비디오 시리즈를 이용했고 온라인 학습은 하나의 사업이 되었으나, 칸은 그가 만든 영상물을 모두에게 무료로 제공할 것을 고집했다. 칸과 그의 부인은 칸 아카데미(이제 이렇게 불리게 되었다)가 재정적으로 자립하는 데 1년이면 될 것이라는 데 의견을 같이했다. 만약 그렇게 되지 않는다면 칸은 원래 직업으로 돌아갈 생각이었다.[30]

살만 칸의 사촌들은 그를 직접 만나는 것보다 유튜브에서 보는 걸 더 좋아했다.

그에게는 찬사가 쏟아졌다. 그러나 금전적으로 그런 것은 아니었다. 4,500명의 학생이 재학 중인 캘리포니아 주 로스앨터스에 있는 학교 기관에서는 칸에게 '거꾸로 교실' 시스템을 고민해볼 기회를 제공했다. 이 수업에서는 숙제로 비디오 시청을 해오도록 하고 교실 수업 시간에는 교사들과 다른 학생들이 상호작용을 하는 데 더 많은 시간을 할애하도록 했다. 무슨 일이 일어났을까? 학생들은 자신의 수준을 기초로 수업에서 또래 배움 집단을 만들었다. 교사들은 학습에 더 많은 어려움이 있는 학생들에게 개별적인 도움을 주는 데 수업시간을 이용하기 시작했다. 그동안 수업내용을 충분히 이해한 학생들은 자기 학습을 계속해나갈 수 있었다. 그리고 이러한 경험은 전국적으로 여러 교실에서 반복되었다. 예를 들어 8학년 교사 브라이언 함즈는 학생들이 집중하는 시간과 주제의 개수를 가늠하는 칸 아카데미의 자료를 이용해, 어떤 학생들에게 도움이 필요하고 어떤 학생들이 도움을 줄 수 있는지 확인하고 그들의 개별적인 강점과 약점을 진단할 수 있었다.

이것을 바탕으로, 칸 아카데미는 수업시간에 학생들이 공부하고 있을 때 교사들이 사용할 수 있는 학습 도구 세트를 만들었다. 여전히 숙제는 비디오를 보는 것이었다. 수업 시간은 학습 도구의 도움을 받아 배운 것을 실제로 실행해 보는 시간으로 사용할 수 있었다.

빌 게이츠를 포함한 여러 자산가는 칸 아카데미 프로그램의 성공에 주목했다. 이제 칸 아카데미는 빌 앤드 멜린다 게이츠 재단, 구글,

그 밖의 다른 많은 이들과 협력하면서, 화학에서 프랑스 혁명에 이르기까지, 그야말로 모든 것에 대한 교육 비디오 5천여 개를 여러 언어로 제공하고 있다. 이곳은 수많은 학생을 지도할 뿐 아니라, 배움에 목말라하는 많은 어른을 포함해 집에서 혼자 공부하는 이들도 대상으로 한다. '어디에서나 누구에게나 제공하는 최상의 무료 교육'이라는 칸의 혁명적 신조는 그의 노력을 통해, 단지 돈키호테식의 몽상이 아닌, 전 세계 수천수만의 학생들을 위한 현실이 되었다.

칸 아카데미는 우리가 알고 있던 것에 도전하며 (매우 적은 자본을 들여) 독창성과 상상력에 대한 새로운 묘책을 알려주는 강력한 전환의 모델이다.

거대한 연결성이 교육 분야에서 이뤄내고 있는 가장 뜻깊은 변화 가운데 하나는 수업 중에 하는 공부와 숙제로 하는 공부에서 일어난 변화다. 칸 아카데미의 학습 시스템은 '전환'을 만들어냈다. 교실에서 수 세기 동안 지속하여온, 정보를 주고 설명하는 전통적 방식의 강의는 이제 집에서 숙제로 비디오를 시청하는 학생들이 스스로 해결하고 있다. 대신 문제를 해결하고 들은 것을 적용하는 것, 즉 오랫동안 교실 밖에서 숙제로 해오던 일이 지금은 개별적으로, 그룹으로 이루어지며, 학생들이 교실에서 교사와 함께 공부하며 할 수 있는 활동의 중심이 되었다. 칸 아카데미는 학생들이 어느 부분에 어려움을 느끼는지 교사들이 알 수 있게 도와준다. 이것은 교사들이 학생들의 심성 모형—가능한 사건이나 상황을 묘사하는 마음의 표상—을 발견하고 학생들이 실수하게 하는 다른 문제들이 있는지 살피도록 만들어준다. 칸 아카데미는 서로의 사고과정을 발달시키는 깊이 있는 작업 과정에서 교사와 학생이 함께 시간을 사용할 수 있는 자율권을 주었다. 이 과정의 뿌리에서 이미 밝혀진 개념들은 새로운 상상력을 만나 함께 타오르기 시작한다.

연결지능이 작용하는 다양한 방식은 여러 사람에게서 발견할 수 있다. 잠시 이번 장에서 만났던 연결 지능적 혁신가들에게 시선을 돌려보자. 론과 더스티, 스캐든의 신입 변호사들, 미셸과 살만 등이 가치와 의미, 돌파구를 만들어내는 연계성을 구축해 사람들과 네트워크, 지식, 자원 등을 결합하는 방식에는 유사점과 차이점이 있다. 이것들을 한 번 돌아보자. 3부에서는 이 혁신적인 사람들이 사용한 도구와 기술, 그리고 그것들을 당신 스스로 어떻게 이용할 수 있는지에 대해 살펴볼 것이다.

영리하게
연결하라

CHAPTER 04

예전에 치아관리용 제품은 가루 형태건 연고건 간에 유리병에 담겨 판매됐다. 1896년 콜게이트 파몰리브Colgate-Palmolive는 최초로 접히는 튜브 치약을 만들었다. 지금 열 사람에게 치약 상표를 물어보면 그중 아홉이 '콜게이트'라 말할 것이다. 콜게이트가 백 년 넘게 미국의 주요 치약 브랜드 중 하나가 된 데에는 충분한 이유가 있다.

이 생활용품 업체는 37,400명의 직원을 두고 연간판매액이 170억 달러 규모에 달하는 기업으로, '세계 100대 최고 가치 브랜드' 64위에 오르며 동종 업계를 좌우하고 있다. 구강관리 제품은 이 기업의 최대 분야로서, 콜게이트는 세계 1위 치약 브랜드가 되었으며, 170개국이 넘는 나라의 시장을 주도하고 있다.[1]

콜게이트 테크놀로지 센터에서 일하는 과학자와 연구자는 200명이 넘는다. 이곳은 창조적 사고를 자극하도록 디자인된 대규모 현대식 시설로 디자인 되었다. 그리고 콜게이트 파몰리브는 '2014 세계 혁신 기업' 77위에 올랐다. 몇 년 전 이 회사에는 풀리지 않는 문제가 하나 있었다. 콜게이트는 불소 함유량이 더 많은 새 치약을 생산하려 했다. 불소가 많이 들어가면 결과적으로 치약의 효능이 커지기 때문이다. 회사는 이 신제품을 시장에 꼭 내놓고 싶었다. 경쟁의 관건은 타이밍이었다. 하지만 불소는 미립자가 다소 큰 편이어서 콜게이트는 새 치약 포장에 문제를 겪고 있었다. 파우더가 공중에서 흩어지는 현상이 수반됐기 때문에 회사의 제조 공장은 불소량이 추가된 새 치약을 온전히 튜브에 주입할 수가 없었다. 그래서 콜게이트는 이 문제를 해결하기 위해 최고의 과학자들로 구성된 연구개발팀을 투입했다. 하지만 이 팀도 바로 이 문제를 풀지는 못했다. 연구팀은 "자료와 시간을 좀 더 주면 해결해 내겠습니다."라고 고집을 부렸고 이 일에 부합할 만한 기본적인 과학지식을 동원해가며 고심할 뿐이었다.[2]

회사 핵심 사업의 한가운데서 발생한 문제가 해결되지 못한 채 지속되자, 콜게이트의 최고위간부 한 사람은 용기 있게 질문을 달리 던져보았다. 이 문제를 더 빨리 해결할 방법이 있다면 그건 과연 무엇일까? 콜게이트 외부에 이미 답을 아는 사람이 있다면? 그들이 우리와 기꺼이 해결책을 공유할 의지가 있다면? 그 사람들을 어떻게 찾아내지? 문제를 해결할 수 있을 만한 여러 사람에게 물어보면 어떨까? 그래서 그는 이노센티브InnoCentive라 불리는 오픈 소스 문제 해결 사이트와 협업하도록 회사 연구팀을 설득했다. 이 사이트는 여러 기업이 해결에 골머리를 앓는 과학적인 문제들을 제시하고 이에 대한 외부 솔루션을 기꺼이 받아들일 수 있는 곳이다.

이노센티브는 십여 년도 더 전에 제약계의 거물 일라이 릴리의 자금으로 시작되어, 기업 외부에 있는 두뇌 집단—의약품을 개발하고 그것을 재빨리 시장에 출시할 수 있도록 도와줄 수 있는 사람들—과 연계하는 한 방도로 마련되었다. 이것을 프리랜서들로 구성된, 일의 속도를 가속하는 공동 연구개발팀이라 생각해보라. 시작할 때부터 이곳은 서로 다른 회사들이 특화된 전문가들의 광범위한 네트워크에 접근할 수 있도록 문을 열어놓았다. 보잉, 뒤퐁, 프록터앤드갬블 같은 회사들도 이 웹사이트에 가장 골치 아픈 문제들을 올리며 해결책을 모색한다. 이노센티브 네트워크에 있는 사람이면 누구나 그 문제를 풀어보려 시도할 수 있다. 이곳을 이용하는 기업들은 솔루션을 제시한 사람들에게 건당 만 달러에서 십만 달러 사이의 금액을 지급한다.[3]

이노센티브의 비법은 이렇다. 먼저 회사에서 문제를 받는다. 그리고 그 문제를 '단순화'해 간결하고 이해하기 쉽게 다듬는다. 마지막으로 그 문제를 해결사들의 세상에 내놓는다. 역사적으로 볼 때, 많은 도전적 과제들은 그 문제를 풀 수 있도록 고용될 만한 이력서가 없는 사람들이 해결해내는 법이다.

콜게이트는 불소 문제를 이노센티브에 올렸다. 이곳에 대중적인 소비제품과 관련된 문제가 올라온 것은 처음이어서, 그곳의 경영진들은 무슨 기대를 해야 할지 몰랐다. 그러나 이 사이트를 발견한 프리랜서가 실행 가능한 솔루션을 제시하기까지 그리 오래 기다릴 필요가 없었다는 것이 금세 드러났다.

에드 맬카렉은 지략이 풍부하고 독창적이었지만 직장에 다니다 일시 해고된 상태에서 풀 수 없는 문제가 하나 있었다. 바로 직장을 구하는 문제였다. 디자인 엔지니어이자 물리학자인 그는 건물용 난방 통풍기, 스프레이 페인팅에 사용되는 로봇팔 등을 디자인하곤 했다.

하지만 취업 가능성이 있는 회사의 고용주들은 그의 경력을 인상적이라 여기지 않았다. 그들은 에드의 기술이 '너무 다양하다'고 말했다. 그는 그가 찾아간 곳 어디에서도 '적합한 직원'이 되지 못했다.[4]

저축해둔 돈은 나날이 줄어들었다. 에드는 장난삼아 자신의 엔지니어링 참고 서적과 주소록을 모조리 불태우고 이름을 바꾸고 성형이나 받아볼까 하는 생각마저 해봤다. 그러다 이노센티브를 발견했다. 거기서 에드는 어떤 문제 하나를 해결해 상을 받게 된다. 그는 이 일이 "나를 복지 센터에서 구해주고 자신감을 재확인시켜 주었다"라고 말했다. 이제 그는 '정기적으로 근무할' 직장을 구하려 하지 않는다.[5]

물리학자인 에드 맬카렉은 콜게이트가 올린 문제를 보자마자 답이 무엇인지 바로 알아챘다. 간단한 것 그 이상이었다. 에드가 보기에 콜게이트는 이 문제를 부적절한 과학 지식으로 접근하고 있었다. 이 문제를 풀려면 화학이 아니라 물리학이 필요했다. 불소 반죽에 양전하를 넣고 반죽이 담긴 튜브를 접지하면 양극을 띄는 입자들이 음극을 띈 튜브로 부드럽게 흘러들어 가게 된다. 물리학에서 반대 극은 서로를 끌어당기기 때문이다.

에드가 해답을 내놓자 신상품 출시가 가능해진 콜게이트 파몰리브 건물에는 계속해서 불이 켜지게 된다. 콜게이트는 에드를 몇 시간 고용했고, 그에게 2만5천 달러짜리 수표를 보냈다. 엔지니어에겐 즐거운 급여일이었고, 회사는 비용이 적게 들어 만족했다.

"멋진 비즈니스 방식이죠." 에드는 말했다. 이제 그는 매주 웹사이트를 훑으며 오픈 이노베이션 문제들을 찾는다. 그리고는 그의 '생각하는 모자(헐렁한 낚시용 모자)'를 쓰고 일을 시작한다. 그에게 시간은 소중하다. 그래서 그는 브레인스토밍하는데 딱 30분만 투자한다. 그렇

게 해서 답이 나오지 않으면 그냥 접어버린다.[6]

몇 년 동안 에드는 상도 여럿 타고 상금도 많이 받았다. 그는 이제 평생직장을 찾지 않는다. 임시로 자문해주는 일도 구하지 않는다. "이노센티브가 일할 회사 찾는 일을 다 해주니까요. 덕분에 저는 과학에 관한 일만 하면 돼요." 무엇보다 좋은 것은 그가 공들이고 싶은 일을 선택할 수 있다는 것이다. 에드는 이렇게 말한다. "저는 꿈의 직업을 가졌어요."[7]

이런 스타일의 직업은 많은 20대의 젊은이들에게도 매력적이다. 최근의 연구들을 보면 밀레니얼 세대의 절반 이상이 자신만의 사업을 꿈꾸고 있으며 34세 이하 성인 다섯 명 중 한 명은 독자적인 일을 하기 위해 어느 시점에 직장을 그만둘 계획을 하고 있다.[8]

관리자들이 20대들의 재능을 끌어들이는 것을—그리고 보유하는 것을—최우선 순위로 둔다면, 연결지능을 통해 얻을 수 있는 경험으로 관리자들은 젊은이들을 이끌고 그들의 멘토가 될 수 있을 것이다. 연결지능을 활용하는 기업들은 최고의 재능과 명석한 두뇌를 지닌 차세대의 마음을 이끌 수 있다. 연결지능은 인간의 특성 중 하나지만, 그 힘은 그룹 사이에서 공유할 때 확장한다. 어떤 조직이건 그것의 문화적 핵심 속에 연결지능을 쌓아나감으로써 개별적인 구성원들의 가치를 강화할 수 있다. 우리는 이것이 다가오는 미래에서 조직들이 살아남고 번성하기 위한 필수적인 문화적 특성이라 믿는다. 콜게이트의 경험은 변화를 불러왔다. 이제 이 기업은 어려운 문제들을 공유하기 위해 종종 이노센티브와 다른 오픈소스 문제 해결 플랫폼들을 이용한다. 콜게이트는 또한 자사 내부의 과학자들에게 문제 해결을 지시할 때 그 일을 할 것인지 '사전 동의'할 수 있게 하고 (자신들에게 부과된 일만

하는 것과 대조적이다) 전통적인 영역들을 넘어 서로 교류할 수 있게 하면서, 이들과 어떻게 연계해야 할지 다시 고민하고 있다.[9]

콜게이트는 휘몰아치는 듯한 도전들에도 여전히 가장 높은 마루에서 세계 제일의 치약 브랜드를 고수하고 있다. 기꺼이 내부 실험실을 박차고 나가 어려운 문제에 대한 솔루션을 찾기 위해 2만5천 달러를 지급하겠다는 콜게이트의 자세는 아마도 이 회사가 그해에 감행한 최상의 투자가 아니었을까?

<u>어떤 조직이건 그것의 문화적 핵심 속에 연결지능을 쌓아나감으로써 개별적인 구성원들의 가치를 강화할 수 있다.</u>

현재의 경제적 지형에서 콜게이트 이야기를 흥미롭고 시대적으로 적합하다고 여기는 이유는 이 이야기가 단지 뛰어난 두뇌를 지닌 프리랜서들이 어떻게 어려운 과학적 문제들을 해결할 수 있는가에 관한 것이 아니다. 콜게이트는 이노센티브를 이용함으로써 선두 주자가 되었고, 이러한 이야기는 우리가 꿈을 확장하려 할 때 서로 돕는 것이 변화를 일으키는 동인이 될 수 있음을 보여준다.

쿼키를 설립한 20대 기업가 벤 코프먼은 21세기의 제품 개발 및 제조업이 두 가지 문제를 잘못 다루어 어려움을 겪고 있다고 주장한다. 한 가지는 전통적 관례상 제품에 대한 멋진 **아이디어**를 어느 곳에서나 사용할 수 있는 **실제** 제품으로 변모시키는 것이 너무 어렵고 그 속도가 느리다는 것이다. 사업에서 빼놓을 수 없는 자금 조달과 설계 및 제작, 제조, 유통, 마케팅 시스템 등의 과정 모두가 다루기에 너무 복잡하다. 두 번째 문제는 제조 산업의 정체된 작업 때문에 창의적인 사람들을 반가워하지도 길러내지도 않는다는 데 있다. 이에 대해 벤은 거침없이 말한다. "연습으로 완벽해지는 게 아니에요. 열정이 완벽을 만드는 겁니다."[10]

벤은 미국 제조업의 제품 개발과 창안 과정이 거북이처럼 느린 것에 질색한다. 컴퓨터 작업은 빠를지 모르나, 일상적으로 사용하는 제품을 고안하고 만들어낼 책임이 있는 회사들은, 정말 너무너무 느리게 움직이는 경향이 있다. 벤이 즐겨 인용하는 일화 하나를 예로 들어보자.

> 대공황이 막 시작됐을 무렵, 1930년에 건설하기 시작한 엠파이어 스테이트 빌딩은 완공하는 데 얼마나 걸렸을까요?
> – 1년 한 달하고도 12일
>
> 비행기 제조사 록히드가 제도판 그림을 전투기로 만들어 내는 데는 얼마나 걸렸을까요?
> – 143일
>
> 그럼 21세기의 주방용품 회사가 감자칼을 시장에 내놓는 데 걸린 시간은?
> – 3년

벤은 퀴키를 설립하면서 좋은 제품에 대한 아이디어는 부족하지 않을 거라 확신했다. 문제는 직원들이 고심해서 내놓은 아이디어를 생산하고 마케팅하는 대규모의 회사들이었다. 모든 신제품이 내부 검토를 받아 만들어진다면 많은 제품의 출시는 아주 천천히 이뤄질 것이 분명했다.

벤은 기업들이 재능 있는 사람만을 고용한다거나 그들만이 창조성을 독점할 거라는 생각을 받아들일 수 없었다. 특출한 아이디어를 생각하기 위해 고급 학위와 눈에 띄는 이력서가 있는 특별한 천재일 필요는 없다고 믿는 것이다. 미국의 오랜 포퓰리즘(대중영합주의—역자) 전통을 따라, 그는 발명이 어디서나 누구에게나 다가가기 쉬운 것이어야 한다고 생각했다.

벤이 느끼기에 '발명가'에게 필요한 것은 그들을 지원해주는 기업이었다. 그는 사람들에게 "아이디어만 제공해주세요. 나머지는 우리가 모두 알아서 하겠습니다."라며 그들에게 퀴키의 취지를 밝혔다. 그러면서 발명가들의 온라인 커뮤니티와 퀴키 내부의 제품디자인 팀에게 진정한 21세기식의 협업을 제안했다.

벤은 이러한 방식의 협업이 이전에 풀기 어려웠던 두 가지, 즉 규모와 속도 문제를 해결해주었다고 말한다. 그의 목적은 매주 세 개의 제품을 출시하는 것이었다. 그리고 그가 선택한 방식은 민주적이었다. 그는 일주일에 한 번 비디오 스트리밍 서비스인 유스트림으로 공개 행사를 열어, 회사의 전 직원과 다른 모든 퀴키 커뮤니티를 초대해 그 주에 가능한 제품 개발을 논의한다. 맥주와 와인을 받은 팀원들이 벤과 접속해 상품 견본 제작의 실효성이나 누가 그 제품을 정말로 살 것인지에 대한 가능성을 허심탄회하게 이야기하는 자리인지라, 벤이 이끄는 이 1시간짜리 모임에는 웃음소리가 넘쳐난다. '이 주의 샘플 아이디어'에는 '신발 끈 커트기 겸 고데기, 신축성 섬유 소재의 양말 모양 선물포장지(미국인들이 빨간 울 양말에 와인이나 올리브 병을 넣어 리본으로 묶어 선물하기도 하는 점에 착안한 것으로 보임—역자), 주스를 컵에 따를 때 과육이 한꺼번에 쏟아지지 않도록 그 양을 조절할 수 있는 유리 주스병' 같은 것이 있다. 집에서 이곳의 회의를 보는 시청자들도 실시간 채팅을 통해 그 상품이 마음에 드는지 어떤지를 코멘트하며 투표할 수 있다.[11] 그 주의 최고 아이디어를 낸 사람은 10분 정도 프레젠테이션 기회를 얻고 관련된 모든 사람은 이를 보고 투표한다. 견본품 또한 신속하게 등장한다. 디자이너들은 견본 제품을 만드는 동안 그 상품의 이름, 광고용 문구, 색깔, 마감, 가격에 이르는 모든 것을 생각해내는 데 도움이 되도록 쿼키 커뮤니티에서 더 많은 여론 조사를 한다.

쿼키는 1인 제품 개발 부서를 신설했다. 현재 이곳에 있는 수백 명의 사람은 없어서는 안 될 존재다. 이곳 제품이 3만여 곳의 소매점에서 판매되고 있기 때문이다. 판매점은 그 범위가 다양해서, 뉴욕 현대미술관 아트샵, 타겟, 홈디포, 베스트 바이 등이 포함되어 있다. 쿼키 제품은 세련된 아이폰 케이스 등의 전자제품 관련 상품에서부터, 감자칼 같은 주방용품, 에어컨 등의 가정 기기에 이르기까지 그야말로 모든 것을 망라한다.

그리고 이제 쿼키는 만루 홈런을 날렸다. 제너럴일렉트릭GE와 손잡은 것이다.[12] 이들의 파트너십은 문자 그대로 '동업자' 관계다. GE는 특허권과 기술력을 쿼키 제품 개발팀과 공유한다. 그 이유는 뭘까? 그것은 벤이 이룬 쿼키의 성공에 GE가 쿼키의 창의력 넘치는 제품들에 접근하고 싶다는 확신을 얻었기 때문이다. 또한 GE는 쿼키가 홀로 일을 해보겠다고 마냥 때를 기다릴 형편이 아니라는 것을 알았다. 이 두 회사의 첫 번째 프로젝트는 새롭고도 치열한 분야인 스마트 디지털 가전용품 기술 분야를 다룬다.[13] 한 예로, 애플리케이션이 연동되는 우유병은 우유가 변질하고 있는지, 또는 양이 다 떨어져서 우유를 추가로 구매해야 할 때인지를 알려준다.

벤은 자신만의 방법으로 5천 달러 규모의 사업을 크라우드 소싱했다. 투자자들은 쿼키에 9천7백 달러를 쏟아붓는다.[14] 이는 모두 연계된 세계적 커뮤니티에 기초하여 혁신적인 혼성체를 일궈낸 벤에 의해 가능해진 것이다.

하지만 쿼키의 성과는 GE와의 동업에서 그치지 않았다. 쿼키의 가장 큰 성취는 동반자들의 세계를 이뤘다는 데 있다. 쿼키는 발명가에서 소매업자나 잠재 고객에 이르기까지 생산의 연결고리에 있는 모든 관계와 결부되어 있다. 이 과정에서 서로를 통상적인 경쟁자로 보았을 법한 사람들은 이제 서로를 받아들이고 함께 새로운 분야를 개척한다. 그리고 새로운 것을 만들고 싶으나 그러한 꿈을 추구할 수 있는 시간이나 자원을 가져본 적이 없는 사람들을 위해, 혁신적인 고안물을 세상에 내놓을 수 있는 판로를 제공했다. 그리고 창조성과 더불어 디지털적으로 일을 처리하는 재간을 지닌 차세대와 장기적 관점에서 구축된 인프라의 혼합체가 요구되는 기업의 본보기를 창조했다.

인도의 사업가 겸 발명가인 만숙 프라자파티가 쿼키와 같은 세계에 있다면 정말 편할 것이다. 만숙은 자기가 사는 지역에서 끔찍한 지진이 일어난 후 산산조각이 난 토기들이 나뒹구는 사진을 보고 기발한 아이디어 하나를 떠올렸다. 마을 사람들은 떠온 물을 시원하게 유지하기 위해 자주 토기를 이용했다. 지역 신문에선 이 토기들이 "동네 냉장고"라며 농담을 했다. 만숙은 생각했다. 이 토기를 만드는 진흙으로 진짜 냉장고를 만들면 어떨까? 진짜 냉장고처럼 생겨서 정말로 냉장고로 사용되는, 하지만 실제 토기처럼 가격은 별로 부담스럽지 않고 전기도 필요 없는 그런 냉장고 말이다! 그렇게 탄생한 미티쿨Mitticool은 점토로 만들어져 물 순환 시스템으로 작동하는 냉장고다. 전기가 필요 없는 미티쿨은 위 칸에 있는 물이 벽면을 타고 흘러 증발하면

서 아래 칸에 있는 음식을 시원하게 유지해준다.[15]

처음부터 미티쿨은 만숙이 사는 인도의 외딴 동네에서 히트를 했다. 이러한 원동력은 시골에서 한 발명가가 그곳에 꼭 필요한 어떤 것을 만들 때 항상 발생하는 것이다. 이 같은 발명은 성공할 수는 있어도 그 효과가 작은 동네를 벗어나기란 매우 힘든 일이다. 미티쿨도 시작은 다르지 않았다. 만숙의 이웃들은 미티쿨을 굉장히 좋아했지만 만숙은 그 지역에 판매할 미티쿨을 한 번에 하나씩만 만들었다.[16]

아닐 굽타는 인도 아메다바드 경영대학원 농업경영센터의 교수로 사회에 발을 디뎠다. 그는 이곳에서 일하며 삶의 질을 향상시킨 미티쿨 냉장고처럼 혁신적인 일을 발견할 수 있는 여러 지방 도시를 방문하는 기회를 얻었다. 그가 보기에는 더 많은 일이 가능했다. 아닐은 어느 날 퇴근길에 집에 오다가 꿀벌을 보게 되었는데, 문득 '꿀벌'이 되면 더 멋진 인생을 살 수 있지 않을까 하는 생각이 들었다. 아닐은 말한다. "꿀벌이 하는 일은 이 꽃에서 저 꽃으로 옮겨 다니며 꿀을 얻는 동안 한 꽃의 꽃가루를 다른 꽃에 묻혀주는, 즉 이화 수분을 하는 일입니다. 꽃은 벌이 꿀을 가져간다고 해서 속았다 여기지는 않죠. 사실 꽃은 아름다운 색으로 벌을 끌어들이고, 벌도 혼자 꽃의 꿀을 모조리 가져가지는 않으니까요."[17]

아닐은 연결지능이 자신의 정신을 깊은 곳에서부터 끌어내고 있음을 느꼈다. 그는 행동하기로 마음먹었다. 그리고 풍족한 월급이 주어지는 직장을 박차고 나와 '허니비 네트워크'를 설립했다. 이곳은 혁신가, 농부, 학자, 교수, 정책가, 기업가, 비정부기구 등이 모여 서로의 생각과 창의력, 그리고 실제적인 사업적 조언들을 '이화 수분'하는 곳이다. 허니비 네트워크는 무수히 많은 사람과 단체들이 풀뿌리 혁신을 추구하고 그에 대한 자원을 제공하며 지원할 수 있도록 서로를 연결해주는 하나의 중추의 역할을 한다. 이곳의 목적은 수많은 사람의 삶에 변화를 가져다주기 위해 인도와 그 외의 모든 곳에 혁신적인 일들을 규모 있게 퍼뜨리는 것이다.

허니비 네트워크가 만숙을 알게 됐을 때, 만숙은 자신의 인생이 어떻게 뒤바뀔지 전혀 알지 못했다. 미티쿨을 인도 전역에서 판매한다는 아이디어에 강한 흥미와 호기심이 일었지만, 그는 세 가지 문제점에 맞닥뜨렸다.

우선 그는 증가하는 수요를 맞출 수 있는 생산 방식을 잘 몰랐다. 또 즉각적으로 시장에 접근하는 데 필요한 규모 있는 비즈니스를 할 수 있을 만큼의 사업적 경험이나 학업을 한 적이 없었다. 세 번째 문제는 바로 만숙 자신이었다. 그는 대규모 기업가가 될 생각도 없었을 뿐더러, 자신이 원하는 삶의 모습이란 과연 어떤 것인가 고민해야 할 처지에 놓인 것이다.

그런데 허니비 네트워크를 통해 만숙은 가능성에 대한 자신의 감각을 자극하고 지지해주는 사람들을 만나게 된다. 몇 달 후 그는 허니비 네트워크의 모든—그리고 자신의—연결지능이 활성화되는 환경에서 무엇을 할 수 있을지 깨닫게 되었다. 처음에 만숙은 자신이 품고 있던 새로운 문제들의 실체를 이토록 빨리 마주치게 된다는 점에 놀랐다. 하지만 더 중요한 것은 변화를 불러올 그의 지식과 세계관, 열정을 확장해줄 사람들과 연결될 수 있다는 점이었다. 만숙은 자신이 결코 상상해본 적 없는 방식으로 성장하고 있다고 느꼈다. 그리고 여기에 힘을 쏟아보기로 했다.

허니비 네트워크의 전문 지식과 기술, 그리고 광범위한 자원에 접근할 수 있는 종합적인 연결성은 만숙이 미티쿨의 법적인 문제를 보호하고 제품의 특허를 따내며 판매 규모를 키울 수 있게 도와주었다. 이를 통해 그는 점토로 된 조리 도구나 달라붙지 않는 프라이팬 등 사용자 친화적인 점토 소재 제품도 만들게 되었다. 점토 프라이팬의 경우 일반적인 프라이팬보다 열 유지 시간이 더 길고 소매가는 겨우 미화 2달러에 불과하다.

한 사람이 내놓은 아이디어 하나가 어떤 네트워크를 통해 소박하지만 많은 결실을 보는 산업, 그 사람의 고향 공동체에 있는 대다수의 사람을 고용하고 인도뿐 아니라 외국에 있는 수많은 소비자에게까지 도움이 될 수 있는 그런 산업을 성장시킬 수 있다는 것이 참으로 놀랍지 않은가.

퀴키나 이노센티브의 경우와는 다르게, 허니비 네트워크가 요즘 유행하는 초고속 디지털 플랫폼에 의존하지 않는다는 점은 흥미롭게 주목할 만한 부분이다. 물론 허니비 네트워크도 조직이 발달함에 따라, 도움을 주려는 지방 공동체에 어떤 방식으로든 접근하기 위해 그곳에 적합한 기술을 사용하게 되기는 했지만 말이다. 하지만 허니비의 출발점은, 온라인에서건 오프라인에서건, 사람들과 생각과 자원을 서로 연결해주는 데 있고 앞으로도 계속 그럴 것이다.

지속 가능한 혁신을 지지하기 위해 서로 연계하는 사람들이 반드시 개발도상국에만 있는 것은 아니다. 스포츠용품 회사인 나이키 또한, 전자기기 전문판매점 베스트 바이, 세계 저작권 운동 단체 크리에이티브 커먼즈, 디자인회사 IDEO, 등산 장비 협동조합, 싱크탱크 엔제너라, 미국아웃도어산업협회, 세일즈포스닷컴, 뉴질랜드 통신사 2디그리스, 그리고 포털업체 야후 등과 함께 온라인 마켓플레이스인 그린익스체인지를 만들었다. 이곳에서 여러 회사는 새로운 환경 지속적 사업 모델을 창조하고 혁신을 일으키기 위해 지적 재산권을 공유한다.[18]

나이키의 사장이자 CEO인 마크 파커는 다음과 같이 말한다. "나이키는 그린익스체인지에서 나이키의 특허권 400건 이상을 연구용으로 제공하는 데 전념하고 있습니다. 여기에는 지속 가능한 혁신을 자극하는 최선의 길은 개방성을 통해 가능하다는 나이키의 신념이 있습니다. 우리의 희망은 이 같은 나이키의 태도가 현재 지속성이란 문제에 걸림돌이 되는 것들을 해결할 수 있도록 새로운 혁신을 불러일으킬 것이라는 데 있습니다."[19]

이와 같은 언급은 참으로 귀한 것이다. 하지만 기업의 변호사들에게는 그리 호소력이 없는 말일 것이다. 지적 재산권을 열렬히 아끼고 특허를 왕관의 보석처럼 여기는 비즈니스 환경에서 나이키가 한 일은 사실상 하나의 이단이기 때문이다. 특허권을 타 기업들과 공유하겠다는 발상에 대한 의지는 나이키와 다른 업체들이 서로 경쟁하지 않는 환경 지속적 산업의 혁신을 촉진한다. 이러한 IP 공유를 더욱더 즐거운 것으로 만들고자 보호 장치도 구축되어, 각 특허권자는 특허 공유의 범위를 조절할 수 있다. 예를 들어, 제공된 나이키 특허를 통해 더욱 향상된 품질이나 기능의 제품이 생산될 경우, 거기서 비롯된 개선 사항 또한 나이키의 제품에 적용 가능할 수 있어야 하며, 그 개선 사항을 누가 어떻게 공유할 수 있는가 하는 점도 나이키의 권리를 따른다. 이런 방식으로 나이키는 친환경 사업이 자사의 특허권에 접근할 수 있도록 허용함으로써 환경 보호에 도움을 줄 수 있게 되었다. 더불어 추가 비용 없이도 나이키 특허권 사용의 범위를 세계로 확장할 수 있는 수백의(수천은 아닐지라도) 과학자와 기술자, 발명가의 독창적인 아이디어에서 잠재적 이익을 취하는 것이 가능해졌다.

그린익스체인지 활동의 한 예는 등산 장비 협동조합의 산악자전거 제조 사례에서 찾아볼 수 있다. 이 업체는 자사 자전거 타이어의 내장 튜브를 새롭게 개발하면서 그린익스체인지에서 제공하는 나이키의 환경친화적 고무 특허권을 사용할 수 있게 됐고, 독자적으로 움직였을 때보다 환경 지속성에 기여하는 제품을 좀 더 신속하고 저렴하게 시장에 출시할 수 있었다.

다음 사례는 나이키가 지속성을 위해 노력함으로써 어떻게 자체적으로 이익을 얻게 되는지를 보여준다. 나이키는 '지속가능성'이라는 핵심원칙을 고수하는 브랜드인 '나이키 컨시더드 디자인 인덱스'에 기반을 둔 자사의 온라인 애플리케이션, '나이키 친환경 의류 디자인 툴'을 출시했다. 이 앱은 어떤 곳에 있는 디자이너건, 그들의 물품이 환경 지속적 효과를 낼 수 있도록 실시간으로 항목을 선택할 수 있게 한다. 이 디자인 툴의 출시는 업체간의 협업을 촉진하고 지속적인 혁신을 재빠르게 달성하게끔 이끌 뿐 아니라 천연자원 사용을 감소시키기도 했다. 이 앱을 만드는 데 비용은 얼마나 들었을까? 600만 달러와 직원들이 들인 7년간의 노고가 전부다.

나이키 디자이너들은 이 친환경 의류 디자인 툴을 이용해 남아프리카에서 100% 재생 폴리에스터로 만든 축구복을 생산한다. 이 스포츠 의류 제작에 쓰이는 환경보호적이고 스마트한 기술의 소재인 재생 폴리에스터는 플라스틱병(130만 개)으로 만든 것이다. 이렇게 쓰이지 않았다면 이 페트병들은 모조리 쓰레기 매립지로 향할 운명이었다.[20]

이것은 시작에 불과했다. 단 1년 만에 나이키는 재생 폴리에스터 사용을 두 배로 늘렸고, 그렇게 8,200만 개의 페트병은 쓰레기장 신세를 면했다.[21] 상상해보라. 모든 유명 의류 회사가 폴리에스터 소재 의류의 3분의 1만이라도 재생 폴리에스터로 제작한다면 어떤 일이 일어날까? 이런 시나리오대로라면 재생 폴리에스터 수요는 페트병 수요를 넘어설 것이다. 나이키는 그린익스체인지에서 자사 디자인 툴을 사용하게 함으로써 이러한 상상을 현실로 옮겼다.

그린익스체인지는 기업들이 대담한 대화를 통해 서로 연결하도록 자극한다. 이렇게 각각의 기업은 자사의 소중한 특허를 다른 업체들과 공유함으로써, 협업에 대한 헌신과 이것이 일으키는 긍정적인 사회적 효력에 대해 보상받을 수 있도록 서로의 입장을 피력한다.

스티브 존슨은 《탁월한 아이디어는 어디서 오는가》라는 책에서, 실화를 바탕으로 한 론 하워드의 유명한 장편 다큐멘터리 영화 〈아폴로 13〉의 한 장면을 상기시킨다. 그 장면에서 우주선은 선내 폭발로 인해 손상되고, 이 때문에 기내의 거의 모든 산소와 전력이 끊긴다. 우주비행사들은 살아남기 위해 달착륙선으로 몸을 옮기지만 산소가 점점 더 바닥나, 공기 중으로 내쉬는 이산화탄소를 빨아들일 '가스 세정기'가 필요해진다. 이것이 없으면 질식하게 될 테지만 달착륙선에는 가스 세정기가 없었다. 이들은 뭐라도 만들어내야 했다.

존슨이 묘사한 바에 따르면 영화 속에서 우주 비행 관제 센터는 이 문제를 전담해 해결하도록 항공 기사들로 구성된 '타이거팀'을 만든다. 관제 센터의 탑승원 담당관 디크 스레이톤은 회의 탁자에 잡동사니 더미를 던져주었다. 호스, 금속용기, 짐칸에 있는 가방들, 필터, 강력 접착테이프, 그리고 다른 온갖 도구들을 말이다. 모두 비행사들이 달착륙선에서 구할 수 있는 것들이었다. 스레이튼은 말했다. "좋습니다. 여러분이 달착륙선 내의 공기를 세척할 수 있는 탄소 세정기를 만들기 위해 남은 시간은 단 몇 시간에 불과합니다." 그러면서 그는 테이블을 가리켰다. "이 물건들로 한 번 만들어보세요."

서구에서 개발한 인명구조용 의료 기기 제작기술을 타 지역에 거주하는 토착민들에게 이전해 주는 것은 우주비행사들이 잡동사니로 가스 세정기를 만들어내는 것보다 더 어려운 일에 해당할 것 같다. MIT 리틀 디바이스 랩MIT Little Devices Lab의 설립자 호세 고메즈 마르케스는 지역의 발명가들에게 적절한 인재와 정보를 연결해 약간의 도움만 제공해준다면 그들도 타이거팀이 아폴로 13호에 갇혔던 우주비행사들에게 했던 바로 그 일을 할 수 있다고 생각했다. 즉 발명가들이 지역 내에서 구할 수 있는 물건들로 'DIY 해킹'을 해서 실제로 작동시켜 지역민의 생명을 구할 수 있는 의료 기기를 만들어내는 일 말이다.

'리틀 디바이스'에서 '리틀(작은)'은 '알맞은 규모의 자원이 드는 것'을 뜻한다. 즉 대규모 기술지원이 필요하지 않도록 하는 것이며, 많은 것들이 부족하기 쉬운 제3세계 국가들의 조건에서 충분히 조달할 수 있는 자원을 사용하는 것이다.

MIT 리틀 디바이스 랩이 지향하는 바는 공식사이트에 다음과 같이 표현되어 있다.

매사추세츠 공과대학교(MIT)의 리틀 디바이스 랩은 전 세계의 'DIY(Do It Yourself) 의료 기기'를 위한 디자인과 발명, 정책 공간을 탐구합니다.[2]

전력이 부족하고 취약한 개발 국가에서 약물내성이 있는 결핵과

싸우는 것은 힘든 문제가 아닐 수 없다. 결핵 환자는 유일하게 효과가 있다고 알려진 약제를 18개월 동안 매일 일정한 양만큼 투약받아야 한다. 그런데 이 의약품은 온도에 매우 민감해서 심한 열기나 냉기에 노출되면 환자가 심각한 위험에 처한다. 전력이 일정하게 유지되기 힘든 상황에서 이러한 약품을 안전하게 저장할 방법이 있을까?

MIT 리틀 디바이스 랩은 아프리카 기술자들과 협력해 현지에서 조달 가능한 제한된 물품을 이용하여, 전력과 태양광 전지 둘 중 하나로 작동할 수 있는 냉장박스 '쿨 컴플라이CoolComply'를 고안해냈다. 쿨 컴플라이에는 온도를 탐지해서 온도가 너무 높게 올라가면 경보음을 울리는 전기회로망이 내장되어 있다. 또한 각각의 냉장박스는 환자들이 투약받아야 하는 시점을 알 수 있도록 박스에 의약품의 1회분 패키지가 투여되는 모든 날짜와 시간이 입력된다. 이 모든 정보는 박스에 설치된 휴대폰을 통해 중앙 의료 시설로 전송된다.

이것이 기존의 방식에 비해 획기적인 이유는 무엇일까? 매일 얼음을 배달시키면 연간 600달러의 비용이 나간다. 쿨 컴플라이 시스템에는 이 비용의 절반밖에 들지 않는다.

리틀 디바이스 랩의 견본 기기는 에티오피아 수도 아디스아바바에서 현장테스트를 받는다. 지역의 기술자들은 바로 기계를 받아 사용법을 익히고, 사용자들도 그 기기들을 기꺼이 받아들이는 편이다. 한 아프리카 기술자는 쿨 컴플라이를 두고 말한다. "지인들이 사용하는 것을 실제로 보고 있지요." 비싸기만 하고 실용성이 떨어지는 자기공명영상MRI 기계를 보면서는 이렇게 언급했다. "제가 아는 한 어떤 사람도 그런 기계를 사용하려 들지 않을 겁니다."[23]

호세 고메즈 마르케스는 다른 사람들이 보지 못한 가능성을 보고 있다. "오늘날의 장난감은 정말 기술적인 장치입니다. 또 완구제품은 다른 기계들보다 훨씬 더 좋은 공급망을 가지고 있지요. 플라스틱 장난감은 세상 어디에나 있습니다. 심지어 외진 동네 노천 시장에도 있지요."[24] 그는 의료 서비스 종사자들에게 장난감을 분해해 부품을 구해보라고 권한다.

리틀 디바이스 랩의 상징적인 성공 이야기 중 하나는 중미 니카라과 카라소 주의 주도 히노테페에 있는 산티아고 카라소-히노테페 의료전문 대학병원의 간호사 야밀레트 멘도사 마르티네스와의 협업에 관한 것이다. 늘 업무가 과중하고 분주하기 마련인 간호사들에게는 끊임없이 병실을 드나들며 정맥 주입용 수액 백 교체 시기를 확인해야 하는 것이 참 번거로운 일이다. 어느 날 야밀레트는 '수액 백에 알람이 부착돼 있으면 정말 좋겠는데…' 하는 생각이 들었다. 그러던 그녀는 장난감 가게에 갔다가 마침 발사 신호음이 울리는 장난감 자동 소총에 눈이 갔다. 야밀레트는 바로 그 장난감 총을 사와 빨래집게로 링거 거치대에 달았다. 수액 백이 비면 고무 밴드가 빨래집게를 벌려 그 집게 한쪽이 총의 방아쇠에 접촉하게 된다. 이렇게 해서 수액이 다 떨어지면 총에서 신호음이 나는 것이다. 이 장난감 '해킹'은 사람의 목숨을 구하고 있다. 리틀 디바이스 랩을 알지 못했다면, 야밀레트는 어디서부터 어떻게 시작해야 할지 도무지 알 수가 없었을 것이다. 이러한 연계성은 양방향으로 진행된다. 리틀 디바이스 랩은 야밀레트에게서 아이디어를 얻는 한편, 그녀의 놀라운 DIY 해킹법을 세계 어디서나 다른 사람들도 사용하고 따라 할 수 있게끔 널리 전파한다.[25]

광고계에서 뽑낼 만한 뛰어난 DIY 해킹 중 하나는 38살의 광고 책임자 보닌 바우에게서 나왔다. 그의 '해킹'은 광고업계 사람들이 말하는 '세컨드 스크린(텔레비전 시청을 보조하는 전자기기)' 현상에 대한 호기심에서 시작됐다. 점점 더 많은 사람이 대표적인 세컨드 스크린인 태블릿 PC와 스마트폰을 손에 들고서 한편으로는 눈앞의 텔레비전을 시청한다. 사람들은 스포츠 중계방송을 보는 동안 서로 트위터를 하면서 온라인으로 미식축구선수의 터치다운이나 야구선수들의 타율을 확인하고, 실시간으로 페이스북이나 트위터 같은 소셜 네트워크에 경기 상황을 업데이트해 올린다. 보닌도 다른 사람들처럼 텔레비전에 광고가 나올 때 무심결에 세컨드 스크린으로 눈을 돌렸는데, 광고 일을 하는 사람으로서 그런 자신의 행동이 못내 마음에 걸렸다. 하지만 그는 이 상황을 꿰뚫어보았다. '사람들이 접속하는 곳을 공략하면 되지 않을까?'[26]

프로 미식축구 결승전인 슈퍼볼은 미국 최대 행사 중 하나로 텔레비전을 통해 전역에 중계된다. 슈퍼볼 시청자들은 텔레비전으로 크리스마스와 새해맞이 행사, 그리고 아카데미 시상식을 보는 사람들을 한데 모은 것에 맞먹는 수인 무려 125백만 명이다. 광고주들은 더 좋은 시간대에 광고를 넣어 최대의 효과를 얻고자 더 많은 금액을 지급한다. 최근 몇 년간 30초짜리 광고 하나의 평균가는 약 400만 달러에 이르고 있다.[27]

보닌은 2013년 47회 슈퍼볼 경기 때 자신의 '세컨드 스크린' 구상을 테스트해보기로 마음먹었다. 이 기회는 그야말로 '모 아니면 도'였다. 몬델레즈 사의 소비자참여 전략 담당 글로벌 부문 부사장인 그는 생각했다. 여기서 완전히 실패하면 직장을 잃게 될 거라고.

오레오 쿠키는 몬델레즈사의 대표 브랜드로, 47회 슈퍼볼의 협찬사였다. 이 결승전 광고를 위해 보닌은 '오레오팀'을 꾸렸고 여기에는 기업 법률 자문가 한 사람, 마케팅 전문가 한 사람, 그리고 디지털 홍보업체 360i가 속해 있었다. 이들은 현장에서 벌어지는 상황에 맞추어 실시간 콘텐츠를 만들어내는 것을 목적으로 삼았다.

슈퍼볼 경기는 지루했을 수도 있었다. 하지만 행운의 여신은 누구도 예상치 못했던 일을 벌인다. 3쿼터 때 갑자기 22분간 정전이 돼서 경기가 34분간 중단되는 일이 일어난 것이다.[28] 전기 기사들과 엔지니어들이 경기장 전력을 복구하기 위해 재빠르게 작업하는 동안 다른 전문가 집단도 시간을 다투어 움직이기 시작했다.

"오레오팀은 360i와 함께 사무실에 관제 센터를 마련해 두었습니다. 정전이 일어나자 이것은 기회라는 생각이 들었지요." 360i의 CEO 사라 호프슈테터는 당시를 이렇게 설명했다. "오레오팀이 현장에 있었기 때문에 수 분 내에 전략을 승인받아 바로 실행할 수 있었어요."

이들이 생각해낸 것은 오레오 트위터에 올릴 짤막한 문구 세 마디였다. "정전? 문제없다. 당신은 어둠 속에서도 덩크 할 수 있다."[29] 광고 이미지 속에는 어둠 한편에 초콜릿 빛 오레오 쿠키 하나가 빛으로 둘러싸여 있었다.

이 광고는 바로 몇 분 전 하프 타임 때 방송된 400만 달러짜리 오레오 광고보다 훨씬 단순한 구성이었지만, 최소한 천 배는 더 효과적이었다. 몇 분 내로 이 트위터 글은 만 4천 회 넘게 리트윗됐고, 오레오 페이스북 페이지에는 '좋아요'가 2만 개가 넘었다. 모두들 말하길, 이 '오레오 돌풍'이 525백만 개의 매체 광고 효과를 보았다고 한다. 평상적인 광고와 비교할 때 투입된 비용이 극히 일부에 불과했던 이 트위터 광고는 칸 국제 광고제 디지털 마케팅 부문 은사자상 수상, 클리오 광고제 소셜 미디어 및 혁신 미디어 부문 입상, 그리고 아이작 어워드의 애드워크 프로젝트 선정 등의 영예를 안았다. 이로써 보닌은 동 세대에서 가장 연결지능적인 경영진 중 한 사람으로서 입지를 다졌다.[30]

슈퍼볼에서 월드컵에 이르기까지 현장 상황의 타이밍에 맞추어 실시간으로 독창적인 콘텐츠를 제작하는 것은 생각보다 쉬운 일이 아니다.

보닌 바우가 오레오에서 승전고를 울리자 슈퍼볼이 끝난 후 얼마간 많은 광고 담당자들은 보닌이 발휘했던 실시간 마케팅의 마법을 재현해보려고 애를 썼다. 하지만 그런 뛰어난 현장성을 살리는 것은 생각보다 쉬운 일이 아니다. 2014년 네덜란드 항공사 KLM도 '오레오식 승리'를 고대했다. 그해 월드컵 16강전에서 멕시코가 아쉽게 네덜란드에 패하고 난 뒤, KLM은 자사의 출국 안내판 이미지에 챙 넓은 멕시코 모자와 콧수염 그림을 그려 넣어 트위터에 글을 올렸다. "친구들이여 안녕히! #NEDMEX."[31]

순식간에 안 좋은 일들이 꼬리에 꼬리를 물며 일어나 역류하는 반응을 보는 것은 안쓰럽기까지 했다. 무엇보다 전 세계 축구 팬들에게 멕시코와 네덜란드 경기는 격렬한 논쟁을 불러일으켰다. 많은 팬이 보기에는 종료 2분 전 심판이 네덜란드 선수의 할리우드 액션에 페널티킥을 주는 바람에 네덜란드가 극적인 역전승을 거두었기 때문이다. 하지만 더 중요한 것은 멕시코시티에 대규모 허브기지가 있는 KLM이, 행여 불쾌하진 않더라고 누가 봐도 닮아빠진 이미지를 이용해 수많은 잠재 고객의 심기를 건드린 데 있다. 멕시코의 유명한 배우이자 감독인 가엘 가르시아 베르날은 KLM의 트윗에 이런 댓글을 달았다.

"@KLM 앞으로 X같은 당신네 비행기는 절대 타지 않겠소. XX 어디 한번 망해보시지."[32] 트위터는 '안티 오레오' 광고라는 비난으로 도배되었으며 항공사에게 집중적으로 비난의 포탄 세례가 퍼부어졌다. 이러한 반응은 KLM이 그저 광고를 잘못한 것이 아니라, **정말** 잘못 했다는 증거와도 같았다. KLM이 바로 트위터 글을 삭제했음에도, 이 2014년 월드컵 광고는 보닌 바우가 2013년 슈퍼볼에서 선보인 눈부신 오레오 광고와 밀접하게 결부되어 아직까지 회자되고 있다.

용기는 용기를 통해 굳건해진다

CHAPTER 05

연결지능은 단순히 사업에서 큰 성공을 거두거나 원대하고 야심차며 독창적인 꿈을 추구하는 것을 이야기 하는 것이 아니다. 사람들은 자연재해, 정치적 폭동, 테러 사건뿐 아니라, 어려움을 겪고 있는 이웃이나 위기에 처한 10대가 보내는 무명의 문자에 이르기까지 여러 위험한 상황들에 대해 수분 수 시간 내에 대응하면서 더욱더 다양한 기술과 개인 고유의 연결지능을 활용하고 있다. 용기는 용기를 먹고 자라난다. 이것은 연결지능을 통해 진정으로 훌륭한 일을 해낼 수 있는 하나의 길에 대한 이야기이다. 'CHAPTER 05'의 이야기들은 어떤 재난이나 위험이 닥쳤을 때 연결지능이 지닌 힘을 발휘하도록 도움을 줄 수 있을 것이다.

연결지능은 단순히 사업에서 큰 성공을 거두는 것에 관한 이 야기가 아니다. 사람들은 자연재해와 여러 위기 상황에 수분 수 시간 내에 대응하기 위해 연결지능을 활용한다.

케냐는 2007년 말 대통령 선거에 논란이 일자 대규모 폭동이 일어나 심한 분열을 겪었다. 대중 시위와 살인적인 광란과 강간 등이 벌어졌고 경찰은 사격으로 대응했다. 안전한 이는 아무도 없었다.

케냐 출신의 변호사, 유명 블로거 겸 인권운동가인 오리 오콜로는 이 같은 상황을 두고 "아프리카는 모순으로 얽히고설킨 대륙입니다."라고 말한다.[1] 아프리카를 이끄는 신세대의 한 사람으로서, 모국에 대한 자부심과 역사, 그리고 시대의 연결지능을 함께 품고 성장한 그녀는 자신이 말하는 모순의 실체를 잘 알고 있었다.[2] 오리 오콜로는 아프리카 대륙에서 격동이 일던 1977년 케냐에서 태어났다. 이때는 예전 남아공의 인종차별정책인 아파르트헤이트를 반대한 전설적인 시민운동가 스티브 비코가 세상을 떠난 해로, 그의 죽음은 폭동에 불을 붙여 온 사회가 전복될 위기에 있었다. 오리가 3살일 때 이웃 국가 우간다는 역사상 가장 심각한 기근으로 신음하고 있던 시기여서, 인구의 21%가 사망했고 영아 중 60%는 돌이 되기도 전에 목숨을 잃었다.[3] 이런 상황 속에서 오리의 부모님은 간신히 먹고 살기도 힘들었지만 서로 도와가며 딸의 교육을 위해 가능한 재원을 모두 쏟아부었다.

오리의 부모님이 학비를 늦게 내는 까닭에, 나이로비의 사립학교에 다니던 오리는 수십 번도 넘게 교장실에 불려가거나 퇴학 위기에 처했었지만, 그녀는 (그리고 그녀의 부모님도) 굴하지 않고 어려움을 견뎌냈다. 그녀는 장학금을 받아 미국 피츠버그 대학교에 다녔고 그 후 하버드대 로스쿨에 진학했다.[4] 오리는 그렇게 모든 악조건을 벗어나며 탁월한 재능을 드러냈다. 하지만 2007년 케냐에서 불거진 폭동이 나라 전역으로 퍼지자, 그녀는 젊음으로 빛나는 인생 속에서 자신의 본질을 드러낼 수 있는 결정적 순간을 마주하게 된다. 어려운 시절을 극복하고 성공할 만큼 행운아에 속한다면, 뒤에 남겨진 이들을 위해 과연 무엇을 해야 할까?

오리는 '우샤히디 닷컴Ushahidi.com'이라는 네트워크 준비팀의 구성원이 되는 길을 택했다. 이 네트워크는 휴대폰 문자와 구글 맵을 혼합하여 사용해, 케냐 사람들이 현재 무슨 일이 일어나고 있는지에 대한 정보를 나눌 수 있도록 돕는 곳이다. '우샤히디'는 동부 아프리카 공용어인 스와힐리어로 '증언, 목격'이라는 뜻이다. 케냐는 컴퓨터보다 휴대폰이 훨씬 더 많은 나라여서, 살인과 강간, 대학살과 같은 사건들을 직접 목격해 전하는 글들은 거의 다 휴대폰 문자로 사람들에게 전해졌다. 머지않아 우샤히디 사이트의 사용자가 4만 5천 명에 육박하자, 사이트를 만든 사람들은 무료 오픈 소스 소프트웨어 개발을 전문으로 하는 비영리 기술 업체를 만들 수 있는 기반이 생겼음을 인식했다.[5]

우샤히디 닷컴의 플랫폼은 2010년 1월의 어느 무덥고 습한 오후, 아이티에 최악의 지진이 강타한 날 또다시 그 진가를 드러냈다. 수많은 건물이 무너지며 수백 수천 명의 사람들이 잔해와 먼지 속에 파묻혀 상처를 입거나 목숨을 잃었고, 그 속에서 구호와 복구를 위해 대규모의 지원이 이어졌다. 그러나 관련 보도들은 단편적이었으며 소문만이 무성했고, 아이티 사람들과 여러 재난구조팀에게는 믿을 만한 정보가 부족했다. 그런데 아직도 커다란 여진이 계속 일어나고 있어서, 사람들은 다음과 같은 정보들이 필요했다. 대체 생존자들은 어디에 있는 걸까? 그들은 어떤 상태에 놓여있는가? 얼마나 많은 사람이 사망했는가? 누구에게서, 어디에서 물을 구할 수 있을까? 가장 긴급하게 필요한 의료 지원은 도대체 어떤 것인가?

케냐에서 자라 고국에서 초기 우샤히디 매핑—정보의 지도화—운영팀의 일원으로 일했던 패트릭 마이어는 당시 미국 매사추세츠에 있는 터프츠대학교의 대학원생으로, '위기 매핑과 조기 경보'에 대한 하버드 인도주의 이니셔티브 프로그램의 공동 설립자 겸 공동 책임자로 일하고 있었다. 아이티에서 지진이 일어난 지 한 시간도 안 됐을 때, 패트릭은 이번 지진으로 최소한 십만 명이 목숨을 잃었을 거라는 기사를 보았다. 아이티 수도 포르토프랭스에서 일하고 있던 친구들이 걱정됐던 그는 예전에 했던 일을 다시 하게 된다. 지도 하나를 만들어 우샤히디 닷컴에 올리고 친구들에게 위치와 상태를 묻는 트윗을 날린 것이다.[6]

우샤히디의 기술은 케냐에서 첫 시도를 선보인 이래 수년이 흘러, 이제는 휴대폰, 유튜브, 이메일, 트위터 등 어디서 입력하느냐에 상관없이 모든 형태의 정보를 기록할 수 있는 수준으로 발전돼 있었다. 대부분의 빈곤 국가가 그렇듯, 아이티에도 컴퓨터가 있는 사람은 별로 없었지만 대부분 휴대폰을 가지고 있었고, 최소한 누구에게 휴대폰이 있는지 정도는 알았다. 그래서 패트릭 마이어가 몇몇 친구에게서 걱정하지 말라는 답변을 받는 데는, 그리고 이 엄청난 재난에 더 많은 손길이 필요하다는 것을 알게 되기까지는 그리 오래 걸리지 않았다.

패트릭이 마주한 첫 번째 도전 과제는 아이티 지도를 가능한 한 정확하게 만드는 것이었다. 그래서 수백 명의 자원봉사자를 동원해 국제부흥개발은행IBRD에서 제공한 위성 영상을 사용하여, 세상 그 어떤 것보다 자세한 아이티 도로 지도를 신속하게 만들어냈다. 패트릭과 봉사자들이 모인 우샤히디 아이티팀은 보스턴에 있었지만, 아이티 사람들이 돌무더기 밑에 갇혔다고 알려진 주요 위치 7곳의 GPS 좌표를 제공할 수 있었다.

패트릭이 아이티와 세계 곳곳에서 받은 정보 하나하나가 모두 지도 위에 올라왔고, 이 자료들은 끊임없이 업데이트되어 언제든 사용할 수 있었다. 우샤히디의 손이 닿는 영역을 넓히기 위해, 패트릭은 국제문자서비스 전화번호를 하나 개통해 자신의 트위터에 올린다. 국외에 거주하는 아이티 사람들이 지도에 올릴만한 중요한 정보를 문자로 보낼 수 있도록 한 것이다. 이때 패트릭의 우샤히디 동료 조시가 이 번호의 아이티 지역 활용 방도를 알아보기 시작했다. 그런데 트윗글이 게시된 다음 날 조시의 트위터 팔로워인 카메룬 사람이 자신과 친분이 있는 아이티 최대 통신회사 직원을 연결해주는 일이 일어났다. 덕분에 며칠 후 이 아이티 통신회사에서 무료 문자번호를 받았고, 아이티에 있는 사람이라면 누구나 이 번호를 이용해 급박한 요청사항이나 위치 정보를 문자로 보낼 수 있게 되었다. 이 시스템을 운용하는 것 또한 여러 조직에서 협력해준 덕분에 가능했다. 그 무렵 휴대폰 신호 중계용 셀타워가 그 어떤 지상 기반시설보다 먼저 복구되어 제 기능을 하게 되었다. 그러면서 패트릭이 올린 전화번호가 더 활발하게 운용되기 시작했고, 전력 또한 단편적으로나마 복구되었다. 아이티 지역 방송국을 비롯해 소셜 미디어 방송과 라디오 방송국에서도 이 전화번호가 단순한 연락용이 아닌, 공적인 정보 제공을 위한 것임을 알고는 이 무료 번호를 거듭 방송해 주었다. 그러자 수천 건의 문자가 우샤히디 아이티팀에 도착했다. 이 문자 정보는 웹 기반 인터페이스를 통해 우샤히디 사이트에 매핑됐다. 이런 방식으로 초반에 들어온 정보 중에는 포르토프랭스의 레기네라는 여성이 보낸 트윗글이 있었는데, 그녀는 의약품을 구입할 수 있도록 영업 중인 약국의 이름과 위치를 알려 주었다. 우샤히디 지도에는 약국의 위치가 라마르 거리로 표시된다.

아이티에서 쏟아지는 정보 중 대다수가 크리올어―대개 사용자의 모국어로 쓰이는, 아프리카어와 유럽어의 혼성어―로 되어 있었기 때문에, 언어는 해결해야 할 또 다른 문제였다. 번역 소프트웨어를 이용하는 것은 적당치 않았고 시간만 잡아먹었기 때문에, 우샤히디 아이티팀엔 사람의 손을 통한 번역이 필요했다. 패트릭은 페이스북에 관련 공고를 올렸고, 보스턴 근처에 사는 아이티 출신 자원봉사자들이 임시 상황실로 순식간에 몰려들어 즉각적인 번역으로 도움을 주었을 뿐 아니라 그곳의 운영에 헤아릴 수 없을 만큼 유용한 현지 정보들을 제공했다.

도와야 하는 곳은 여전히 넘쳐났다. 패트릭은 더 많은 자원봉사자를 훈련해 관련 콘텐츠에 대한 소셜 미디어 및 대중 매체를 모니터하도록 했다. 곧 ('디지털 휴머니스트―패트릭 마이어의 저서 제목이기도 하다―'라 불릴 만한) 100명의 학부생과 대학원생들이 그야말로 하루 24시간 일주일 내내 아이티 상황과 관련된 기사들을 검토하기 시작했다. 지진이 발생한 지 25일이 지나자 우샤히디의 아이티 페이지에는 2천5백 개의 기사들이 지도 위에 표시됐다.[7]

이러한 노력에 대한 최상의 평가는 미국 해병대 대변인의 언급에서 찾아볼 수 있다.

여러분의 사이트는 수많은 생명을 구했습니다. … 미국 해병대는 가장
많은 도움이 필요한 사람들을 지원하고 돕기 위해 매일 시시각각 여
러분의 사이트를 활용하고 있습니다. … **여러분**의 정보와 노고는 정
확한 대상에게 지원과 도움이 전해질 수 있도록 하여 무수한 생명을
구했습니다. …

이 훌륭한 일을 계속해 주십시오! 여러분은 오픈 소스에서 이제까지
보았던 것 중 가장 위대한 영향을 끼치고 있습니다.[8]

우샤히디 닷컴은 케냐의 여러 지역에서 정보를 수집할 수 있는 정
보원일 뿐 아니라 (거의) 실시간으로 폭력적인 상황을 알릴 수 있는 양
질의 소식통으로, 이후 외국에서 구호기금을 마련하는 곳으로도 이용
됐다. 연결지능적인 휴머니스트들은 최첨단 기술과 인도주의적인 자
료 수집을 해야 하는 곳이면 어디서든 우샤히디 닷컴을 활용하고 있
다. 이 플랫폼은 동부 콩고의 폭력 사태를 매핑하고, 멕시코와 인도의
선거를 감시하고, 2008~2009년 가자 전쟁 동안 실제 목격자들의 정
보를 수집하는 데 사용됐다. 오리 오콜로와 국외 거주자인 20대 친구
들은 2010년 칠레의 지진, 2014년 미국 북부의 겨울 폭풍 그리고 러시
아의 산불이 일어난 후, 자신들의 머리와 마음 모두를 이용해, 값을 매
길 수 없을 정도의 귀중한 자료를 만들고 그 자료를 효과적으로 제시
할 수 있는 매핑 툴을 창안해냈다.

우샤히디 닷컴 플랫폼이 그토록 강력한 영향을 미칠 수 있었던 이
유는 거의 모든 수단으로 연결된 사람들 누구에게서나 정보를 받아
통합할 수 있는 기능이었다. 우리 저자들은 우샤히디 닷컴, 패트릭 마
이어 같은 사람들의 연결지능과 더불어, 서로 다른 개인과 단체, 그리

고 정보의 조합이 생명을 구할 수 있고 또 실제로 구하고 있다는 사실을 목격하였다. 용기는 용기를 통해 굳건해지는 법이다. 이렇게 연계성을 결합하고 구축하는 방식은 세계 곳곳의 위기관리를 위한 믿을 만한 본보기가 되고 있다.

우샤히디는 자신들을 글로벌 데이터로 세계적 위기의 불을 끄려는 소방호스라고 정의를 내린다. 큰일을 하기 위해서는 집약된 연결 지능을 효과적으로 사용할 수 있도록 작고 소박해져야 할 때가 있는 법이다.

2011년, 이집트 수도 카이로는 마치 불에 휩싸인 듯했다. 신시가지 타흐리르 광장에는 시위자들이 모여들고 치안 부대가 동원되었으며, 얼마 안 있어 최루가스와 구타, 실탄을 발사하는 총격 등이 이어졌다.

카이로에 살았던 아메드 아불하산은 23살이던 당시 아랍 에미리트 연방의 두바이에 거주하고 있었다. 아메드는 텔레비전에서 카이로의 상황을 보고 많은 친구가 타흐리르 광장에 있다는 것을 알아챘다. 나라 밖에 살고 있었던 그는 외부에서 객관적으로 문제가 무엇인지 파악하기에 유리한 입장이었다. 그래서 부상자들을 돕는 활동가들과 광장에서 몇 구역 떨어진 곳의 임시 천막 병원 사이의 소통이 원활하지 못하다는 것을 바로 알 수 있었다. 아메드는 대학에서 약학 생명공학 학위를 받았지만, 대부분의 젊은 대학원생들이 그렇듯, 전공 지식 외에도 서로 연관된 새로운 형태의 기술을 습득했다. 그래서 아메드는 텔레비전뿐 아니라 유튜브 비디오 클립, 트위터 스트림, 전화, 블랙베리 메신저, 스카이프, 이메일, 구글 토크, 그리고 왓츠앱 등 여러 다양한 매체에 함께 접속해 이것들을 활용하고 있었다.

아메드는 외국에 사는 이집트인이었기 때문에 구호 활동에서 소외돼 있다는 느낌이 들었다. 하지만 자기가 생각하는 만큼 그렇게 힘이 없지는 않을 거라는 느낌이 들었다. "저는 계속해서 제 트위터를 보고 있었고, 20여 개의 트윗이 올라올 때마다 그 속에서 도움을 요청하는 의미를 읽을 수가 있었어요. 어떤 사람은 의약품을 구하고 있었고, 어떤 사람은 수술 도구가 필요해 보였죠. 그런데 그 모든 공황 상태 한가운데에서 막상 응답하는 사람들은 잘 보이지 않았어요. 그래서 저는 21일 월요일에 '@타흐리르서플라이@TahirirSupplies'라는 트위터 계정을 만들어 일을 시작했습니다."[9]

그의 기법은 아주 단순하면서도 능숙했다. 그는 자신의 트위터에 올라온 글을 파악해 공급해야할 사항의 목록을 만든 뒤 과도한 표현을 제거하고 의도를 명확히 해 요청문을 작성했다. 그리고 아랍어와 영어로 이 요청문을 @타흐리르서플라이 계정에 다시 올렸다. 아메드는 현장의 병원에 부족한 것이 무엇인지 소통하기 위한 전용 트위터 계정의 글들을 사람들이 잘 따라잡아 읽을 수 있도록 깔끔하고 선명한 붉은색의 로고를 사용해 글이 쉽게 눈에 띄도록 했다. 그리고 이 트위터를 운용한 지 24시간이 되자 팔로워는 만 명을 가뿐히 넘겼다.

아메드는 이 인도주의적인 트위터 운용의 임무를 누구나 이해할 수 있도록 단순하게 정의했다. "우리의 역할은 현장 병원의 메시지를 사람들에게 간결하게 전해주는 것입니다. 실제 현장에 있을 필요는 없지요. 우리는 기본적으로 24시간 내내 계정을 가동해서 도움을 요청하고자 하는 사람이라면 누구든 접촉을 유지할 수 있도록 모든 가능한 기술적 방편을 사용합니다. 그래서 낮과 밤을 가리지 않고 종일 트위터, 전화, 블랙베리 메신저, 이메일, 구글 토크, 그리고 왓츠앱을 통해 저희와 연락할 수 있습니다."[11]

아래에서 보듯이 트위터의 메시지들은 불필요한 것을 모두 빼고 골자만 남긴 전갈로, 순수한 요청만 담긴 알파벳 140자의 전보 형식이다.

타흐리르 광장에서 **프리졸린** 안약 추가 요청

현재 엘데마르다시·엘헤랄·엘모니라·아흐마드 마히르 병원에서 혈액 급구

내일 타르히르에 공급물 전달 원할 시 유로 델리에 보관 바람

중앙공원의 병원에서 체액 요청

현재 주요 병원에서 감기약(아무거나)만 요청한다고 확답

카스르 엘에니 엘프란사위에서 한 남성이 가슴에 총격당해 의사 급구[12]

아메드는 소식을 퍼뜨리기 위해 이집트의 다양한 유명 인사들과 인기 있는 트위터 유저들(수천수만의 팔로워를 지닌 사람들)에게 접촉해 자신을 리트윗해 달라고 부탁했다. 그렇게 수많은 문자와 전화 통화, 트위터 글들을 운용하면서 어느 병원에 어떤 도움이 필요한지 바로 알 수 있었고, 계속해서 그 정보를 다시 전용 트위터에 올렸다. 의사들은 자신이 필요한 곳이 어딘지 알 수 있었고, 이집트 시민들은 가장 가까운 약국으로 달려가 필요한 물품을 사 적절한 곳에 전할 수 있었다. 아메드는 코디네이터 경험이 전혀 없는데도 고도의 실시간 협업 지원 조직을 구축해냈다.[13]

엿새가 지나자 조직이 필요했다. 그러자 20대 초반의 이집트 여성 세 명이 실제 타흐리르 광장에 있지 않았음에도 아메드를 돕겠다고 나섰다. 한 사람은 영국에 살았고 두 사람은 카이로에 살았지만 부모님들이 거리 행동에 나서는 것을 허락하지 않았다. 나흘이 지나 이 그룹은 교대로 잠을 자며 트윗글을 24시간 관리했다. 곧 요청문이 쇄도해서 이들은 구글 문서 스트레드시트를 만들어 필요한 물품, 이를테면 상처를 봉합하기 위한 헤모스탑 같은 약품이나 최루가스에 손상된 폐를 치료하는 벤톨린 스프레이 같은 것들이 얼마나 필요한지 살폈다. 가장 극적인 요청은 눈을 마취하는 수술 기계가 필요하다는 말이었다. 이 기기는 한 대에 미화 2만 달러나 하는 것이다. 그런데 5시간 만에 @타흐리르서플라이는 이 기계를 2대 구입할 수 있는 자금을 제공하겠다는 부유한 카이로 거주자를 만났다. 일주일 안에 천막 병원에서 받은 보급 물자들이 약 100만 달러 치에 달했다는 것 또한 괄목할 만한 성과였다.[14]

이후에 우리는 문화 심리학자들이 '언커버링unceovering' 혹은 '자기노출'이라 부르는 현상에 관해 이야기하게 될 것이다. '자기노출'은 기본적으로 우리 모두가 가끔 가면을 벗고 진정한 자기 자신의 내면의 힘과 연결되는 것을 말한다. 아메드는 @타흐리르서플라이를 창시함으로써 자신의 몇 가지 힘을 드러낼 기회를 얻었다. 그는 국가적 규모의 폭력적인 위기 속에 갇힌 수천 명의 사람에게 응답하여 깊이 있는 변화를 만들도록 연결성을 활용할 수 있는 자기 자신만의 힘을 발견했다. 이것은 자신이 어떤 사람인지 이해하고 세상 속에서의 자신의 위치를 파악할 방법을 변화시켰다. 그리고 그는 현재 자신이 알고 있는 것이 다른 이들에게도 전해질 수 있도록 규모를 최대로 확장했다.

연결지능은 사람들을 바라보는 관점을 새로이 하며 만나는 모든 이에게서 새로운 가능성을 상상하도록 이끈다.

이 이야기는 우리가 인식하는 한계, 즉 차이, 문화, 가족, 정치적 영역 등을 넘어서서 어려움에 부닥친 사람들을 도울 방법을 찾을 수 있도록 빛을 비추어 준다. 아메드는 거리의 시위로 갈등이 불거진 상황에서 멀리 떨어져 한 명의 국외 거주자로 머물러 있는 것에 불편함을 느꼈다. 그는 @타흐리르서플라이에서 보여준 결정적인 일을 통해, 자신이 속한 곳의 평화를 지키면서 동시에, 연결지능을 발휘해 스스로 적합하다고 여겨지는 역할을 창조하여 조국에 대한 자신의 유대감을 심화시킬 수 있음을 깨달았다. 연결지능을 길러내는 것은 무언가를 성취하고 행동하기 위한 방도를 마련해줄 뿐 아니라, 우리 자신이 어떤 사람인지에 대한 정체성을 지키면서 무엇이 중요한지를 알게 하고, 우리에게 정서적으로나 지성적으로 자양분을 주는 연결 고리들을 강화하는 데 도움을 준다. 또한 사람들을 바라보는 관점을 새로이 하며 만나는 모든 이에게서 새로운 가능성을 상상하도록 이끈다.

아메드가 @타흐리르서플라이 계정에 정치에 관한 어떤 개인적 생각도 올리지 않았다는 것에 주목하라. 그는 답답한 사회에 대해 사견을 밝힐 수도 있었을 것이다. 그는 말했다. "사람들이 저에게 '당신의 메시지는 무엇인가요?'라고 계속 물어보더군요." 그러나 정작 아메드에게 특별한 메시지는 없었다. 그는 그저 한 가지 일 즉, 위험에 처한 사람들에게 의료적인 도움을 연결해 주는 일을 하려고 애썼을 뿐이다. 그러한 일은 사회적 갈등 속에서 누구의 편을 들고 있는지와 상관이 없다. 트위터는 양극화를 초래할 수 있다. 디지털 세상에서 생각나는 대로 모두 말해버리는 것은 커다란 곤란을 불러올 수 있다. 하지만 아메드는 고귀한 '선'이라는 가치의 소중함에 시선을 고정했기에 세대와 세대, 그리고 이런저런 정치적 노선들을 넘어 사람들을 결집할 수 있었다. @타흐리르서플라이는 생명을 구하고 사람들을 돕는 것, 결코 그 이상도 그 이하도 아니었다.

용기는 용기를 통해 굳건해진다. 어떤 외부적 압력이나 치명적 상황에 있을지라도 연결지능의 문을 두드려 그 힘을 이용한다면 우리를 둘러싼 혼란을 완전히 뒤바꿀 강력한 해결책과 연결될 수 있다.

최근 스탠퍼드 대학교를 졸업하고 컨설팅 전문업체 맥킨지에서 1년 차 컨설턴트로 있었던 시자 샤히드는 알고 지내던 한 소녀가 끔찍한 총상을 입었다는 소식을 듣게 된다. 소녀의 이름은 말랄라 유사프자이로, 10대 교육 인권 운동가인 말랄라는 오랫동안 소녀들의 학업을 위한 캠페인을 전개했다.

시자는 스탠포드대 학부생일 때 말랄라가 다른 학생들과 함께 서른 명의 어린 파키스탄 소녀들을 대상으로 꾸린 한여름 캠프에서 처음 그녀를 만났다. 시자는 그 캠프를 이렇게 설명했다. "그 캠프는 일상적인 혼란 속에 있던 소녀들에게 도움의 손길을 건넸습니다. 당시 무장 이슬람 정치 단체 탈레반이 실제로 여자아이들이 학교에 다니지 못하게 하고 있었거든요. 이런 상황은 활동가들이 자신을 위해 그리고 몸담은 공동체를 위해 무언가를 깨우칠 기회이기도 했습니다."[15]

말랄라는 겨우 11살일 때 BBC 방송 사이트의 블로그에 가명으로 글을 써, 여자아이들의 교육을 탄압하는 탈레반이 어떤 영향을 미치고 있는지를 상세히 기술했다. 그리고 자기 자신뿐 아니라 알고 있는 모든 소녀가 품고 있는 배움에 대한 갈망을 알렸다. 여러 신문에서는 말랄라를 '세상에서 가장 유명한 10대'라 단언했고 남아프리카 공화국 주교이자 활동가인 데스몬드 투투는 그녀를 국제 아동 평화상 후보자로 올렸다. 여자아이들이 아무런 목소리도 낼 수 없는 파키스탄의 깊은 스와트 계곡에서 말랄라는 자신의 존재를 드러냈고 세상을 향해 말을 전했다. 그러던 어느 날 말랄라가 15살이 된 지 얼마 안 됐을 때, 한 탈레반의 무장 강도가 통학 버스를 세우고는 운전기사에게 말랄라가 누구냐고 물어본 뒤 그녀를 향해 세 발의 총을 쏘았다. 총알 하나가 그녀의 머리를 관통해 왼쪽 뇌를 손상시킨 뒤 어깨에 꽂혔다. 말랄라는 파키스탄에서 엿새간 치료를 받다가 재활 치료를 위해 런던의 한 병원으로 이송됐다. 시자 샤히드는 카이로 출장 중에 그 소식을 듣고 옛 친구를 보기 위해 가장 빠른 비행기 표를 끊었다.[16]

그렇게 두 사람이 처음 만난 지 몇 년 만에, 시자는 살 수 있을지 알 수 없는 친구 말랄라의 침대 곁에 앉았다. 말랄라가 깨어나자마자 꺼냈던 첫마디는 자기가 해오던 교육 캠페인을 계속하고 싶다는 말이었다. 하지만 시자는 15살에 불과한 친구가 순교자 같은 존재가 되어 불안한 상황에 부닥치게 될 경우 생겨날 여러 잡음을 꿰뚫어보고는, 바로 이 순간을 '지속가능한 행동주의 모델'을 세우는 데 써야 함을 인식했다. 그런 의미에서 시자는 말했다. "어떻게 하면 말랄라의 목소리를 지렛대 삼아 그녀 주변에 있는 이 모든 에너지를 의미 있는 행위로 끌어낼 수 있을까요?" 그렇게 22살의 시자는 '말랄라 펀드'라는 배를 띄워 스스로 키를 잡게 되었다.[17]

이 두 젊은 여성이 스스로 세운 임무는 기념비적인 것이다. 말랄라 펀드는 세계 곳곳의 여자아이들에게 손길이 미치길 희망한다. 이에 대한 두 사람의 설명은 거침이 없다. "개발도상국에는 60만 명의 소녀들이 있습니다. 그 아이들은 사회적, 경제적으로 영향을 끼칠 수 있는 거부할 수 없는 힘을 가지고 있죠. 기회가 주어지기만 한다면 말예요. 세계 곳곳의 여자아이들은 사회적, 경제적, 법적, 정치적 요인들로 인해 정규 교육을 받지 못하고 있습니다. 그렇게 교육을 받지 못하면 사회는 가장 크고 강력한 재원 중 하나를 잃게 됩니다. 말랄라 펀드의 목적은 바로 이러한 상황을 변화시키는 것입니다."[18] 이 펀드가 시작됐을 당시 말랄라의 메시지는 이미 세계 전역에서 찬사를 받고 있었다. 그리고 말랄라는 17살이 되던 2014년에 노벨 평화상을 받는다. 모든 아동의 교육권을 위해 싸워온 이 소녀는 역대 최연소 노벨상 수상자가 되었다.

때로는 도움을 구하는 목소리가 앞서 말한 파키스탄의 소녀들보다 더 작아 온라인 대화의 소음 속에 묻혀 잘 들리지 않기도 한다. 배우인 (그리고 인기 프로그램 〈멜로즈 플레이스〉에서 10대의 우상이 된) 앤드루 슈와 그의 가장 친한 죽마고우 마이클 산체스는 20년도 더 전에 '두썸 씽.org DoSomething.org'란 홈페이지를 만들었다. 목적은 단순했다. 그것은 25세 이하의 젊은이들이 관심 있는 문제에 대해 지역적으로 그리고 전국적으로 행동을 취할 수 있도록 고무하는 것이었다. 이 단체는 큰 반향을 일으키며 성공을 거둬, 회원 수가 이미 270만 명을 훌쩍 넘겼다. 시작할 때 이곳에서 도움을 받은 여러 캠페인은 노숙자 문제에서 집단 따돌림이나 성적 모욕에 이르는 모든 문제를 다루고 있다.[19]

자신을 이 조직의 '최고경영자 겸 어른 대표'[20]라 부르는 낸시 루블린은 4년 전 이 단체의 이메일 캠페인에 대한 반응이 줄어들고 있는 것을 보았다. 그리고 동시에, 10대들에게 휴대폰 문자는 '이메일보다 영향력이 11배 더 크다는' 것, 그리고 이들의 문자 '확인율'은

100%라는 점을 알게 된다.[21] 즉 아이는 몇 시에 집에 올 거냐는 문자에 답을 안 할 수도 있지만, 분명 그 문자를 보기는 한다는 점에 주목한 것이다.

그래서 두썸씽.org는 중심 플랫폼을 이메일에서 휴대폰 문자로 옮긴다. 낸시는 10대 청소년들이 이 단체에서 보내는 문자를 그저 읽기만 하지는 않는다는 것을 알았다. 아이들은 답장을 보내기도 했고 때로는 지내면서 겪는 어려움을 문자로 말하고 있었다.

제가 손목을 긋고 있는데 부모님께 들키는 바람에 멈췄어요.
그런데 한 시간 전부터 다시 그러고 있네요.
오늘 학교 가기 싫은데 어쩌죠. 애들이 자꾸 게이라 불러요.

낸시는 한 여자아이가 보낸 문자를 절대 잊지 않을 것이다. "그 사람이 절 계속 성폭행하고 있어요. 그 사람은 아무한테도 말하지 말래요. 저희 아빠거든요. 제 문자를 보고 계신 건가요?"[22]

낸시는 문자들을 샅샅이 살펴보고 아이들에게 필요한 도움을 주려고 애쓰는 한편, 그녀의 팀이 다룰 준비가 아직 안 된 긴박한 상황들이 급격히 증가하고 있음을 알게 됐다. 두썸씽.org는 위기에 처한 청소년들이 필요로 하는 것에 응하기 위해 10대로서 해오던 임무와 역할을 전적으로 재정립해야 했다.

이 조직의 초기 방침에는 '개입'이란 것이 없었으나 낸시의 팀은 그들의 집단적 경험과 기술적 노하우를 모두 결집해 '긴급문자상담망 crisistextline.org'를 새로 구축하고, 여기서 10대들의 고충을 다루기로 결단한다. 긴급문자상담망은 사춘기 아이들에게 가장 심각한 문제인 자살, 우울증, 성적 학대 등에 관해 전문적 상담을 제공할 전국 6곳의 위기 상담 센터와 연대하며, 2013년 개시 이후 첫 6달 만에 9,000명의 10대와 백만 건에 달하는 문자를 주고받았다.[23]

이 긴급문자상담망과 수십 년간 존재해 온 전화 상담 서비스 간의 차이는 과연 무엇일까? 청소년들에게 전화통화는 공적인 것이어서, 아이들은 누군가 우연히 통화 내용을 듣게 될 수 있다는 것을 직감하고 아무에게나 쉽게 전화를 하지 않는 경향이 있다. 10대들을 만나는 사람이라면 누구나 그 아이들에게서 직접 말을 끌어내는 것이 얼마나 어려운 일인지 충분히 알 것이다. 하지만 휴대폰 문자로 말을 걸면 아이들은 자기가 원하는 만큼 마음을 열고 술술 말하게 된다. 전화 통화는 그런 일이 거의 없지만 휴대폰 문자는 영구적으로 기록이 남는데도, 10대들은 문자로 말하는 것이 더 개인적이고 남의 눈에 띄지 않는다고 여긴다. 낸시의 언급처럼 문자로 대화한 내용은 기록이 남기 때문에 매우 유용하기도 하다. 전화 통화는 전화가 끊어지면 그걸로 끝이다. 하지만 문자를 주고받은 전체 디지털 기록은 연락할 때마다 화면에 나타난다. 이러한 문자 기록은 아이가 또 다른 위험에 처할 때 도움이 되며, 한편으로 사회 정책을 만들 때 결정적인 자료로 기능할 수 있다. 또한 휴대폰 문자 교환 방식을 도입하면서, 서로 다른 상담기관에서 서로 다른 시점에 개별적으로 다뤄왔던, 신체적 학대에서 정신적·정서적 건강 이상에 이르는 여러 다양한 문제를 전체적으로 접근할 수 있게 되면서 새로운 장이 열렸다.

이를테면 미국 청소년들의 방과 후 시간을 겨냥한 TV 프로그램과 같은 예전 모델을 생각해보자. 1972년부터 1997년까지 ABC방송에서 방영한 방과 후 프로그램은 극적인 스토리로 청소년들이 부딪히는 문제들을 다루며 때로는 물의를 일으킬 만한 내용을 담았다. 방과 후 프로그램의 주제는 학생들이 공부를 안 한다는 문제 같은 것뿐 아니라 거식증, 약물 남용에서 10대들의 임신에 이르기까지 다양했다. 프로그램에선 매회 선정된 주제 하나를 조사해 대본을 작성했고, 각각의 에피소드를 담당한 연출자는 그 특정 문제를 다룰 임무를 맡은 비영리 단체나 정부 조직의 전화 상담 서비스나 전문가들과 협력했다.

여기서 기념비적인 특징을 두썸씽.org에서 배우게 된다. 이제까지는 10대들의 문제를 '이화수분' 할 여지, 즉 청소년 한 명이 여러 문제를 중복해 겪을 때 그것을 통합해서 다룰 방법이 없었다. 예를 들어 한 청소년이 신경성 과식증이 있는 동시에 집단 따돌림을 당한다고 하자. 그러면 기존의 방과 후 TV 프로그램에서는 한 번에 한 가지에만 손을 쓸 수 있을 뿐이다. 또 어떤 10대 남학생이 성 정체성에 대해 혼란스러워하면서 음주 문제도 가지고 있다면 그 아이는 각 문제를 다뤄줄 상담기관 두 곳에 전화해야 한다. 상상이 가는가? 10대에게 여러 곳의 상담 전화를 이용하라고 하는 것과 그 아이가 보낸 문자 내용을 전인적으로 통합해 답변을 주는 것 사이에는 커다란 차이가 존재한다. 이러한 차별성 덕분에 가장 취약한 시민에 속하는 10대들이 직면한 문제와 위기 상황에 귀를 기울이고 반응하는 방식에는 전적인 탈바꿈이 일어날 수 있었다.

낸시는 지금까지 10대들의 어려움에 대해 실시간으로 자료를 수집하지는 않았다고 말한다. 하지만 자체적인 통계자료를 확보하게 된 그녀는 이제 젊은이들이 가장 마음 쓰는 문제들이 동물 학대나 노숙과 같은 것이라 말할 수 있다. '왜냐면 그들은 그것이 문제라는 것을 인식할 수 있기 때문'이다. 낸시의 팀은 식이장애가 있는 아이들이 주로 일요일과 화요일 사이에 가장 많이 도움을 청한다는 것을 안다. 자해하는 아이들은 수업이 끝날 때까지 기다리다 몸에 상처를 내는 법이 결코 없다. 또 일리노이주 시카고의 동일 연령 집단과 비교할 때 텍사스 주 엘패소에 사는 10대들의 우울증 발병률이 세 배 정도 높다. 이처럼 조사와 연구를 통한 정보로 무장한 긴급문자상담망 시스템은 최근 긴급상황 트렌드Crisis Trend를 도입해 첫 자체 집합 데이터를 온라인상에 발간했다. 언론관계자나 연구자, 관심 있는 시민이라면 누구나 이 조사 결과를 볼 수 있으며, 특정 시간과 지역에 따라 10대들의 긴급한 도움 요청이 발생하는 것을 사전에 차단하고 아이들의 안전을 위해 위험 상황에 맞서 싸우면서 서로의 힘을 연결할 수 있게 되었다. 이와 더불어 낸시의 팀은 10대들에게 적합한 공공 정책 수립에 영향력을 끼치고자 여러 지방 정부, 학교 교장, 지역 정신건강 클리닉, 자료 전문가 그리고 부모 단체들과 협력하고 있다.[24]

긴급문자상담망은 다양한 전문가와 인맥으로 구성된 폭넓은 핵심 그룹들과 중요한 자료가 서로 밀접한 관계를 맺도록 함으로써, 10대 청소년과 그들의 공동체를 보살피고 문제를 개선하며 도움을 준다는 것이 어떤 의미를 지니는가에 대해 새로운 정의를 내리고 있다.

이 사례를 포함한 다른 많은 이야기를 통해, 연결지능은 우리가 좀 더 가치 있는 일을 하는 데 사용해야 하는 힘이라는 것을 알 수 있었다. 때때로 연결지능은 우리가 무엇보다도 변화하는 상황에 마음을 열고 그 속을 들여다볼 것을 요구한다. 또한 사람들의 긴급한 요청에 답하는 것과 관련해 우리의 역할이 무엇인지 깊이 생각해 보고, 다른 사람들, 단체, 대중과 맺고 있는 관계를 재조명해 볼 것을 촉구하기도 한다.

연결지능은 선한 일을 위해 사용할 수 있는 힘이지만 그 힘 자체는 독단적 생각에 얽매이지 않아야 한다.

이것은 분명 낸시 루블린과 두썸씽.org의 사례다. 이들의 긴급문자상담망이 '페니실린보다 더 많은 생명'을 구했을 수도 있다는 낸시의 말은 과장이 아니다.[25] 페니실린은 20세기에 1억 명 이상의 목숨을 살린 것으로 유명하다. 이에 비해 긴급문자상담망은 매년 10대들과 340만 건 이상의 문자를 주고받고 있다. 여기서 얼마나 많은 아이가 생명의 위협에서 벗어났는지 누가 알겠는가? 두썸씽.org가 끼친 영향과 그것이 불러온 변화의 모체는 놀라운 것이 아닐 수 없다.[26]

연결지능은 선한 일을 위해 사용할 수 있는 힘이지만 그 힘 자체는 독단적 생각에 얽매이지 않아야 한다. 때때로 큰일을 모색하는 과정에서 어떤 이들은 지름길을 택하다 옳고 그름의 경계를 넘기도 하고, 한때 영감을 주며 영향을 끼치던 사람들에게 실망을 안기기도 한다. 많은 사람이 알고 있는 다음의 이야기에서 그 예를 발견할 수 있다.

사이클 선수 랜스 암스트롱은 고환암에 걸려 암이 뇌와 폐, 위로 전이되었고 수술과 방사선치료로 생존할 가능성은 50%에도 못 미쳤다. 하지만 그는 암을 극복했을 뿐 아니라 투르 드 프랑스(매년 7월 개최되는 투어. 세계에서 가장 중요한 자전거 경주 대회 – 역자)에서 7회 연승을 이룬다. 암스트롱은 '리브스트롱Livestrong'이라는 자선단체를 만들었고 수많은 팬들은 기부금을 내거나 리브스트롱 캠페인의 노란색 밴드를 손목에 두르며 그를 지지했다. 이렇게 유명인사가 된 그의 광고료는 천문학적인 수준에 달하게 되었다.[27]

그는 세간의 커다란 주목을 받으며 두드러진 가시적 활동을 보였다. 그런 남성이라면 암시장에서 구한 약물을 투여해 그간 쌓아온 명성과 힘겹게 되찾은 건강을 절대 손상하려 하지 않았을 수도 있을 것이다. 사실 그는 그럴 필요가 없었다. 세계적 영웅이 되었으니 말이다. 그는 신과 다름없었다. 그리고 신이라면 속지 않는 법이다.

그런데 역사적으로 볼 때 사이클 경기는 부정행위로 악명이 높았다. 그리고 랜스 암스트롱도 예외는 아니어서 에리스로포이에틴, 즉 EPO란 약물을 사용하게 됐다. EPO는 적혈구 생성을 촉진해 산소량을 증가시키는 물질로, 투르 드 프랑스의 굴곡진 언덕을 쉼 없이 타야 하는 사이클 선수에게는 매우 결정적인 영향을 끼친다. 암스트롱은 EPO를 사용했을 뿐 아니라 팀원들에게 약물 사용을 권했고 또 동료들이 보는 곳에서 투여를 받기도 했다. 그리곤 그 일을 교묘히 넘겼다. 그 누구도 랜스 암스트롱을 거스르려 하지 않았다. 그는 그렇게 강력한 존재였다.

미남 암스트롱의 말은 명언처럼 숱하게 인용되었고 그에게는 광고도 많이 들어왔다. 그 자체가 근사한 이야기였기에, 기자들은 자기네 식대로 기사를 썼다. 소문이 빨리 퍼지기 마련인 언론계에서도 그에게는 별다른 문제를 제기하지 않는 분위기였다. 혹시나 누군가 암스트롱을 걸고넘어지면 그는 고소했고 또 승소했다. 런던의 《선데이 타임스》와 벌였던 소송에서 30만 파운드의 합의금을 얻어낸 것처럼 말이다.[28]

그에게는 성격상 희미한 양심의 불빛이 한 가닥 새어 나와 혈액도핑에 대한 진실을 무심결에라도 말할 만큼의 아주 작은 틈새도 없었다. 오히려 자신의 부정행위에 대한 소문을 아예 유명세로 뒤집으며, 나이키 광고에 등장해 "모두 제가 뭘 하는지 알고 싶어 하네요."라고 말했다. 이에 대한 그의 대답은? 자신은 하루에 여섯 시간씩 자전거에 올라탄다는 것이다. 그리고는 시청자들을 똑바로 바라보며 되묻는다. "여러분은 무엇을 하고 계시나요?"

이 사람은 과연 어떻게 무너졌을까? 그의 몰락은 전 동료들과 주변 사람들, 암스트롱을 한 번도 만난 적이 없는 과학자 모임과 마음을 단단히 먹은 블로거 몇 명의 연결지능으로 이루어졌다.

암스트롱의 조수였던 젊은 아일랜드 여성, 엠마 오라일이부터 시작해보자. 《LA 컨피덴셜L.A.Confidential》이란 책에서 그녀는 암스트롱이 "국경을 넘어 도핑 물품을 운송하고 관계 당국의 눈에 띄지 않는 곳에서 약물과 주사기를 처리했으며, 또한 같은 팀 사이클 선수들이 필요할 때마다 경기력 향상용 불법 약물을 유통했다"라고 공개했다. 그녀는 왜 이 일을 발설했을까? 엠마는 "아무것도 말하지 않으면 저 또한 그 문제의 일부가 되지요."라고 말했다.[29] 암스트롱은 문제가 자신에게 있는 것이 아니라 **이 여성**에게 있다고 여겼던 까닭에, 그녀를 명예 훼손으로 고소했다. 결국 재판 없이 협의로 소송이 매듭지어졌지만 이 사건은 엠마의 명성에 심각한 손상을 주었고 그녀가 받은 정서적 타격은 이루 말할 수 없었다.[30]

그다음에 나타난 사람은 암스트롱의 팀 동료 프랭키 안드레이의 부인, 베치 안드레이다. 그녀는 팀 내부에 있던 사람으로 혈액 도핑이 일어나는 것을 실제로 보았고 남편 프랭키가 암스트롱의 파티 초대를 정중히 사양했을 때 무슨 일이 일어나는지도 보았다. 남편이 강제로 팀을 나와야 했던 것이다.[31]

암스트롱은 자신의 그룹 내부에 있는 다른 이들과 마찬가지로, 베치 또한 자신의 부정행위를 계속 눈감아줄 거라 여겼다. 하지만 그녀가 자기 생각과 다르게 행동하자 그는 기가 막혔다. 베치는 자신의 의향을 이렇게 설명했다. "저는 랜스와 싸우려고 마음먹은 것이 아니었어요. 그를 위해 거짓말을 하지 않기로 한 겁니다. 여기엔 분명히 차이가 있어요."[32] 베치의 말에 따르면 이 일로 암스트롱은 베치와 싸워서 이기려던 자신의 계획이 성공하지 못하자 차선을 택해, 그녀의 정신상태가 온전한지 공공연히 의문을 던지며 인격에 상처를 입혔다.

"저는 독살스럽고 질투심 많고 앙심을 품은 사람으로 그려지고 있었어요." 베치는 말했다. "기자들이 저를 두고 그런 단어를 쓰곤 했지만 저에겐 반박할 기회도 없었습니다. 댓글을 보면 사람들은 무슨 일인지 잘 알지도 못하면서 저에게 화를 막 퍼부었지요. 남편을 고용한 사람들이 그 글들을 보았을 테니 남편에게 좋은 영향을 끼칠 리가 없지요. 팀 사람들의 속내는 이랬어요. '매스컴이 이렇게 떠들썩하면 경기에 좋을 리가 없잖아? 아내보고 조용히 좀 있으라고 그러지?'"[33]

전환점이 마련된 곳은 'NY벨로시티NYVelocity.com'란 블로그로, 기자가 아닌 한 아마추어 사이클 선수 앤디 션이 2004년에 친구 알렉스 오스트로이, 댄 슈말츠와 함께 만든 사이트다. 이들은 암스트롱이 팀에 도핑 프로그램을 도입했다는 주장으로 명예를 실추당한 사이클 선수 플로이드 랜디스와 인터뷰한 내용 전문을 특집으로 크게 다뤘다. 그 후 마이클 어센덴 박사가 이끄는 과학자 모임과 암스트롱의 도핑 테스트에 관해 나눈 인터뷰를 알파벳 1,300자의 전문적인 글로 발표했으며, 여기서 어센덴 박사는 과학자들도 암스트롱처럼 가장 복잡한 술책을 사용한 도핑은 처음 보았다는 내용을 함께 기술했다. 도핑 전문가들 또한 암스트롱 사이클링 역사의 마지막 10년 내내 행해져 온 도핑에 대한 명확한 과학적 증거를 제시했다.[34]

암스트롱의 성공이 산소 촉진 작용을 하는 EPO와 기타 여러 약물을 사용한 덕분이라는 증거들이 NY벨로시티 사이트에 올라오자, 소셜 미디어에서 소문이 떠들썩하게 퍼지기 시작했다. 여기에는 트위터 비평가인 @TheRaceRadio, @UCI_Overlord 그리고 @FestinaGirl이 NY벨로시티 블로그팀에 가세해 암스트롱의 성공이 EPO의 효과 때문이라는 의혹을 공개적으로 공유한 것이 영향을 끼쳤다. NY벨로시티는 진실을 규명하기 위한 정보 교환소가 되어, 이곳에서 새로운 증거들이 나타났고 여러 도핑 테스트가 암스트롱의 샘플에서 EPO 사용이 확인되었음을 증명했다.[35] 소셜 미디어에서의 논쟁은 계속됐지만 주요 언론사들은 이들의 주장을 무시했다.

민주주의의 기본 원칙은 자유로운 발언으로, 시민과 언론은 사람들이 진실을 책임지도록 하는 역할을 해야 한다. 이런 관점에서 볼 때 암스트롱을 무너뜨린 블로거들과 과학자, 시민들은 민주주의 체계를 지켜냈다. 연결지능의 중요한 기능 중 하나는 집단으로 진실을 추구하면서 동시에 보호하는 데 있다.

암스트롱 자신은 개별적으로 불명예와의 씨름을 계속했다.[36] 광고 출연은 모두 끊겼고 부정하게 얻은 부도 대부분 사라졌으며, 이 책의 출간 당시에도 여전히 수백만 달러에 달하는 소송을 처리하느라 여념이 없었다.[37] 그러면서도 그는 계속해서 암 환자들에게 등불 같은 존재가 되려고 했다. 리브스트롱이 이런 논란에 그를 다시 끌어들여 일을 계속 벌이려 한다는 루머도 들렸다. 암스트롱의 한 친구가 "랜스는 암에 관해서라면 대단한 XX였지."라고 말한 것처럼 암스트롱의 암 극복 사례가 지닌 영향력을 무시하기는 쉽지 않을 테니 말이다.[38] 매년 800만 명의 사람들이 암으로 목숨을 잃는다. 만일 랜스 암스트롱이 오만, 탐욕, 이중성 등 그 모든 결점에도 불구하고 암 치료라는 세계에서 어떤 좋은 일을 해낼 수 있다면, 그리고 더 살 수 없다는 진단을 사망 선고처럼 여길 필요는 없다는 살아있는 상징이 되어 대중을 위해 살 수 있다면 아마도 그에겐 또 다른 기회가 주어질 것이다.

소말리 맘이 거만함 때문에 추락한 것은 아니라는 점에는 누구나 동감한다. 맘은 캄보디아의 활동가로 2014년까지 소말리 맘 재단을 이끌었으며, 용기 있는 조직 활동을 통해 성매매로 팔려가던 어린 소녀 수천 명이 삶을 되찾도록 했다. 맘의 팬 중에는 미국에서 가장 영향력 있는 몇몇 공인, 예를 들어 전 국무장관 힐러리 클린턴, 배우 수잔 서랜든과 퓰리처상을 받은 뉴욕타임스 기고가 니컬러스 크리스토프 등이 있다. 이들은 모두 맘과 함께 캄보디아를 방문해 그녀가 설립하고 운영하는 쉼터와 난민 센터 등을 돌아보기도 했다.[39]

맘의 주장으로는 자신이 아홉 살의 나이에 유괴되어 윤락가에 끌려들어 갔다고 했다. 《포춘》 선정 '가장 영향력 있는 여성 서밋' 중 한 명이 된 그녀는 한 인터뷰에서 페이스북 최고 운영 책임자인 셰릴 샌드버그에게 이렇게 말했다. "어떤 남자가 우리 할아버지라면서 다가와 저를 끌고 가서는 사창가에 팔아넘겼어요. 거기서 거의 10년을 있어야 했지요. 업소 주인이 우리 모두를 데려다 바닥에 앉혀놓고 자기가 하라는 것을 다 해야 한다고 했습니다. 그러던 어느 날 어떤 여자아이가... 그 애는 주인이 시키는 대로 하지 않았어요. 그래서 주인은 총을 쏘아 여자애를 죽였고, 그 사건이 있던 날이 제가 그곳을 벗어나게 된 날이에요."[40]

수많은 고난을 겪었던 맘은 마침내 프랑스에서 일궈낸 편안한 삶에 안주하는 대신, 캄보디아의 프놈펜으로 돌아갔다. 스스로 자주 언론에서 언급한 것처럼 그녀에게는 자신이 보살피던 '소녀들'이 인생의 전부였기 때문이다.

2014년, 맘의 손길 아래 있던 여자아이들 가운데 세간의 이목을 가장 많이 끈 몇 명이 맘과 함께 텔레비전과 여러 다큐멘터리에 나와 그녀가 이끌던 배를 함몰시키기 시작했다. 이들은 충분한 근거가 없다는 혐의를 받게 되었고, 뒤이은 이들의 진술은 이내 입증이 되었다. 공부하고자, 혹은 좀 더 잘살아 보기 위해 맘의 난민 캠프를 찾았던 몇몇 여자아이들이 맘의 성매매 '뒷이야기'에 이용됐다는 사실이 드러난 것이다.[41] 게다가 그녀가 《뉴스위크》 표지에 등장하며 몰락의 길에 들어서기도 전에 기자와 블로거들은 이미 맘이 자신의 이야기조차 정직하게 말하지 못하고 있다는 것을 알아차리기 시작했다. 뉴스 앵커이자 국제부 기자인 사이먼 마크스는 《뉴스위크》 표지기사에서 맘에 대해 혹독한 글을 썼다.

> 그녀는 2012년 2월 백악관 연설에서 9살인가 10살 때 노예로 팔려가 매춘 업소에서 10년을 지냈으며 〈타이라 뱅크스 쇼〉에서는 4년인가 5년 동안 있었다고 언급했습니다. 또한 그녀의 책에는 성매매를 당한 것이 '열여섯 살 때쯤'이었다고 서술돼 있습니다.
> 맘의 말이 일치하지 않는다는 점은 그녀의 책이나 '우리 여자애들' 몇몇에 대한 뒷이야기에 국한된 것이 아닙니다. 이전에 썼던 저의 기사 몇 편을 마주하자 2012년 그녀는 UN 총회 연설에서 성 산업에서 구해낸 여자아이 8명이 2004년 쉼터를 급습한 캄보디아 군대에 의해 살해됐다고 말한 것이 거짓임을 시인했습니다.[42]

맘에 대한 이야기가 폭로되면서 그녀는 망신을 당했고, 기부자들, 특히 아이들을 위해 기금을 대던 사람들은 맘에게서 거리를 두고 자신들의 행동과 오랫동안 해오던 관행들을 다시 살펴보게 되었다. 캄보디아에 있는 교육 및 청년 리더십 비영리 단체 PEPY의 공동설립자 다니엘라 파피는 이렇게 설명한다. "목적이 기금 마련에 있다면 될 수 있는 한 가장 심한 유혈과 폭력이 난무하는 이야기를 억지로 끄집어내 사람들을 자극하게 됩니다. 그렇게 우리는 전적으로 거짓 세상 속에 들어오고 말았네요."[43] 맘의 거짓말이 드러나자 비영리조직들은 학대받은 아이들을 대변인으로 이용하지 못하도록 뜻을 모아 노력하면서 자체적인 조직을 세우기 위해 기금 마련의 수단을 강구하고 있다.

예전 같으면 소말리 맘의 거짓말보다는 그녀가 캄보디아 소녀들과 젊은 여성들에게 안전한 거처와 교육, 직업 훈련을 제공해주는 선한 일이 더 중요시되어, 그녀의 거짓말은 시간이 지나면서 잊힐 수 있었을지 모른다. 소말리 맘의 진술에 대한 가장 서글픈 진실은 캄보디아뿐 아니라 세계 어디나 널리 퍼져있는 성매매의 잔혹함과 참상을 강조하기 위해 굳이 이야기를 꾸며낼 필요는 없었다는 데 있다. 국제 노동기구 ILO의 추산으로는 세계 550만 명의 어린이들이 강요 노동의 희생자이며 성적 착취를 위해 인신매매를 당하고 있고, 그 산업의 규모는 무려 320억 달러에 이른다.[44] 카리브계 미국인 작가이자 흑인 페미니스트이며 활동가인 오드리 로드는 이렇게 적는다. "주인의 연장은 결코 주인의 집을 해체하지 못한다. 연장은 우리가 일시적으로 주인을 통제하는 것을 거들 수는 있어도 진정한 변화를 불러오지는 못한다."[45] 이 말은 자신이 사기와 불법 행위로 점철된 잔인한 성 산업 시스템에 맞서는 특별한 자선가인 양 수십 년간 활동해 온 모든 행로가 자신의 거짓말로써 끝나게 된 소말리 맘의 경우를 두고 하는 말이기도 하다.

맘은 끔찍한 범죄를 조명하고 수천 명의 소녀를 구해내는 조직을 세우는 데 자신의 연결지능을 이용했다. 하지만 그녀의 이야기는 인간의 연결지능이 세계 곳곳에서 발휘되면서 서로 부딪혀 불타오르는 순간 경험되는 고유의 동력 그 자체에 어두운 면이 있음을 보여준다. '커다란 성공' 그리고 '그 성공을 유지하는 것'이 불러일으키는 강한 매력과 욕망과 더불어 그것이 요구하는 일들은 때때로 사람들을 뒤흔들어 진실의 선을 한 발짝 넘어가게 만들 수 있다. 처음에는 그저 조금만 흔들릴 뿐이고 그 선을 넘음으로써 얻게 되는 편의가 있기도 하다. 하지만 바다 저 밑에서 도사리던 물결들이 서로 만나면서 거세지듯, 일단 선을 한 번 넘어가면 그 속임수는 우리를 더 깊은 곳으로 끌어내려 결국엔 떨치고 도망갈 수 없게 된다.

우리가 기꺼이 암스트롱과 맘의 부정행위를 넘어 앞으로 나아간다면 그들이 선을 위해 재능을 사용하도록 찾아내야 할 그 길을 우리도 발견할 수 있을 것이다.

연결하라!
그리고 변화시켜라

인지심리학자 헌터 호프만은 프린스턴 대학에서 연구직을 시작했다. 인지심리학은 참 기억과 거짓 기억을 구분하는 정신 활동을 규명하는 학문이다. 시애틀에 있는 워싱턴 대학교 휴먼 인터페이스 기술 연구실에 있을 때, 헌터와 두 명의 임상 심리치료사는 거미를 무서워하는 환자들을 임상시험에 참여시켜 자신이 고안해 이름 붙인 〈스파이더월드Spider World〉라는 게임을 하게 했다. 그런데 가상현실 안경을 씌워 치료사가 실험 내용을 알려주고 반응을 보았더니, 환자들은 자신이 거미, 최소한, 가상의 거미에게 '더 가까이' 다가갈 수 있다는 것을 알게 됐다. 깊이 뿌리내린 공포가 있었지만 가상세계에서는 어느 정도 해소된 것이다.[1]

헌터는 경력 초기에 화상 피해자들의 통증 관리를 연구하고 있던 친구와 잡담을 나눈 적이 있었다. 그는 우리 저자들과 인터뷰를 하던 중 그때를 떠올리며 말했다. "화상 환자들이 최면술을 이용한다더 군요. 그런데 그 사람들은 최면술이 뇌에 어떤 작용을 하는지 **제대로** 몰랐어요. 친구가 그랬지요. '우리도 잘 몰라, 하지만 주의를 전환시키 는 것과 무슨 관계가 있는 것 같아.'"[2] 친구가 '주의를 전환시킨다'라 는 말을 쓰자마자, 그는 의자에서 벌떡 일어나 이렇게 소리쳤다고 했 다. "**워워**, 잠깐만, 내가 자네의 말을 딴 데로 돌려야겠는데?"[3]

이때부터 두 친구는 화상 환자들이 자주 받는 고통스러운 치료 중 에 주의를 전환시킬 수 있는 한 가지 방법으로 가상현실 게임을 해보 기로 했다. 헌터 연구실의 친한 대학원생이 하버뷰 화상센터에서 일 하고 있던 교수를 소개해 주었다. 당시 헌터는 워싱턴대 공학부에 있 었고 여기엔 대규모 가상현실 연구소가 있었다. 그는 우리에게 장비 를 하버뷰로 옮길 때의 흥분이 얼마나 생생했는지를 숨찬 목소리로 말했다. 처음에 연구원들은 이 시험치료를 아이들에게 먼저 해보는 게 좋겠다고 의견을 모았다. 어른보다 아이들은 가상현실 게임이 어 떻게 작용하는지 본능적으로 알고 있어서, 아마도 기꺼이 의심을 버 리고 연구원들이 컴퓨터로 작동되는 가상세계 안으로 데리고 가는 것 을 믿고 따를 것이기 때문이다.

헌터와 하버뷰의 교수는 통제 실험을 하나 했다. 헌터는 중증 화 상을 입은 10대 남자아이에게, 이식용 피부 조각에서 의료용 철침 다 섯 개를 제거할 때 닌텐도 게임 마리오카트를 하고 있으라고 했다. 그 다음 다른 철침 여섯 개를 뺄 때는 스파이더월드 게임을 하며 놀아보 게 했다. 이렇게 한 이유는, 자신이 만든 가상현실 게임의 '현장감'이 더 클 거로 생각했기 때문이다. 그리고 아이도 그 게임의 세계에 정말 흠뻑 빠져 있었다고 느꼈다. 게임이 아이의 신경 체계 전체를 고도로,

즉 실제 현실에서 시술 당시 느껴질 강렬한 신체적 고통을 거의 알아 차리지 못할 정도로 흩트리며 전환시킨 것이다. 헌터는 그냥 대중없는 수다 몇 번 나눴을 뿐인데 그것이 어떻게 인생의 역작으로 연결되었는지 그저 놀라울 따름이라며 믿을 수 없다는 듯 고개를 흔들었다. "그 게임은 처음 실험한 바로 첫 환자 때부터 놀라울 정도로 효과가 좋았어요."[4] 프로젝트마다 재정적으로나 학문적으로나 지속 가능한 연구영역을 구축하는 것은 여전히 지난한 과정이다. 헌터와 하버뷰 화상센터팀은 프로젝트 성공에 큰 역할을 하게 될 시범 테스트 자료를 모으는 몇 년간 별다른 보수 없이 일했기 때문이다. (현재는 미국국립보건원에서 자금을 지원받고 있다.)[5]

연결지능은 적절한 환경 속에 있다면 고통 그 자체를 탈바꿈 시켜 줄어들게 할 수 있다.

화상은 많은 것을 알아내고 싶은 의지를 자극하는 연구 대상이다. 화상 치료가 화상 사건 자체나 혹은 관련된 일에 대한 트라우마를 되레 악화시킬 수 있고 또 자주 그런 일이 일어나기 때문이다. 헌터의 설명을 들어보자. "환자들이 겪는 아픔은 이루 말할 수 없습니다. 화상을 당할 당시의 고통스러운 기억 때문에 치료도 엄청나게 아플 거로 생각하지요. 그런데도 환자들은 간호사가 상처를 씻는 것을 본답니다. 그리고 상처를 건드리면 정말 아플 텐데 하면서 겁부터 집어먹지요. 비디오 게임은 이 사람들이 실제 세계에서 충분히 벗어날 수 있을 만큼 흡입력이 커야 해요. 그래야 상처 처치 장면을 더는 볼 수 없게 되거든요. 그뿐만 아니라 신경 체계 전체를 완전히 현혹해서 다른 현실로 이동시켜야 하므로 굉장히 강렬한 것이어야 합니다."[6]

특히 중증 화상을 입은 어린이들을 치료하는 것은 정말 고통 그 자체다. 하루하루 그 어린아이가 몇 달을 계속해서 상처 부위를 씻을 때 느끼는 커다란 통증을 견뎌내야 하기 때문이다. 얼마나 아플지를 미리 떠올리는 것은 신체적인 통증이면서 심리적 괴로움이 된다. 약물치료는 부분적으로만 효과가 있을 뿐인 데다, 진통제가 아이에게 위험할 수 있으므로 의사들은 매번 소량만 처방할 수 있다. 헌터의 팀은 안전 때문에 진통제를 많이 쓸 수 없는 아이들을 돕는 데 스파이더 월드가 매우 강력한 수단이라는 점을 밝혀냈다.

헌터는 돌이켜보면 초기에 무급으로 과중한 연구에 시간을 쏟을 때부터 이 일의 만족도가 매우 높았다고 했다. "우리는 고통을 엄청나게 감소시킬 수 있음을 증명하는 **멋진** 자료 몇 가지를 얻어냈답니다." 그는 팀 자료에 큰 힘을 실어주는, 가상현실 게임이 작동할 때의 대뇌 촬영 이미지를 설명하며 말했다. "뇌는 통증을 느끼는 동안 정말 크리스마스 트리처럼 불이 켜져 있어요. 그런데 가상현실을 경험할 당시의 통증을 보면 그 통증에 관계된 뇌의 활동량이 확 떨어지지요. 가상현실은 약물치료와 결합하면 둘 중에 한 가지만 있을 때보다 효과가 더 좋습니다."[7]

그는 한편으로 비디오 게임을 하는 동안 그 안에서 다른 사람과 관계를 맺는 것이 통증을 느끼는 정도를 훨씬 더 낮춘다는 것을 알게 됐다. "가상의 세계에서 다른 사람을 만나면 더욱더 설득력 있는 환상이 생기게 됩니다. 그래서 아이들은 엄마나 다른 가까운 사람이 가상세계에 들어와 함께 게임하는 것을 가장 좋아하지요."[8] 극심한 상처를 입은 아이의 부모라면, "너 대신 내가 아플 수만 있다면 얼마나 좋을까?"라는 생각을 얼마나 많이 할지 잘 알 것이다. 헌터의 게임은 부모나 간호사가 아이의 아픔을 덜어내도록 할 수는 없지만, 아이와 아이를 돌보는 사람이 치료하는 동안 가상 현실을 통해 강력한 유대감을 느끼고 또 키울 수 있도록 해준다. 연결지능은 과학자와 의사들이 수십 년간 유령처럼 따라다니며 괴롭혔던 문제에 대해 완전히 판을 뒤바꾸는 혁신적인 해법을 발견하도록 이끌었다. 또한 헌터는 연결지능이 그 효과적인 해법 전체에 없어서는 안 될 긴요한 요소 중 하나라는 것을 알게 됐다.

연결지능은 머리와 가슴 모두의 힘에 영향을 미치며 우리가 서로에게 더 가까워지도록 이끌고 공감과 열정의 근육들을 만들어내면서 동시에, 우리가 혼자라는 느낌을 감소시켜 준다. 그래서 연결지능은 적절한 환경 속에 있다면 고통 그 자체를 탈바꿈시켜 줄어들게 할 수 있다.

"아픔은 우리를 얼마나 외롭게 하는가?"라는 물음은 인간의 경험에서 가장 기초적인 질문 중 하나다. 헌터가 깨달았듯, 아이가 고통 속에 홀로 외로이 있는 것을 보는 일은 우리를 가장 황폐하게 만드는 일 가운데 하나가 아닐까.

메릴랜드 주 컬럼비아에 사는 7학년생 노아 브로클뱅크는 계속해서 집단 괴롭힘을 당했으나 학교 선생님이나 행정관들 그 누구도 이를 중단시키지 못하자, 학교를 마친 어느 날 자기의 인스타그램에 접속해 자살할 거라는 글을 공개적으로 올렸다. 몇 년 동안 집단 괴롭힘이 수그러들지 않는 상황에서 끊임없이 자신에게 "뚱뚱한 새끼," "외계인 아니야?" "열라 짜증 나," "루저"라고 자신을 놀려대던 아이들에게 뭐라 반박도 할 수 없고 맞서 싸울 수도 없는 지경에 이르면서, 노아는 자기 몸에 스스로 상처를 내기 시작했다. 그러던 어느 날 그는 피맺힌 팔뚝을 사진으로 찍어 이런 글과 함께 인스타그램에 올린다. "자살계획일, 2013년 2월 8일, 내 생일."[9]

연결지능이 해결하고자 애쓰는 질문 가운데 하나는 "힘들 때 우리는 얼마나 외로운가?"라는 물음이다.

몇 달 내내 노아의 엄마 카렌 브로클뱅크는 학부모들과 경찰에게 도움을 요청하고 있었지만 이 문제에 개입할 수 있는 사람은 아무도 없는 것 같았다. 카렌은 주변 사람들에게서 노아의 인스타그램 이야기를 듣고 그 글을 보게 되자, 12살짜리 아들을 병원에 입원시켰다. 그러나 거기서 멈추지 않았다. 아들을 도울 수 있는 일이라면 무엇이든 하겠다고 마음먹은 그녀는 손이 닿을 수 있는 모든 이들의 도움이 있어야 한다는 것을 깨달았다. 그래서 '노아에게 편지를lettersfornoah.com' 이란 웹사이트를 만들어 페이스북 친구들에게 도와달라고 거듭 간청했다.[10]

카렌은 이런 글을 올렸다. "어젯밤 응급실에서 잠이 오지 않아 밤을 새우다가 이 사이트를 만들어야겠다고 생각하게 됐습니다. 노아는 자신이 소중한 사람이고 상황이 분명 좋아질 거라는 것을 알아야 합니다. 너무도 많은 사람이 어떻게 도울 수 있을지 제게 묻고 있습니다. 그렇다면, 이렇게 해 주세요. 오늘 저는 사서함 하나를 개설합니다. 여러분과 여러분의 자녀들께 부탁드립니다. 노아에게 편지를 보내주세요. 포기하지 말라는 말과 함께 희망의 메시지를 담은 글을 보내주세요. 이 세상에 없어서는 안 되는 사람이라는 것을 노아가 알 수 있도록 도와주십시오."[11]

카렌 브로클뱅크는 편지 몇 통 정도를 기대했다. 그런 그녀에게 날아든 편지와 카드는 수백 장에 이르렀고 또다시 수백 장을 넘겼다. 거기에는 우울증을 극복한 사람들과 은퇴한 사람들부터 1학년 반 전체 학생들이 보내는 글도 있었다. 2주 후 노아는 생일이 되자 2천 통의 편지를 받았다. 그리고 노아의 페이스북에는 1만 5천 명의 새로운 '친구'가 생겼다. 이렇게 쏟아진 격려는 노아의 마음을 울렸다. 이제 아이는 한때 생각했던 것만큼 그리 외롭지는 않다는 것을 느끼기 시작한 것이다.[12]

전통적인 기사대로라면 이야기는 여기서 끝났을 것이다. 해피엔딩과 함께, 그리고 아마도 후편으로 노아의 내년 생일 이야기와 함께 말이다. 그러나 현실은 매우 힘들었다. 노아는 퇴원해서 다시 학교로 돌아가야 했으니까.

집단 괴롭힘은 계속됐고 생일을 맞은 지 두 달 후 노아는 다시 병원에 입원해야 했다. 그럼에도 카렌은 결코 흔들리지 않았다. 귀한 편지들이 계속 쏟아진 덕분이다. 노아가 받은 것 가운데 가장 의미 있는 편지는 4학년 때 선생님이 보낸 것으로, 이렇게 적혀 있었다. "나는 너를 참 좋게 기억하고 있단다. 유머 있고, 똑똑하고, 독특하고, 그래서 함께 지내는 것이 참 즐거웠지… 너의 삶은 정말 좋아질 거야! 하지만 노아야, 가장 멋진 순간에 이르기 위해서는 가장 힘든 때를 지나가야 한단다."[13]

카렌은 인터넷상에서 자신이 수천 명의 지지자와 관계를 맺고 있다는 것을 곰곰이 생각해보고는, 페이스북에 최근 소식을 올렸다.

"부디 노아의 이야기를 통해 도움이 필요할 때는 언제든 **'도와주**

세요'라고 청해도 괜찮다는 것을 모두가 알 수 있게 되기를 바랍니다. 노아는 '관심을 끌려던 것'이 아닙니다. 물에 빠졌기 때문에 생명을 건질 구명 밧줄이 필요했던 것입니다. 저는 아직 노아를 완전히 구할 만큼 아이가 붙잡은 줄을 끌어올리지 못하고 있습니다. 학교는 도움이 되지 않네요. 학부모들이 일을 더 그르치고 있습니다. 경찰서에서는 자기네 손 밖에 난 일이라 하고 있고요. 하지만 저는 노아가 행복하고 안전한 길에 들어설 수 있도록 열심히 싸울 겁니다. 여러분, 우리는 모두에게 **'절대 포기하지 마세요.'**라고 말하기 위해 이곳에 함께 있는 것으로 생각합니다. 저도 결코 포기하지 않겠습니다. 우리 아이들이 세상이 안전하다 느끼고 집단 괴롭힘 때문에 목숨을 잃어야 하는 일이 생기지 않는 날까지, 어른들이 그런 세상을 만들 때까지 절대 그만두지 않을 겁니다."[14]

가을이 되자, 노아는 학교를 옮겼다. "올해는 제게 최고의 해가 될 거에요!" 노아는 새로운 소식을 전했다.[15] 2014년 2월 8일, 노아 어머니는 또다시 글을 올렸다. "여러분, 믿어지시나요? 오늘은 노아의 14번째 생일이에요! 저는 우리 가족이 1년 전에 비하면 훨씬 별다른 일이 없는 노아의 생일파티를 했다고 전하게 되어 기쁩니다. 저희를 위해 이 사이트에 오셔서 늘 노아를 기억해 주시고 지지해 주시는 여러분 모두에게 마음 깊이 감사의 말씀을 드립니다."[16]

이 이야기가 시사하는 바는 무엇일까? 우선, 우리는 대부분 살면서 너무도 외롭다고 느끼며 유난히 힘들어하는 시기가 있기 마련이다. 노아에게 온 수천 장의 편지를 읽게 된다면, 오늘날의 연결지능이 우리가(혹은 우리를 염려하는 사람들이) 가장 힘겨운 시간을 보내고 있을 때 우리를 지탱해줄 크고 튼튼한 도움의 그물망을 만들어낼 수 있는 새롭고도 강력한 방법임을 이해할 수 있게 될 것이다. 또한 다른 사람의 말에 귀를 기울이는 것만으로, 행여 그것이 아주 가까이에서 마음을 써서 듣는 것일지라도 우리가 할 일이 다 끝난 것은 아니다. 상대가 우리에게 이야기를 건네는 행동 속에 어떤 요청을 하고 있다는 암시가 느껴져서 불편하더라도 그리고 너무나 바빠서 "그럴 시간이 정말 없는데요."라고 말할지라도, 이야기를 듣는 것은 한편으로 행동을 요구한다.

알라나 메이든이 6살이었을 때 알라나 엄마는 유방암 진단을 받았다. 알라나는 우리와 인터뷰를 하며 그때를 떠올렸다. "엄마는 불평하는 법이 없으셨어요. 우울해 하지도 않으셨지요. 유방절제수술을 받으셨고 머리칼이 다 빠지셨는데도 말이에요."[17] 암과의 싸움은 보답을 받았다. 알라나의 어머니, 데비 바렛은 하나의 성공 사례다. 그녀는 현재 암을 극복했고, 삶에 대한 열의와 감사한 마음을 품고 일상으로 돌아갔다. 하지만 여전히 여러 걸림돌이 존재했다. 도시에 살지 않아, 암수술 후 착용할 유방암 브라를 파는 매장이 동네에 없었다. 맞춤 속옷이 필요했지만 온라인 숍에서는 구할 수가 없었다. 가장 쉬운 방법은 두 시간을 운전해 전문매장에 가는 것뿐이었다.

28살이 되자 알라나는 엄마를 위해 뭔가를 해야겠다고 결심했다. 그리고 자기를 도와줄 수 있는 곳을 알아냈다. 바로 미국 최대 란제리 브랜드 빅토리아 시크릿이었다. 미국 전역에 브랜드의 아울렛 매장이 있었던 것이다. 알라나는 약간의 조사를 해본 후 빅토리아 시크릿 앞으로 란제리 회사가 유방암 브라를 만들어야 하지 않겠냐고 제안하는 편지를 써서 블로그에 올렸다. 하지만 이러한 요청은 그다지 강한 것 같지 않아서 알라나는 이 아이디어를 좀 더 밀어붙여야 할 것 같았다.

알라나는 온라인 청원서에 관한 경험이 전혀 없었지만, 언젠가 한 여자아이가 오빠를 위해 남녀공용 오븐이 있었으면 좋겠다는 바람을 온라인상에 올렸다는 이야기를 본 적이 있었다. 여기엔 온라인 청원 사이트 체인지.org Change.org가 관계되어 있었다. 그 여자아이에게는 오븐이 생겼고, 자신의 소원을 이룰 수 있었다. 그래서 알라나는 체인지.org에 청원서를 올리기로 했다. 하루 뒤에 이곳에서 "암 생존자 전용 브래지어에 대한 착상을 함께 모색하겠다"라는 답변이 왔다.

첫째 주에 청원서는 온라인상에만 있었다. 그러나 알라나는 청원서 이메일을 엄마와 엄마의 친구나 동료를 비롯해 아는 사람 모두에게 보냈고 페이스북에도 하루에 몇 번씩 올려서 관심을 가질 것 같은 사람이면 누구나 '태그'했으며, 수잔 G. 코멘의 유방암 인식 개선 사이트, 미국 암 협회 사이트 등 여러 다른 단체들의 홈페이지에도 올렸다. 그녀는 이미지 소셜네트워크서비스인 핀터레스트에도 청원서를 올린 것에 대해 이렇게 말했다. "저는 그게 무슨 효과가 있을지는 별 확신이 없었어요. 하지만 사람들이 핀터레스트에 이것저것 많이 올리면서 그걸 같이 보더라고요."[18]

알라나가 한 일은 어떤 동기를 지닌 개인이 심도 있는 목적을 가지고 특정한 것에 이르고자 할 때 얼마나 폭넓게 손을 뻗을 수 있는지 보여준다. "저는 체인지와 함께 일하며 누군가 제 청원서에 서명할 때마다 그것을 알리는 이메일이 반드시 빅토리아 시크릿에 보내지게끔 했어요. 또 우리는 보도 자료를 작성했지요. 몇 주 만에 저는 기자들과 말을 나누는 데 하루를 보내고 있었고 청원서 서명은 10만 건이 넘었습니다. 빅토리아 시크릿과도 연락이 닿았고 거기서 저를 홍보 담당 부사장에게 연결해 주더군요. 부사장이 어떤 기자에게 제 연락처를 물어본 거예요. 그녀와 제가 이 캠페인을 하는 이유에 대해 말을 나눴습니다."[19]

서명자가 12만 명에 이르자 상황이 변했다. 빅토리아 시크릿 홍보 담당 부사장이 알라나를 만나러 오하이오 주의 콜럼버스에서 비행기를 타고 날아온 것이다.

"무슨 일이 생길지는 정말 알 수 없었어요. 하지만 제 얘기가 그 회사의 높은 자리에 있는 누군가의 귀에 들어갔다는 것을 알게 돼서, 그리고 거기서 제가 바라는 일을 진행해볼까 하고 관심을 가진 것 같아 좋았지요."[20]

알라나는 첫 미팅에서, 이 회사가 유방암 브라에 가능한 디자인을 연구한 적이 있음을 알게 됐지만, 실제 그 제품은 개발되지 않은 상태였다.

빅토리아 시크릿은 본사가 있는 콜럼버스로 오는 항공권을 제공해, 알라나와 알라나의 어머니가 다른 간부들과 더 많이 만나보게끔 자리를 마련했다. 두 사람은 본사에 가서 자신들의 이야기를 했다. 그리고 이 회사에서 하는 일과 그들이 겪고 있는 문제들에 대해서도 더 많이 알게 됐다. 어떤 면에서는 실망스러운 일이었다. 빅토리아 시크릿은 암 생존자를 위한 전용 속옷을 만들지 않았고, 아마 앞으로도 그럴 일은 결코 없을 것이다.

이 사실이 알라나의 캠페인이 헛되다는 것을 뜻하지는 않는다. 오히려 유방암을 극복한 사람들을 위해 우리가 할 수 있는 일이 더 많다는 것을 상기시켜주는 효과가 있다. 이 일로 많은 암 생존자와 그 가족들 간에 새로우면서도 신선하고 의미 있는 대화가 가능해졌다. 또한 이 일은 사랑하는 사람이 단순히 살아남는 방편을 찾는 것을 넘어 좀 더 만족스러운 삶을 살 수 있도록 도우려면 어떻게 하면 좋을지 가족 간에 서로 끊임없이 묻고 확인할 수 있도록 북돋워주었다. 그러므로 알라나의 캠페인에서 얻은 가장 중요한 소득은 암 생존자 전용 브래지어 프로젝트를 전 세계적으로 펼침으로써 그녀의 관심과 염려를 공유할 사람들 10만 명과 연결될 수 있었다는 데 있다. 이 커다란 연결의 힘은 알라나와 그녀의 엄마 두 사람의 관계에 파급 효과를 일으켰고, 두 사람의 삶에는 새로운 차원이 열렸다. 이미 끈끈했던 두 사람의 유대감을 더욱 강하게 만들어준 것이다.

수가타 미트라는 분자궤도 함수법 연구자로서 과학계에 발을 내디뎠다. 그 후 연구 분야를 에너지 저장 체계 및 인체 내 전기 흐름 연구로 옮겼고, 다음에는 활성화된 신경망이 알츠하이머병의 원인을 추적하는 데 어떻게 도움이 되는가를 연구하게 되었다. 거기서 수가타는 교육 분야로 넘어갔다가 다시 하이퍼링크와 학습 방식, 학습 도구에 관한 연구로 옮겨갔다. 그리고 그는 이내 교육혁신가로 이름을 얻는다. 수가타는 사회적 배경이나 지위와 상관없이 모든 사람에게 배움의 가능성이 있다는 것을 알게 됐다. 그 과정에서 모든 인도인을 위한 양질의 교육법을 만드는 크나큰 문제에 정통하게 되었고 열의 또한 대단했다.[21]

인도의 인구는 점점 늘어나고 있고 그 속도도 빠르다. 아마도 2028년에는 중국만큼 많은 14억5천만 명에 이르는 사람들이 인도에서 살게 될 것이고[22] 2038년이 되면 인도는 지구상 최대 인구를 지닌 국가가 될 것이다. 이 같은 상황은 인도 교육 시스템에 대한 투자가 매우 절실하다는 것을 의미하지만 이것은 그렇게 간단한 일이 아니다. 아마도 점진적 변화로는 충분치 않을 것이다.

"교사가 기계로 대체될 수 있다면 그렇게 해야죠."[23] 이 말은 영화화된 소설《2001 스페이스 오디세이2001 Space Odyssey》의 작가 아서 C. 클라크가 수가타 미트라와 대화 중에 꺼낸 말이었다. 클라크의 관점에서는 교육에서 가장 중요한 요소는 교사의 존재가 아니라 학생의 흥미와 호기심이었다.

수가타는 이 아이디어에 사로잡혀서, 사람들 대부분이 가망 없다고 생각했던 어떤 학습 환경에서 실험을 해보고 싶어졌다. 그는 1999년 인도 델리의 한 슬럼가 벽에 컴퓨터 한 대를 끼워 넣고 인터넷을 연결한 뒤 그냥 내버려뒀다. 그리고 다른 동네 몇 곳에서도 그가 '벽에 난 구멍'이라 부르는 이 프로젝트 실험을 반복했다. 결과는 모두 같았다. 옆에서 일러준 것도 아니고 인터넷에 대한 사전 경험이 없는데도 동네 아이들은 벽 속에 들어 있는 컴퓨터를 사용하기 시작했고, 음악을 녹음해서 서로에게 들려주기도 했다. 스스로 배움의 체계를 잡은 것이다.

수가타는 말한다. "19세기 빅토리아 여왕 시대의 사람들은 솜씨가 대단했지요. 너무도 강력한 [학교 교육] 시스템을 설계해내서 오늘날 여전히 그 체계가 이어지고 있으니까요. 하지만 이제 세상이 완전히 달라졌는데도 그때처럼 똑같은 사람을 만들어내는 일이 계속되고 있습니다. 그래서 학교 시스템이 무너졌다는 말이 제법 유행하게 된 거지요. 무너지지 않았어요. 놀라울 만큼 탄탄합니다. 다만 이제는 그 교육 체계가 구식이라는 것을 사람들도 잘 압니다. 오늘날과 같이 서로 연결된 세상에서 교육은 자기 구조화 시스템이 될 수 있고 이러한 시스템에서 배움은 뜻하지 않게 일어나는 현상이 됩니다."[24]

현재 인도 시골 지역에는 23개 이상의 '벽에 난 구멍'이 있으며 수가타는 이 프로젝트로 여러 상을 받았다. '벽에 난 구멍' 프로젝트는 세계에 퍼졌고 결과는 다르지 않았다. 이 컴퓨터 박스와 상호작용한 학생들이 더 높은 학업 성적을 얻게 된 것이다. 예를 들어 멕시코 슬럼가의 12살짜리 여학생은 이 프로젝트에서 영감을 받은 한 혁신적인 교사가 지도하는 수학 프로그램을 통해 공부한 뒤 전국 수학 경시대회에서 우승한다. 또한 이 교사가 담당하는 수업 전체의 수학 성적을 보면 상위권 진입률이 0%에서 63%까지 개선된 것을 볼 수 있다.[25]

우리가 폭넓은 관계 속에서 관심사를 공유할 때 일어나는 불꽃을 크게 확장하고 강화한다면 나이 들어가는 어른과 젊은이 모두에게 얼마나 많은 발전이 가능할지 상상해보라.

수가타가 하는 일에 대한 소문이 퍼지자 그 이야기를 들은 몇몇 영국 할머니가 참여하기를 원했다. 할머니들의 관심에 감동한 수가타는 함께할 방법을 강구했고 그렇게 해서 '할머니 군단'이 탄생하게 된다. 이곳에서 영국과 호주의 할머니들은 매주 인터넷 전화 사이트 스카이프에 접속하여 '벽 속의 구멍' 박스를 통해 인도 아이들을 만난다. 처음에 할머니들은 어디서나 만날 수 있는 전통적인 할머니 역할, 즉 격려하며 용기를 북돋는 응원자, 인생을 상담해주는 코치, 그리고 이야기꾼이 되어 이 프로젝트에 참여했다. 수가타는 아이들이 이처럼 다분히 인간적인 요소를 접하며 세상을 바라보는 또 다른 방식에 노출됨으로써, 성적이 25% 정도 증가할 수 있을 거라 여겼다. 그리고 무엇보다 중요한 것은 아이들이 이 시간을 무척이나 좋아했다는 것이다![26]

언뜻 보기엔 할머니들이 베푸는 입장에 있다고 여길 수 있다. 그렇지만 이 프로젝트는 양쪽 공동체에 매우 큰 상호보완적 이점을 제공해주었다. '할머니 군단'의 여성들은 놀랍도록 사랑스러운 아이들을 알아가고 이들의 성장과 진전을 지켜보는 기쁨을 서로 나누었다. 아이들과 노년의 여성들은 서로에 대해 점점 더 많이 알아가게 되었다. 할머니들은 나이가 들어가면서 많은 상실감과 외로움을 마주하게 되는 삶의 마지막 단계에서 새로운 친구들을 사귀어 많은 관심사와 흥미를 나누게 된 자신의 모습을 발견한다. 그리고 이와 같은 능동적인 참여와 관계 맺는 것이 노인들의 건강에 매우 이롭다는 사실 또한 증명됐다.

노인병 학자이자 역학자로, 미국 비영리조직 경험학우회Experience Corps―읽기 능력이 뒤처지는 초등 저학년생의 개인지도를 돕는 50세 이상 성인 자원봉사자 그룹―를 설립하고 현재 컬럼비아대학교 공공보건대학원 학장을 맡은 린다 프리드 박사는 획기적인 연구를 통해 세대 교류 학습 공동체에 참여하는 '할머니 군단'과 유사한 성인 집단의 경우, 나이가 들어감에 따라 신체적 장애 정도가 심해지고 인지력 감퇴율이 감소한다는 것을 보여주었다.[27] 관계의 폭을 넓히고 비디오를 통해 온라인상에서 만나 관심사와 흥미를 공유함으로써, 자기 구조화의 불꽃을 크게 확장하고 강화한다면 나이를 먹어가는 어른과 젊은이 모두에게 얼마나 많은 발전이 가능할지 상상해볼 수 있다.

스코틀랜드에 사는 초등학생 마샤 페인은 9살에 불과했을 때, 블로그 〈네버세컨즈〉를 만들었다. 마샤의 목적은 자기가 다니는 초등학교에서 먹는 형편없는 점심 급식을 기록하는 것이었다. 알라나 메이든처럼 마샤가 원하는 것은 단순했다. 자기가 사는 조그마한 세계 스코틀랜드 서부에서 삶의 질을 높이는 것. 구체적인 방식으로, 그러면서도 의미 있게 말이다.

마사가 처음 올린 급식판 사진에는 가열등을 너무 오래 쬔 것 같은 누리끼리한 피자, 냉동 감자 크로켓을 데운 것, 그리고 원래 색을 알 수 없는 캔 옥수수 몇 알이 전부였다. 영양가가 어떨지 짐작이 가지 않는가? 아이에게 이런 점심을 먹이려고, 마사 부모님은 급식비 2파운드를 내고 있었다.[28] 그렇게 적은 비용은 아니다.

마사는 믿을 수 없다는 듯이 이런 글을 함께 올렸다. "오후 수업에 집중하려면 크로켓 1개로는 부족해요. 저는 자라나는 어린이라고요. 이걸 먹고 되겠어요?"[29]

머지않아 〈네버세컨즈〉의 방문자 수는 200만 명에 달했고, 지역신문 기자들과 공무원들이 학교를 찾아왔다. 이날의 점심은 마사가 블로그를 시작하게끔 하였던 급식과는 차원이 달라졌다. 마사가 찍어 올린 이 날 점심 사진에는 아이들 눈에 마치 사탕 접시로 보일 것 같은 알록달록한 색깔의 신선한 야채가 보였다. 마사는 감탄했다. "점심 때 방울토마토와 홍당무, 당근, 오이채를 본 건 정말 처음이에요." 게다가 학교 식당 직원들도 눈에 띄게 달라진 태도로 마사에게 음식이 충분한지, 더 먹고 싶은 건 없는지 등 이제까지 한 번도 들은 적이 없는 질문을 했다고 한다. 한껏 들뜬 마사는 "내일도 똑같았으면 좋겠어요"라고 썼다.[30]

마사를 열렬히 지지하는 사람들 가운데는 스타 요리사 제이미 올리버가 있다. 그는 스스로 '학교급식 혁명'이라 부르는 프로젝트에 전념하는 재단을 만들었고, 10여 년 전쯤에는 영국 학교 급식 시스템을 고발하는 〈제이미의 스쿨 디너〉라는 다큐멘터리 시리즈로 상을 받기도 했다. ('스쿨 디너'는 영국에서 학교급식을 칭하는 말) 이 시리즈에서 올리버는 영국 그리니치의 한 학교에 캠프를 열어 상주 요리사를 자청했다. 학부모들이 비용을 지급하고 있는데도 한 학생 당 급식비로 고작 37 펜스를 쓰고 있는 이 학교의 급식에 경악을 금치 못했던 것이다.[31] 제이미의 다큐멘터리를 본 영국 전역에서 격분이 일었고 당시 영국 총리 토니 블레어가 몸소 제이미를 돕겠다고 약속했다. 결과는 엄청났다. 영국 공립학교에서 (감자튀김이나 탄산음료 등) 정크 푸드가 금지됐고 정부는 학교 급식 개선을 위해 6천만 파운드의 예산을 책정했다. 그런데도 차를 타고 8시간만 이동하면 되는 스코틀랜드의 마사 페인은 여전히 괜찮은 급식을 받지 못하고 있었다.

제이미 올리버는 트윗글로 마사에게 개인적인 메시지를 보내며 이 어린 여학생을 응원했다. "대단한 일을 했군요! 똑똑하기도 하지. 계속 밀고 나가세요!"[32]

하지만 '계속 밀고 나가는 것'은 쉽지 않았다. 기자들이 학교에 왔던 날, 야채 가게에 온 것처럼 방울토마토, 홍당무, 당근, 오이 등으로 구성된 점심을 먹었던 마사는 다음날 카메라가 모두 사라지자 학교 식당이 전과 똑같아진 것에 충격을 받았다.

이날 점심 메뉴로는 물을 잔뜩 탄 수프, 빵 한 개, 오이 네 점, 시금치 이파리 몇 개가 전부였고 거기에 조그만 푸딩 하나가 딸려 나왔다. 마사는 망설임 없이 블로그에 글을 썼다. "어제 봤던 새로운 음식들, 홍당무, 미니 토마토 그리고 푸짐한 오이채를 오늘은 볼 수 없네요. 우리 반이 마지막에 급식을 받아서 그럴 수도 있고 아니면 제가 학교에서 제일 마지막에 식판을 받아 그럴 수도 있겠지요. 전 홍당무가 나오길 무척이나 기다리고 있었어요. 그동안 거의 먹어보질 못했거든요."[33]

지역 신문에서는 마사의 글을 더 상세히 다루며 의아함을 드러냈다.

어떻게 우리 아이들에게 먹을거리를 주는 이 소중하고 중대한 임무를 맡은 교육 당국에서 타인의 시선이 의식될 때만 양질의 음식을 제공할 수 있는가? 분명 이렇게 해선 안 된다. 이것은 마치 찰스 디킨스의 소설《올리버 트위스트》에 등장하는 하급관리가 교육기준청(현재 영국 아동복지부에 해당)에서 사찰을 나오면 고아들에게 먹음직스런 로스트 치킨 요리를 주었다가 바로 다음 날 다시 가난한 사람들만 먹던 묽은 귀리죽을 내놓는 것과 다를 바가 없다.[34]

그러자 지역 의회 교육 사무총장인 클릴랜드 스네든(19세기 소설에나 튀어나올 것 같은 이름이다)은 마사를 수업 중에 불러냈다. 그리고는 블로그를 금지하지는 않겠지만 학교의 급식 사진을 못 찍게 할 수도 있다고 말했다. 스네든은 이 점을 마사 아버지에게 설명하며 딸이 스쿨 디너에 나온 음식에 대해 '허위진술'을 한 거라고 말했다. 마사가 단지 과일과 야채를 챙겨 먹지 못했을 뿐이라는 것이다. 그러면서 "2년 동안 단 한 차례의 불만사항도 접수된 적이 없습니다. 아버님께서도 교육 당국에서 얼마나 양질의 서비스를 제공하고 있는지 잘 아실 겁니다. 저희가 보기에 따님의 블로그 중 몇 가지는 너무 비판적이고 또 상황을 제대로 대변하고 있지 않은 것 같군요."라며 공세를 계속 퍼부었다.[35]

이에 대한 대응으로 마사는 세계 각지의 아이들이 보내온 학교 급식 사진을 블로그에 올렸다. 한 신문 기사에서 다룬 것처럼, 학교 급식에 부는 세계적인 변화의 바람이 스코틀랜드에 뿌리내리기에는 아직

갈 길이 멀었다. 다른 나라 아이들이 마사에게 보내온 사진을 본 어느 기자는 이렇게 언급했다. "이스라엘에서는 군침 도는 팔라펠─중동식 야채 샌드위치─, 캐나다에서는 호박 치즈 케익, 핀란드에선 소시지와 야채 스프, 일본에서는 스시, 그리고 심지어 정크 푸드 때문에 비만인 사람들만 있을 거라 여겨지는 미국에서조차 소고기 타코스─토르티아에 고기·치즈·야채 등을 싸서 먹는 멕시코 요리─와 밥, 면을 넣은 스프, 해바라기 씨, 후무스─삶은 병아리콩 으깬 것을 양념한 중동 음식─에 사과까지 나오네요."[36]

마사는 블로그의 소재를 더 넓혔다. 학교에 핫도그를 납품하는 회사에 편지를 써 핫도그용 소시지가 이미 3년 전에 가공되어 캔에 포장된 것임을 알게 되었고, 역시나 이에 대한 자기의 생각을 글로 올렸다.

이제 마사의 블로그는 전 세계에 알려졌고, 그녀는 블로그에 이어 매우 적절한 캠페인을 시작했다. 자신의 플랫폼을 이용해 약 10만 달러에 이르는 액수를 모아 아프리카 말라위 공화국의 한 가난한 마을에 급식소를 세운 것이다. 이뿐만 아니라 2012년에는 지구상의 5천 마일을 돌아다니며 자신이 거침없이 똑 부러지게 말한 것들이 어떤 효과로 나타나는지 보고 있다. 마사는 다음과 같이 썼다.

저희가 도착한 후 초등학교 교장 선생님이 저를 소개하자 운동장에 줄 서 있던 2천여 명의 아이들이 노래를 불러주었어요. 노랫소리가 너무도 커서 어떤 노래인지 마음으로 느낄 수 있었죠. 아빠, 엄마, 그리고 할아버지는 눈물을 흘렸고 저도 아빠 손을 꼭 잡아야 했어요.
아이들이 교실로 들어가고 나서 새로 지은 급식소에 가보았는데… 몸에 좋은 오트밀 죽을 끓이고 있는 커다란 솥이 6개 있었고 주방 아주

머니들은 죽을 저으면서 노래를 부르고 계셨어요. ⋯⋯ 밖에는 페인트 칠할 때 저도 거들었던 표지판이 있었지요. 우리 오빠랑 언니의 도움을 받아 제가 파랑색 페인트로 '네버세컨즈'라 썼거든요. 이곳의 이름은 '릴롱웨(말라위 공화국의 도시 이름-역자) 메리의 급식소'예요. 따뜻한 마음을 가진 네버세컨즈 친구들의 기부로 세운 곳이랍니다."[37]

아직 어리지만 마사는 높은 수준의 연결지능을 보여주었다. 마사가 블로그를 만든 것은 자신이 먹는 급식의 질을 높이기 위해서였을 뿐 아니라 자기가 다니는 학교의 학생 모두를 위해 학교 급식에 대한 기대치를 높이기 위해서이기도 했다. 유명 인사가 왔을 때도 마사는 늘 자신의 할 일에 집중하며 학교 식당에서 더 신선하고 영양가 있는 음식이 제공되도록 힘썼다. 그녀는 다양한 집단을 서로 연결하고 참여시키고, 바깥 세계로부터 새로운 시각과 견해를 들여오며, 침묵하라는 커다란 압박에도 용기 있게 대화를 지속해나가는 방법의 중요성을 이해하고 있었다.

마사는 학교에서 먹는 음식에 대한 의문이 스코틀랜드를 넘어 또 다른 곳에까지 영향력을 끼친다는 것 또한 깨달았다. 블로그에 기부금이 넘쳐나자 마사는 그 기금을 말라위로 보낸다. 학교 급식에서 일어나는 변화의 범위가 훨씬 더 근본적이어야 한다고 생각한 것이다. 그래서 계속 아이들을 교실에 불러놓고 캠페인을 벌이며 자신들이 온종일 지내기에 충분한 양의 음식을 받을 수 있어야 한다는 확신을 심어주기 위해 애썼다.

우리는 용기가 용기를 통해 굳건해진다고 말했다. 연결성 또한 연결성을 통해 굳건해진다. 연결성을 추구하면, 남녀노소를 뛰어넘어 공통된 목적을 공유하는 수천 수백만의 사람들에게 접속해 함께 힘을 합칠 수 있는 수천 수백 가지 방법이 존재하게 된다.

미국인 아버지와 콜롬비아인 어머니 사이에서 태어난 마리아 테레사 쿠마르는 자신이 직접 설립을 도운 비영리단체 보토 라티노Voto Latino를 운영하기 위해 태어났다고 믿는 여성이다. 마리아는 이렇게 말했다. "두 문화가 함께 존재하는 가정에서 자랐기 때문에, 일상 속에서 늘 서로의 말을 잘 이해할 수 있도록 '통역'해 주는 일을 했어요. 이렇게 미국 주류 문화가 라틴 아메리카 사람들에게 어떤 맥락으로 이해되는지 그 의미를 전달해 주는 가교역할을 하는 곳이 보토 라티노입니다."[38] 이 단체는 젊은 라틴계 사람들이 투표의 영향력을 인식하도록 하고, 워싱턴의 정치 실세들이 점차 커지고 있는 라틴계 공동체가 지닌 힘의 중요성을 알 수 있도록 하는 데 힘을 보태고 있다.

보토 라티노는 처음에 라틴 아메리카계 사람들이 함께한 텔레비전 공익광고 시리즈에서 시작됐다. 이 광고시리즈는 보토 라티노의 공동 설립자인 배우 로사리오 도슨이 2004년 미국 대통령 선거 때 제작한 것으로, 마리아는 여기서 도슨을 만나며 이 공익광고가 단순히 매력적인 일 이상이 될 수 있음을 금세 알아차렸다. 마리아는 광고에 함께한 사람들과 중심 발판을 마련한다면 계속해서 커지고 있는 초당파적인 라틴계 공동체의 목소리를 대변할 조직을 만들 수 있을 거라 믿었다. 마리아는 말한다. "우리는 언제나 이민자 아이들을 대상으로 합니다. 라틴계 미국인들은 18살이 되기 훨씬 전부터 가정에서 리더십을 발휘하는 역할을 맡아야 하거든요. 집에서 유일하게 영어를 쓰는 사람인 경우가 많으니까요. 우리는 그들이 아이일 때부터 부모님을 위해 세상일을 통역해드립니다. 일단 이렇게 자라난 젊은이들이 참여하게 되면 그들의 잠재력이 지닌 영향은 정말 엄청납니다. 여기서 '미국인이자 라틴 아메리카인인 우리가 어떻게 정치적 과정에 참여할 것인가?'라는 물음은 매우 중요합니다."[39]

당시는 마리아가 하버드 케네디 스쿨에서 공공정책 석사학위 과정을 마칠 무렵이었다. 수많은 일자리 제의가 있었지만, 마리아는 보토 라티노에서의 일이 자신의 소명임을 깊이 느꼈다. 그렇게 캘리포니아의 집으로 돌아온 그녀는 어릴 적 자신이 쓰던 방에서 본격적으로 이 단체를 꾸린다. "엄마는 변화를 일으키고 싶어 하는 제 욕구를 읽으셨어요."[40]

통계적 수치를 보는 것만으로도 이들에게 어떤 힘이 있는지 알 수 있다. 미국에 사는 라틴계 청년 인구는 1,500만 명이 넘는다. 역사적으로 볼 때 지역 선거나 총선에 참여하는 라틴계 공동체의 투표율은 아주 저조했으나, 매해 66,000명의 라틴계 아이들이 18세가 되며 이 중 많은 이들이 공화당과 민주당의 가치관과 관심사를 공유한다. 라틴 아메리카계 사람들은 이미 애리조나, 캘리포니아, 뉴욕, 플로리다, 그리고 텍사스를 포함한 11개의 주에서 10% 이상의 유권자 층을 형성하고 있었다.

보토 라티노는 이중 언어를 사용하여, 사려 깊은 소셜 미디어 캠페인을 통해 미 전역에 사는 수많은 라틴계 시민들의 각종 등록과 신고를 돕는다. 어떤 때는 하루 등록 건수가 3천 건에 이르기도 한다. 2010년 인구조사 때는 이중 언어 애플리케이션을 만들었고, 오바마케어(버락 오바마 대통령이 주도하는 미국 의료보험 시스템 개혁 법안-역자) 구글 행아웃에 수천 명의 라틴계 사람들을 참여시켰다.

젊은 라틴계 미국인들은 세상일을 부모에게 통역해준다. 이들의 잠재력이 지닌 영향력은 그야말로 엄청나다. 여기서 "미국인이자 라틴 아메리카인인 우리가 어떻게 정치적 과정에 참여할 것인가?"라는 물음은 매우 중요한 것이다.

마리아는 보토 라티노가 투표율을 높이는 데 큰 성공을 거두었지만 그 외에도 다루어야 할 중요한 문제들이 있다는 것을 인식하고 있다. 그중 이민법 개혁이나 실업 문제가 주요 사항에 속한다. "콜롬비아인이신 저희 할머니는 항상 이렇게 말씀하세요. '노no라는 말은 다른 사람들의 몫이란다.' 그러면서 이렇게 설명하시죠. '무슨 말인가 하니, 네가 열심히 일하다 보면 **노**라는 말은 수백 번도 더 듣게 될 거다. 하지만 결국에는 **예스**yes라 말하는 동료를 발견하게 될 거야.'"[41] 보토 라티노와 마리아 쿠마르가 학교, 일터 그리고 일상의 '놀이터'와 같은 자신들의 연결지능 네트워크에서 모든 '예스'를 결집했을 때 무슨 일이 일어날 수 있을지 상상해보라. 이러한 관계성은 마리아 쿠마르가 미래 세대를 위해 다양한 시민 사회가 지닌 각각의 옷감을 서로 이어붙이고 엮어내면서 한 문화를 다른 문화로 통역할 수 있는 영역을 구축하겠다는 크고 의미 있는 꿈에 닿으려 할 때, 그녀에게 요구되는 여러 능력을 몇 곱절로 풍부하게 만들어준다.

문제 해결
그리고 놀이의 힘

CHAPTER 07

    연결지능은 단지 여러 사람과 아이디어와 정보, 문제를 공유하는 것뿐 아니라 많은 사람이 함께 문제를 풀어나가고 싶은 마음이 들도록 **해결 방식을 고안**하는 것과도 관련이 깊다.

    2009년에 일어난 영국 의회 세비 스캔들은 단순히 분노한 신문 독자에 머무를 수도 있었을 수천의 시민이 기자 역할을 자청하도록 변화시켜 여러 세대 동안 점검되지 않은 시스템을 무너뜨린 사건이다.

    수십 년 동안 영국 하원 의원들은 '의회 업무 수행에 필요한 전체적이고 독점적인' 비용을 활동비로 청구할 수 있었다.[1] 이 놀랍도록 모호한 표현은 감시감독이 거의 없는 상황과 맞물려, 의회가 있는 런던과는 거리가 먼 지방에 사는 까닭에 의회가 열릴 때 근처 시내에 머무를 곳이 필요한 의원들에게는 하나의 낙이 되어 주었다. 이 같은 허점을 피해갈 리 만무한 의원들은 시민들이 낸 세금으로 부유한 동네에서 아파트를 빌리거나 부동산을 사들였고, 소유 주택의 개조, 정원 조경 수영장 보수 등에 필요한 비용을 대는 데 남용했다.

연결지능은 많은 사람이 함께 문제를 풀어나가고 싶은 마음이 들도록 해결 방식을 고안하는 것과도 관련이 깊다.

그러나 2005년이 되자 상황이 변화하기 시작했다. 영국의 정보 공개법으로 국민이 정부의 활동비 정보를 조회할 수 있게 된 것이다. 몇몇 하원의원들이 이를 거부했으나 결국 법원은 삭제된 '민감한 자료'를 비롯한 활동비 정보를 공개할 것을 명령했다.[2] 2009년에는 2004년~2008년간의 의원 지출 내역보고서가 공식 발표되기 두 달 전에, 런던의 일간지 《데일리 텔레그래프》가 아직 검열되지 않은 전체 보고서를 입수하였다. 이 일간지는 하원의원 지출 전체에 대한 상세 내역을 즉각 기사화했다.[3]

의회 의원들에게는 타이밍이 이보다 나쁠 순 없었을 것이다. 당시 정부에 대한 평이 매우 안 좋았기 때문이다. 1930년대 이래 최악의 경제 위기가 닥친 때여서 국민은 새로운 수혈을 갈망하고 있었다. 영국 간판 TV 시사 토론 프로그램 〈퀘스천 타임Question Time〉은 이 스캔들과 관련된 일화 하나를 추가로 공개하여 30년 역사상 최고 시청률을 기록했다.[4]

《텔레그래프》의 경쟁사인 《가디언》 또한 논쟁에 가세하며, 의원 646명의 활동비 내역이 기록된 회계자료를 온라인에 노출해 독자들에게 자료를 친히 요청했다. "마침내 오늘 자로 의원들의 활동비 영수증이 공개됐습니다. 독자 여러분께서 세비 청구와 경비 환불, 해고와 사직과 관련된 인물들을 파악해 보시겠습니까? 자, 이곳에서 시작해 봅시다."[5]

살펴볼 사항들이 넘쳐난 덕분에 국민의 비난은 매우 거셌다.

1. 존 프레스콧, 전 부총리, 활동비 청구액 635파운드(약 120만 원 —당시 환율 적용). 모조 튜더스타일 기둥과 화장실 양변기 2개 구매에 사용.[6]

2. 데이빗 밀리밴드, 외무장관, 활동비 청구액 30,000파운드(약 5,700만 원). 자가 소유 주택의 정원 관리비, 수리비, 장식품 및 가구 구매비로 사용.[7]

3. 필 울라스, 이민부 장관, 활동비 청구 의혹. 여성 의류, 만화책과 기저귀 구매 등에 사용한 것으로 보임.[8]

4. 마이클 앤크램, 보수당 당원, 로디언 후작 작위를 보유, 원래 재산이 많음, 활동비 청구액 98파운드(약 19만 원). 자택 수영장 난방기 수리비로 사용.[9]

5. 빌 캐시, 언론 머리글의 표적이 된 불운의 이름, 활동비 청구액 15,000파운드(약 2,800만 원) 이상. 의회 사무실 근방에 본인 소유 아파트가 있는데도 딸이 사용할 노팅 힐 아파트 '임대' 비용으로 사용. 이 비용 문제가 불거지자, 캐시는 딸에게 '단지 1년간' 필요한 비용을 사용했을 뿐이라며 벌컥 화를 냈다고 함.[10]

영국 국민은 격분했다. 가구당 평균 연 소득이 26,500파운드(약 5천만 원)인 상황에서 납세자들의 혈세 수십만 파운드가 이미 충분히 사치스러운 생활에 보태졌다는 것에 (영국 하원의원들의 당시 연봉은 약 65,000파운드, 한화 약 1억 2300만 원이었음 - 역자)국민은 우롱당한 느낌이 들지 않을 수 없었다.[11] 열하루 만에 《텔레그래프》 발행 부수는 60만 부로 치솟았고, 영국은 수십 년 만에 최대 정치 스캔들에 휩싸이는 극심한 혼란에 빠졌다. 상황이 너무도 심각해져서, 당시 영국 총리였던 고든 브라운이 남동생과 함께 활동비로 청소부를 고용해 임금을 치르고 배관 비용을 두 배로 지급했다는 뉴스가 났을 때는 정부 기능이 모두 멈춰버렸다. 한 노동당 고문은 당시의 상황을 이렇게 떠올렸다. "정말 끔찍했어요. 분명 정부에 쓰나미가 몰아닥쳤다는 것을 깨달아야 할 때 브라운 총리가 이 사건을 고민하느라 정작 정부에서는 48시간 동안 아무것도 못 하고 있었으니까요."[12]

《텔레그래프》기자들은 수개월 동안 세비 스캔들을 계속 다루었다. 국민이 너무도 격렬하게 항의해서, 정부는 100만 건이 넘는 문서와 영수증 스캔자료를 공개하며 사건의 투명성과 부정행위가 없었다는 점을 증명하려고 애썼다. 하지만 《가디언》은 신속하게 움직여, 공개된 자료를 샅샅이 살피고 분석하는 기자들의 일을 함께하자며 독자들에게 공고문을 냈다. 웹사이트에 올라온 글을 보자.

"저희는 여러분의 도움으로 하원의원 세비 지출과 관련해 의회에서 공개한 수많은 문서를 파악하는 일이 더욱 수월해지길 희망합니다. 저희를 비롯해 모든 이들(여러분이겠죠?)은 다음의 툴을 사용하여 각각의 자료를 검토하고 각 자료에 대한 관심도를 분석함으로써 중요한 사실을 추려낼 수 있을 것입니다."[13]

반응은 즉각적이었고 독자들의 손이 닿은 문서의 양은 전례가 없는 수준이었다. 나흘 만에 2만 명의 독자들이 17만 건의 문서를 검토했다.[14] 세비 스캔들에 대한 국민의 격분 속에서 많은 사람이 《가디언》웹사이트에 몰려들었지만, 신문사 인터넷 팀은 좀 더 머리를 짜내어 이 평범한 독자들의 적극적인 참여가 지속할 수 있는 방법을 고안해낼 필요가 있다고 느꼈다. 그래서 '4단계 인터페이스'를 만들어 독자 겸 검토자들이 '관심 있음,' '관심 없음,' '관심 있으나 이미 알고 있음,' 혹은 '조사 바람!' 중 해당 사항을 선택해 각각의 자료에 대한 관심도를 표시할 수 있게 했다.

인터넷팀은 영수증 검토가 얼마나 진행되었는지 표시하여 이 일이 하나의 게임처럼 느껴지게 하려고, 웹 사이트 홈 화면에 진행 표시 그래프를 넣었다. 독자 겸 검토자 모두가 큰 '점수'를 얻으려는 하나의 목적을 갖고 똘똘 뭉치도록 했던 것이다. 이에 따라 신문사 직원들은 독자 겸 검토자들의 정보를 분석해 독자들 가운데 '최고 점수'를 올렸다. 이 같은 방법은 자료 검토에 대한 접근을 급증시켰다. 또한 독자라는 것 외에는 서로 공통점이 별로 없었던 이질적인 2만여 명의 개인들이 독자-검토자 '팀'으로 묶이도록 만들어, 이들에게 각자 자기 집 컴퓨터로 일하면서도 같은 목표를 향하게끔 동기를 부여했다. 《가디언》 책임 개발자 사이먼 윌리슨은 후에 기자들에게 이같이 말했다. "사람들이 여러분을 위해 무언가를 제공하거나 어떤 일을 하게끔 할 때 가장 중요한 것은, 그들이 자신이 하는 일에 영향력이 있음을 알게 해야 한다는 것입니다. 이것은 소셜 소프트웨어에서 가장 근본적인 지침에 속합니다. … 사람들은 '내가 이 상황을 뒤흔들고 있네.'라고 느끼지 못하면, 그저 주변에서 어슬렁거릴 뿐이니까요."[15]

《가디언》은 해당 영수증에 관련된 의원의 사진을 첨가하는 것이 영수증을 검토하는 독자들의 참여도와 효율을 끌어올리는 데 한몫한다는 것을 알게 됐다. 후에 사이먼은 말했다. "화면에는 당신을 향해 함박웃음을 짓고 있는 사람이 보이는데, 정작 나는 그 사람이 어디에

돈을 퍼부었는지 파헤치느라 애쓰고 있는 거죠."[16] 결국 이렇게 넘쳐나는 자료를 다루기 위하여 이 신문사는 아마존에까지 도움을 청해 명목상의 요금으로 서버를 임대했다. 당시 신문사에 고용된 직원들에게 지급한 임금을 제외하면, 이 사업에 들어간 전체 비용은 예산 외 추가된 비용으로 50파운드(약 10만 원)에 불과했다.[17]

참여 방법을 고안해낸 가디언팀의 기량 덕분에 평범한 시민들은 공적 영역에 직접 참여해 그 본질을 변화시킬 수 있었다. 가디언팀은 시민들이 표현하는 의견의 양과 범위를 조정해 믿기 힘든 큰 규모로 확장함으로써, 여론과 여론을 조성하기 위한 노력을 효과적으로 보여주었다.

〈브리티시 프레스 어워드〉 '올해의 국영지' 특집 뉴스 부문에는 《데일리 텔레그래프》가 선정되었지만, 대부분의 언론계는 《가디언》 그리고 재빠른 사고로 무장한 이곳의 인터넷팀이 더 큰 승리를 거두었다고 여긴다.

디지털 게임은 연결지능의 강력한 플랫폼 중 하나로서 부상했다. 자료를 신속하게 처리하고 연결성을 구축하며 문제를 해결하는 이 모든 역량이 게임 문화 DNA에 깊숙이 프로그래밍 되어 있기 때문이다. 《가디언》의 데이터 추출 방식에서 엿볼 수 있듯, 게임을 통한 과제 수행은 대규모의 대중이 자신의 호기심을 확인하며 독특한 활동에 참여하도록 하고 동시에 실제 세계의 여러 문제를 고심해보도록 이끌 수 있다.

참가자들이 경쟁하고 협업하여 단백질 구조를 푸는 온라인 게임 폴드잇에서는, 2011년에 과학자들이 10년간 씨름해온 문제를 게이머들이 단 3주 만에 풀어내는 일이 일어났다. 이는 결코 사소한 일이 아니다. 게이머들이 풀어낸 이 단백질 구조 수수께끼는 의학실험용 붉은털원숭이의 후천성면역결핍증AIDS에 관련된 것이기 때문이다.

단백질이 어떤 구조를 취하게 될지 계산해 내는 것은 꽤 어려운 일이다. 또한 이 일은 과학계에서 굉장히 중요한 기본 문제에 속한다. 단백질은 생명을 이루는 주요 구성 요소 중 하나여서 그 구조를 이해하는 것은 새로운 백신 개발에서부터 양질의 플라스틱을 만드는 것에 이르기까지 다양한 일과 관련돼 있지만, 그 정체를 파악하는 것은 언제나 하나의 도전이었다.

과학자들은 단백질에 대해 알아내려 애쓰면서 '접힘folding'이라 불리는 과정을 통해 생기는 단백질 구조를 살펴보았다. 애석하게도 단백질이란 것이 워낙 작아, 구조가 어떠한지 현미경으로도 확인이 안 된다. 그래서 과학자들은 단백질 구조를 밝혀내기 위해 수억 달러를 써가며 특수 장비로 여러 절차를 거쳐 연구해야 했다. 전형적인 연구법은 가능한 한 단백질 구조를 취해, 무작위로 변화를 가한 뒤 이전 구조와 새 구조를 대조하여 실제 단백질 구조에 가장 가까운 형태가 무엇일지 살펴보는 식이었다. 그런데 가장 작은 단백질이 취할 수 있는 실제 가능한 구조의 개수는 우주에 존재한다고 알려진 별의 개수보다도 많았다. 그 때문에 수많은 시간에 걸쳐 전문적 훈련을 받은 연구자들이 실제 단백질 구조를 발견해내려고 애를 썼지만 결과는 늘 기대에 미치지 못했다.

이 연구는 대부분, 연구소에 있는 슈퍼컴퓨터의 복잡한 프로그램들을 운용하는 과학자들이 맡는다. 여러 병렬 처리기술을 적용하게 되면서, 연구 중 몇몇 부분은 연구소 컴퓨터가 다운되었을 때 개인 사무용 컴퓨터로 계산하는 것에 동의한 아마추어들에게 아웃소싱―외부위탁─됐다. 하지만 어떤 작업이 행해지건 간에, 이와 같은 컴퓨터 계산 또한 여전히 지나치게 많은 시간을 요했다.

폴드잇을 만든 데이빗 베이커, 데이빗 살레진, 조런 포퍼빅, 세스 쿠퍼, 그리고 에이드리언 트로이는 놀이의 힘이 인간의 상상력을 예측할 수 없는 다양한 방식으로 열어젖힌다는 것을 알았다. 폴드잇의 성공이 알려진 후 찾아온 여름날, 공동 설립자 세스 쿠퍼는 테드TED 강연에서 청중에게 말했다. "놀이란 자유롭게 시도하고 꿈꾸며 실패에 대한 두려움 없이 대담해질 수 있는 공간입니다. 사람들은 결과가 어떨지 걱정할 필요가 없을 때 더 기꺼이 새롭고 멋진 아이디어를 실행해보게 되지요."[18] 게다가 현재로썬 독창적으로 문제를 해결해야 할 경우 아직은 인간이 컴퓨터보다 더 낫다.

세스와 동료들은 도전을 요하는 문제를 해결하는 진정 좋은 길은 인간과 컴퓨터의 능력을 최대한 활용하고 결합해 더 나은 것을 만들어내는 데 있다는 원칙을 가지고 게임 사업을 시작했다. 컴퓨터를 능가하는 인간의 핵심적 강점이 창조력에 있다면, 방대한 양을 계산하는 능력은 컴퓨터가 우세하다. 특히 공간 연상과 관련되는 경우, 창조력은 폴드잇에 중요한 열쇠가 된다. 단백질 구조는 3차원의 퍼즐 같은 것으로, 모든 조각이 서로 잘 맞아야 제대로 작용한다. (단백질 모양이 크게 확대된다면) 인간은 단백질이 서로 어떻게 끼워 맞춰지는지를 볼 수 있겠지만, 컴퓨터는 이런 일을 하지 못한다. 여기에는 퍼즐을 맞출 때 찾아야 하는 조각과 손에 쥔 조각이 같은 모양인지를 아는 것과 같은 능력이 요구되기 때문이다.

폴드잇 게임 개발자들은 20만 명의 게이머들이 참여할 수 있도록 사용자가 수정·편집을 할 수 있는 웹사이트 위키와 전용 채팅방을 만들어, 그룹별로 마음에 드는 전략에 대해 함께 토론하고 실용적인 조언들을 공유하게끔 했다. 어떤 게이머들은 채팅방에서 '텅 빈 분쇄기'나 '경쟁자' 같은 이름의 팀을 만들어 더 높은 점수를 얻을 수 있도록 서로를 거들기도 했다. '경쟁자' 그룹을 보면 폴드잇 웹 사이트에서 이 같은 협업이 어떻게 작용하는지를 알 수 있다. "우리는 자기 방식대로 각자 게임을 합니다. 그러다 갑자기 누가 성공을 하면 그룹을 위해 자신이 어떻게 해냈는지를 상세하게 올리지요."[19]

에이즈 바이러스와 관련된 단백질의 경우, 실험에서 요구될 만한 생화학 배경지식이 거의 없는 게이머들은 시험 삼아 단백질 접기를 하는 과정에서 서로에게 등급을 매기고 도움을 준다. 연구자들이 보기에, 이러한 접근방식은 길고 지루한 영화에서 좋아하는 장면을 보기 위해 빨리 감기를 하는 것과 같았다. 여전히 해야 할 일들이 남아 있지만 복잡다단한 실험과 계산 과정들이 계속 진행될 수 있는 것은 놀이의 힘 덕분이다. 폴드잇 게이머들이 밝혀내려 시도하는 것은 에이즈 바이러스뿐만이 아니다. 2014년 에볼라 바이러스 사태가 뉴스 머리기사에 올라오자, 폴드잇은 재빨리 에볼라 게임을 추가해 게이머들이 이 치명적인 바이러스에 맞서는 싸움에 가세할 수 있도록 했다.

폴드잇을 선두로 또 다른 게임들이 뒤를 이어 나타났다. 여기에는 합성 생화학을 과학적으로 밝히는 데스크톱 게임 나노크래프터Nano-crafter, 사용자가 RNA 유전자 분자 문제 해결에 참여할 수 있는 브라우저 기반 게임 이터나EteRNA 등이 있다. MIT의 아이패드 애플리케이션 아이와이어EyeWire는 뇌세포 완성 게임으로, 여기서 게이머들은 백 개가 넘는 실제 뉴런에 대한 정보를 발견해내는 놀이를 한다. 폴드잇 또한 진화했다. 다른 여러 디지털 게임처럼, 폴드잇 개발자들 또한 지속해서 게임의 모체를 개선해 사이트에 머무를 수 있는 시간을 늘리고 더 어려운 문제들을 풀 수 있게 함으로써, 게이머들에게 기술을 다듬을 기회를 준 것이다. 지금 이 게임을 해보면, 초창기와는 그 기반이 달라졌음을 알 수 있을 것이다.

여기서 우리는 연결지능이 기본적으로 크라우드 소싱을 넘어서는 것을 본다. 폴드잇 개발자들은 단순히 대중에게 획기적인 솔루션을 찾아달라고 요청하는 것이 아니다. 효과적인 게임식 접근을 통해 좋은 문제 해결 방식을 고안했다는 것에 차별성이 있다. 이를 통해 수많은 사람은 함께 놀이하며 겨루는 과정에서 어떤 것을 알게 되면 그러한 경험을 공유했고, 이로써 위대한 과학적 지식을 발견해낼 뿐만 아니라 공동체를 이루고 이를 지속해서 성장시켜 새로운 과학적 문제를 해결해나갈 수 있게 되었다.

2008년, 에스토니아에서는 렛스두잇Let's Do It이라 불리는 풀뿌리 운동이 시작되었다. 무분별하게 버려진 쓰레기 문제가 만연하면서 대규모 청소를 하기 위해 수천 명의 에스토니아 사람들이 모인 것이다. 이 운동에 대한 아이디어는 인터넷 사업가 라이너 놀박, 26살의 티나 우름, 그리고 스카이프 창업자 중 한 사람인 아티 하인라의 머릿속에서 나왔다. 720명의 자원자로 조직된 렛스두잇팀은 휴대전화를 이용해 대청소가 가장 시급한 장소의 사진을 찍고 전략을 세웠다.[20]

마침내, 5만 명 이상의 에스토니아인들이 모여 이 프로젝트를 완수했고, 에스토니아 정부는 이 프로젝트가 아니었으면 3년이라는 시간과 2,250만 유로의 비용이 필요했을 거라 추산했다. 렛스두잇 에스토니아가 들인 비용은 이에 비하면 극히 일부였고(50만 유로에 불과했다), 더욱 놀라운 것은 단 5시간 만에 프로젝트가 끝났다는 점이다.[21]

에스토니아의 렛스두잇 설립자들은 개인들의 인지 잉여Cognitive Surplus를 포착함으로써, 사람들이 마음, 정신 그리고 정보를 연결하는 세계를 통해 가망 없고 통제 불가능해 보이는 문제를 해결할 수 있음을 보여주었다.

이 아이디어는 에스토니아에서 유럽 전체로, 그리고 세계 전역으로 퍼져나갔다. 현재 110개 국가에서 천만 명의 자원자들이 참여해 대청소의 날을 연다. 2009년에는, 라트비아와 리투아니아 사람들 25만 명이 함께 전국적인 청소를 벌였고, 3년에 한 번씩 행해지는 이 운동에는 매년 더 많은 사람이 참여한다. 2010년 3월 20일에는 포르투갈인 2만 명, 뒤이어 슬로베니아에서는 27만 명(전국 인구의 10%)이라는 기록적인 숫자의 사람들이 함께했다.[22]

렛스두잇 캠페인에서는 세계의 쓰레기를 지도 위에 표시한 '세상에서 가장 추한 지도'를 만들었다. 이 단체에서 제공하는 아이폰과 안드로이드 무료 애플리케이션의 전 세계 사용자들은 불필요한 쓰레기로 몸살을 앓고 있는 장소의 사진과 위치 정보를 이 지도에 추가할 수 있다. 그렇게 해서 생겨난 '오픈 가상세계 쓰레기 지도'는 렛스두잇 웹사이트에 추한 진실을 상세히 드러내고 있다.[23] 렛스두잇팀은 현재 지도 작성자들을 위한 소셜 네트워크를 운용하고 있으며, 여기서 정보를 제공하는 사람들은 서로의 존재를 인식하면서 친구들이 올리거나 업데이트한 정보를 볼 수 있다. (이 책의 출간 당시 이 네트워크는 공사 중이었다.)[24] 에스토니아의 렛스두잇 설립자들은 개인들의 인지 잉여를 포착함으로써 사람들이 마음, 정신 그리고 정보를 연결하는 세계를 통해 가망 없고 통제 불가능해 보이는 문제를 해결할 수 있음을 보여주었다.

배관 사업은 표면적으로 혁신에 적합한 산업처럼 보이지 않는다. 하지만 앤서니 젬마는 전통적인 산업일수록 그 어떤 곳보다 발전이 필요하다고 느꼈다.

앤서니가 가업인 배관 회사에서 배관공 조수로 일을 시작했을 때 나이는 10살에 불과했다. 아홉 형제 중 막내인 그는 로드아일랜드 주의 프로비던스에서 자랐다. 부모님은 자녀들이 계속해서 고등 교육을 받도록 지원을 아끼지 않으면서도, 노동자 계급인 자신들의 가정이 넉넉하게 먹고 사는 데 보탬이 되게 하려고 아이들에게 기본적인 실무 기술을 익히게 했다. 앤서니는 대학에 진학했고 이후 로스쿨에 다니다가 가업인 젬 배관시스템Gem Plumbing에서 부사장 겸 최고 경영 책임자 직을 맡기 위해 고향으로 돌아온다. 앤서니는 형제들과 일하면서, 배관 사업을 혁신 기업의 모델로 탈바꿈시키기로 한다. 이들이 접근한 방식은 언제나 연결성의 관점에서 사업을 바라보는 것이었으며, 그 출발은 고객과 함께 시작됐다. 젬 배관시스템을 맡은 앤서니와 형제들은 이렇게 자문했다. 고객과 연결된다면, 무엇을 알 수 있을까? 그렇게 해서 고객에 대해 더 많이 알게 된다면, 그 단편적인 앎을 연결해 더 나은 서비스를 창출하기 위해 우리가 알아야 할 것은 무엇인가? 고객의 경험과 사업 절차 모두 극적인 개선을 하기 위해 무엇을 연결할 수 있을까?

앤서니와 형제들은 장소, 비용, 각 부서의 물품 목록에서부터, 고객이 차량 배치 담당자와 연결되기까지 기다리는 시간 등에 이르는 모든 자료를 수집하기 시작했다. 그러자 교통 패턴이 보였다. 배관공들은 일하는 시간에 대해서만 임금을 지불받기 때문에, 트럭으로 이동하는 데 시간이 너무 많이 걸리면 그만큼 소득이 줄어든다. 고객들 또한 배관공이 늦게 오면 좋아할 리가 없었다.

그래서 젬 배관시스템은 3.6m가량의 모니터 스크린을 세우고 모든 회사 트럭에서 위성 정보를 받아 실시간 교통 정보를 제공했다. 이 덕분에 젬 형제들은 교통 체증으로 말미암은 지연을 줄이는 데 필요한 정보 또한 얻을 수 있게 되었다.

이 업체의 교통 정보는 매우 좋은 내용을 담고 있어서, 얼마 지나지 않아 미국 교통국과 지방 라디오 방송국에 교통 통계자료로서 공급되며 새로운 부가수입원으로 자리 잡는다. 젬 형제들은 고객 경험 관리에 관한 모든 것을 측정하고 이 정보를 지속해서 사용해 가능한 모든 부분을 개선했다. 또한 대중매체를 검토해 광고비용을 조절함으로써 자사의 서비스 가용성—임무 수행에 사용가능한 인원, 장비, 시설의 양—을 급증시킬 수 있도록 했다.[25]

앤서니가 로스쿨을 마치고 처음 회사에 합류했을 때, 젬 배관시스템의 직원 수는 80명이었고 연간 매출액은 약 1,400만 달러였다. 그러나 10년 후 회사는 성장하여 300명이 넘는 직원과 3,300만 달러 이상의 연간 매출액을 기록한다.[26] 하지만 정말로 인기를 얻은 것은 젬의 사업 모델이었다. 너무도 많은 소규모 업체들이 젬 배관시스템을 둘러보고 싶어 해서, 형제들은 젬 최고성과연구소Gem Institute for Performance Excellence를 세워 자신들이 연계성을 활용해 혁신과 효율성, 고객 서비스 그리고 직원 개발을 추진하며 알게 된 모든 것을 다른 업체들과 공유했다. 앤서니 젬마는 연결지능을 지닌 혁신가가 모두 기술 장인이나 과학자는 아니며, 어디서든 불쑥 나타나기 마련이라고 역설했다.

커다란 문제들을 해결하기 위해 게임과 기술, 그리고 크라우드 소싱의 힘을 일상적으로 사용할 가능성은 배관설비사업뿐 아니라 교통 문제에서도 발견된다. 교통 문제가 아주 심한 도시 가운데 이집트 수도 카이로를 빼놓을 수 없을 것이다. 이 도시의 주된 교통 상황은 다음과 같다.

- 카이로에는 주차장이 거의 없어 운전자들이 길거리에 차를 세워놓기 때문에 길이 막힌다.

- 카이로에는 정지등이 거의 없다.

- 카이로 운전자들은 도로주행시험을 보지 않고 운전면허증을 딸 수 있다.

- 카이로의 대로는 3차선이지만, 운전자들이 5차선으로 만들어버리기 때문에, 대개 자동차 옆면이 긁혀있다.

- 카이로 도로는 너무도 소란스러워서 앰뷸런스에는 확성기가 있어야 한다.

- 수천 개의 노점상은 갈 곳이 없어 거리에 판매대를 세운다.[27]

카이로의 교통혼잡비용은 매우 많이 들어, 생산성 손실, 지연, 과도한 연료 소비를 고려하면 카이로 총생산의 3%인 연간 80억 달러에 이른다.[28] 이집트의 자동차 사고율 또한 유럽보다 34배, 몇몇 인접 국가와 비교할 때는 3배가 높아서, 도로 위는 언제나 혼란 그 자체다.[29] 누구든 1,800만 명의 인구와 240만대의 차량이 있는 카이로라면, 교통 문제를 해결하는 것이 최우선사항이라는 생각이 들 것이다. 물론 카이로도 나름의 노력을 한다. 문제는 그렇게 빨리 해결되지 않는다는 것이다.[30]

이 문제의 틈새에 가말 사덱과 사촌 형제 4명이 발을 들여놓았다. 2010년, 이 다섯 명의 카이로인들은 베이2올락Bey2ollak이란 이름의 애플리케이션을 제작했다. 이 명칭은 '알려주다'라는 이집트 말을 이용해 만든 것으로, 베이2올락은 다음의 상황을 간파한 데서 시작됐다. 즉, 사람들은 트위터의 #CairoTraffic 계정을 이용해 사사로이 교통정보를 올리고 있었다. 매일 두어 곳의 라디오에서도 교통소식이 방송됐다. 하지만 공공 라디오 교통방송의 업데이트 정보와 실제로 도로에서 사람들이 전하는 실시간 트위터 게시글 사이에는 커다란 차이가 있었다.

가말은 직관적으로 현재 있는 정보를 조직화할 수 있는 애플리케이션을 만들어서, 근교 통근자들이 일상적으로 이용할 만한 도로를 찾아 교통 상황을 개선하는 데 도움을 주어야겠다는 생각이 들었다. 그렇게 탄생한 베이2올락의 임무는 이렇게 묘사된다. "우리는 이 크로스 플랫폼 모바일 애플리케이션에서 교통 정보를 교환할 수 있습니다. 이 간편한 정보 공유 방식에는 크라우드 소싱의 힘, 사회적 상호작용, 위치 측정뿐 아니라, 사용자 여러분의 일상 속 모든 여정에서 도로 위의 이상적인 동반자가 될 수 있는 앱을 제공하려는 우리의 비전이 담겨있습니다!"[31]

다시 말해 베이2올락은 교통 상황을 알려주고 실시간 업데이트 정보를 공유하는 동시에 사람들이 다른 이집트 통근자들과 교류할 수 있게 함으로써, 목적지에 짜증 없이 더 빨리 갈 수 있도록 도와주는 모바일 앱이다.

카이로 사람들은 베이2올락을 열렬히 받아들였다. 출시일인 10월 10일, 이 앱은 순식간에 입소문을 타면서, 6천여 명의 사용자가 등록했다. 다음날에는 휴대전화 시스템 회사 이집트 보다폰이 돕겠다고 관심을 보이며 자사 고객들에게 소문을 내주기까지 했다.[32]

이제 베이2올락에는 100만 명이 넘는 사용자가 등록되어 있으며, 이집트에서 8번째로 인기 있는 중요한 브랜드가 되어 25만 명 이상의 페이스북 팬과 11만 명의 트위터 팔로워가 있다.[33] 그러나 베이2올락의 역할은 사람들에게 일상적인 교통 문제를 의식하도록 이끄는 데 있는 것만은 아니다.

2011년 타흐리르 광장에서 시위가 일어났을 무렵 초기에 이집트에서 페이스북과 트위터 사용이 금지되자, 베이2올락 사용자들은 특정 장소에서 자체적으로 모임을 조직하고자 이 앱을 사용했다. 가말은 설명한다. "우리는 차단된 도로를 알려주면서 동시에 상황을 식별하게끔, 안전하지 않은 도로를 경고하는 '위험'이나 긴급 구조대의 차량 번호를 알아보게 하는 '도움 요청'을 뜻하는 신호등 아이콘을 추가했습니다."[34]

2013년, 석유 파동이 일어나자 주유소에는 대기 줄이 너무도 길어, 운전자들이 연료 주입을 위해 밤새도록 기다려야 하는 일이 잦았다. 베이2올락 사용자들은 앱을 통해 협업하며 문을 닫았거나 여유 공급량이 있는 주유소를 찾을 수 있도록 서로를 도왔다. 또한 주요 교통 상황을 보면서 과열 지역에 강조 표시를 하여 사람들이 '아주 복잡한 곳'을 알아보도록 하고, 대체 가능한 도로를 제시하는데도 이 앱을 사용했다.

이 애플리케이션은 이제 교통 정보만을 다루지 않는다. 도로에서 일어나는 일이라면 무엇이든 시민들에게 알려주며, 여기에는 댄스 행사나 여러 축제에서 라마단 모임에 이르기까지 카이로 거리에서 교통 체증을 일으킬 만한 모든 관련 사항이 포함된다.

베이2올락은 사용자와의 '신뢰 기반 네트워크' 위에 세워진 것이다. 즉, 사용자가 자신이 있는 곳에 관한 교통 정보를 제공하면 업체에서 그 자료를 모아 검토하며, 자료의 평가는 해당 사용자에 대한 정보와 더불어 사용자와 업체 양측이 얼마나 자주 정보를 공유했는가를 기준으로 삼는다. 가말은 말한다. "저희는 '불확실'에서 '최고 리포터'까지 사용자의 등급을 구분해 다른 사용자들에게 어떤 교통 정보를 제공할 것인지 결정합니다. 잘못된 정보가 들어올 경우 그 사용자에게 경고 메시지를 보내거나 정보 제공을 못 하도록 차단하는 등 다양한 조치를 할 수 있습니다."[35] 베이2올락은 모바일 앱 산업 분야에서 커다란 성공을 거둔 것으로 여겨진다.

"저희는 서로에게 도움이 되기를 바랍니다. 이러한 상호 작용으로 이집트의 기업계가 발전할 수 있으며, 미래의 모습은 바로 이런 것이어야 합니다."[36] 가말은 자신이 많은 이집트인을 주도하는 힘을 가지게 된 것은 통합적인 접속성과 연결지능을 발휘한 덕분이라고 말한다. 그는 현실성을 지닌 선견지명으로 카이로의 혼잡한 교통 상황에 놓여 있는 사람들을 위해 하나의 길을 만들어주면서, 무엇이 문제인지 정확히 짚어내 모든 사람이 인식할 수 있게 함으로써 기존 해결책을 개선하고 대안을 모색했다.

"우리 스스로 참여해야 합니다. 이집트를 더 나은 곳으로 만들고 싶다면요." 가말의 말이다.[37] 그의 이 메시지는 전 세계 사람들에게 반향을 불러일으키고 있다.

지방에 6억 명의 인구가 사는 인도에서 농업 교육은 굉장히 중요한 분야다. 많은 곡물의 품질이 저하되거나 해충 피해를 보는 상황이 확산될 경우 엄청난 손실이 발생하기 때문이다. 농림부에서는 의무적으로 수십 년 동안 농업 관련 안내 비디오를 제작·방송해서 농민들이 양질의 작물을 생산하는 데 도움을 주고자 했다. 하지만 이 비디오에는 문제가 많았다. 가장 큰 문제는 인도가 굉장히 다양한 문화와 민족으로 이루어진 다민족 국가인 탓에 지역의 농업 종사자들이 비디오 내용을 온전히 이해하는 데 애를 먹는다는 것이었다.

이런 상황에서 인도 마이크로소프트 연구원인 29살의 리킨 간디가 디지털 그린Digital Green에 대한 아이디어를 떠올려 영화감독 자리에 농부들을 앉히기 시작했다. 디지털 그린에서는 농부들에게 소형 카메라와 전화를 제공해 적은 비용으로 농업 전략과 기술에 관한 안내 비디오를 만들 수 있도록 했다. 농부 감독들이 비디오를 만들며 다른 농민들에게 하는 질문은 이런 것이다. "곡식은 어떻게 선별합니까? 토양과 못자리는 어떻게 준비하나요? 옮겨심기요? 튼튼한 작물을 거두려면 김매기는 어떻게 합니까?"[38] 이렇게 제작된 비디오는 보통 편당 8분에서 10분 정도의 분량으로, 이 신예 농부 영화제작자들에게는 여러 농민의 노하우를 소개하고 공유할 수 있는 역량이 생겼다.

일단 농부들이 비디오를 제작하면 디지털 그린과 여기에 동참하는 여러 NGO에서 각각의 영상의 특징과 정확성을 검토한 후 마을을 찾아가 소형 프로젝터로 상영회를 연다.

이 행사들이 진행되는 동안 리킨이 주목한 것이 있다. "처음 우리가 받은 질문들은 '비디오에 나온 농부 이름이 뭐예요?'와 '저 사람은 어느 동네에 사나요?'였습니다. 실제 농업에 관련된 사항들을 얘기하기도 전에 사람들은 영상에 등장한 사람들이 누구인지 알고 싶어 했어요."[39] 이에 영감을 받은 리킨은 농부들을 위한 소셜 네트워크 플랫폼 '파머북Farmerbook'을 만든다.

리킨은 말했다. "파머북에서 사람들 간에 상호작용이 일어나면서,

농부 영화감독들은 누가 비디오에 '좋아요'를 눌렀는지, 사람들이 하는 질문은 무엇인지, 어떤 비디오가 상영됐는지, 그리고 실제 농장에서 적용하게 된 사항은 어떤 것이 있는지 모두 기록하게 되었습니다. 우리는 비디오에 나온 농부가 사는 곳을 구글 맵에 표시해서, 누구든지 원하면 당장 그 마을로 달려가 우리가 함께 작업했던 모든 농부를 만날 수 있도록 했습니다. 이 마을에 이 아주머니를 촬영했다는 정보를 띄우고 일정 시간이 지나 이것이 알려지면 영화에 등장했던 그 아줌마가 어떻게 농사를 짓는지 관심 있는 농부들이 그 마을로 살펴보러 가는 식이지요."[40]

파머북은 이제 20개의 언어로 된 유튜브 영상 2,500편의 라이브러리를 자랑한다. 시청자들은 이 사이트에서 영상을 분류해, 자기 지역에 있는 마을과 그곳 농업의 유형, 그리고 그 마을의 농부들이 키우는 작물에 대한 특정 정보를 찾을 수 있다. 리킨의 팀은 "농부 리더보드 ―주로 골프 경기에서 최고 선수들의 명단과 점수를 적은 판―를 작성해 서로를 비교해 볼 수 있게 했으며, 그 기준을 채택률, 즉 사람들이 시청한 비디오 편수 대비 사례 수용률에 두었다."[41] 한편 파머북은 협력 활동가들의 활동정보를 올려, NGO가 그들의 업무 유효성을 추적할 수 있도록 도왔다.

디지털 그린은 기존의 정부지원 프로그램보다 훨씬 더 성공적이었다. 실제로 정부 프로그램에 매번 들어가는 금액과 비교할 때 디지털 그린이 새로운 농업 사례를 적용하도록 설득해낸 농민 수가 7배 더 많다. 디지털 그린은 '유튜브가 만난 아메리칸 아이돌' 포맷을 차용한 프로젝트를 구상해 이를 가나와 에티오피아에까지 확장했다. 이 프로젝트와 파머북에서 수집한 정보들은 NGO의 비용을 절감해주고 있다. 이 덕분에 관련 NGO들은 자신들이 운영하는 프로젝트의 유효성을 추적해 실행도가 떨어지는 사항과 관련된 정보를 구함으로써 좀더 적절한 변화를 모색할 수 있게 되었다. 디지털 그린에 참여한 사례들이 널리 보급되고 이에 대한 반응 또한 열광적이어서, 오늘날 이곳과 함께하는 농부들은 1,500개 마을을 통틀어 125,000명을 훌쩍 넘겼다.[42]

리킨 간디는 연결지능을 지닌 밀레니얼 세대가 농업과 같은 전통적인 분야에 무엇을 제공할 수 있는지 보여주는 전형적인 사례다. 그는 중차원 기술(비디오, 전화)에서 저차원 기술(활동가 주도 오프라인 모임)의 접속성에 이르는 다양한 연결 기술을 결합해, 농민들의 신기술 사용도를 7배로 끌어올릴 수 있는 시스템을 고안한 것이다. 리킨은 'CHAPTER 03'에 소개된 칸 아카데미에서처럼 비디오 '전환' 개념을 사용하였다. 그리하여 농부들이 무엇을 궁금해하고 어떤 비디오가 상영되고 있으며 또한 농장에서 실제 적용되는 사례는 무엇인지를 지켜보고 기록해, 일의 효과를 개선하고 사례 수용도를 높였다. 여기서 그는 자신의 연결지능과 감성지능을 함께 사용해 농부들이 지닌 문화적, 민족적 차이와 정부 관료들에 대한 불신의 속내를 살폈다. 또한 파머북이라는 생태계의 구성원들이 지닌 연결지능을 활성화해, 사는 마을과 언어를 바탕으로 농부들이 서로 직접 관계할 수 있게 했다. 그뿐만 아니라, 디지털 그린 프로젝트와 파머북에서 수집한 데이터를 공개해 프로젝트에 함께하는 NGO 활동가들이 더 나은 결정을 내릴 수 있도록 이끌기도 했다. 리킨은 아직 젊다. 리킨 간디가 시작한 일이 앞으로 어떤 식으로 보건과 공중위생을 포함한 여러 다양한 쟁점을 폭넓게 개선할 것인지 지켜보는 일이 우리의 마음을 사로잡을 수밖에

없는 이유다.[43]

　연결지능의 진화를 연구하면서, 우리는 어떤 사람이 하나의 목적으로 시작한 일이 종종 전혀 예측하지 못했던 결과로 이어지는 것을 보게 된다.

　루이스 폰 안에게 가장 중요한 것은 자신이 하는 일이 영향을 끼칠 수 있는지였다. 그는 연구와 일의 초점을 '인간의 지력과 컴퓨터를 결합해 혼자서는 누구도 해결할 수 없는 대규모의 문제를 풀어내는, 여러 시스템 간의 상호관계' 속에 둔다고 말한다.[44] 하지만 생각보다 일이 커졌다. 루이스가 크라우드 소싱 분야의 선구자가 된 것이다. 그에게 컴퓨터 한 대로 일하는 한 개인의 지력이 아닌, 늘 하는 단순한 업무를 처리하려고 컴퓨터를 사용하는 수백 수천만의 사람들의 기하급수적인 힘에서 해법의 틀을 구상하는 창조성이 있었기 때문이다.

　미국 카네기멜런대학에 다니던 21세의 대학원생 루이스는 캡차 CAPTCHA 기술개발을 도운 연구원이었다. 캡차는 'Completely Automated Public Turing test to tell Computers and Human Apart—사람과 컴퓨터를 구별하기 위한 자동 테스트'의 약자로, 티켓팅 전문업체 티켓마스터의 웹사이트 같은 곳에서 입력해야 하는 일련의 왜곡된 글자 열을 가리킨다. 사용자는 캡차를 입력함으로써 해당 컴퓨터 프로그램에 자신이 스팸메일 발송 같은 악의적인 작업을 반복적으로 처리하도록 만들어진 프로그램이 아니라 실제 사람임을 증명할 수 있다. 예를 들어 티켓마스터 사이트에서 캡차는 암표상들이 몇 분 만에 수백만 장의 티켓을 구입하는 컴퓨터 프로그램을 개발해 암표를 더 높은 가격에 거래하려는 시도를 차단한다.

　자동가입방지 프로그램 캡차는 꽤 멋진 프로젝트였다. 하지만 루이스에게는 시작에 불과했다. 세계적으로 입력되는 캡차는 하루당 2억 건에 이르렀고 캡차 하나를 입력하는 데 걸리는 시간은 약 10초 정도였다. 루이스는 과학자니까 산수를 해보았다. 10초당 2억 개의 캡차는? 그에게 이러한 계산 결과는 50만 시간이 그냥 날아간다는 것을 의미했다.[45]

　루이스는 곰곰이 따져보았다. 그에게는 한 개인, 팀, 혹은 몇백 명이 모인 작은 그룹일지라도 해결하기에 너무 크거나 몹시 고된 일들이 아주 많아 보였다. 그런 일 가운데 하나를 10초짜리 작업으로 나누어 전 세계 사람들이 함께 일할 순 없을까? 그러자 루이스에게 강력한 답이 떠올랐다. 책을 디지털화하는 것! 실물의 책을 디지털화하는 가장 흔한 방법인 스캐닝이 상당히 비효율적이라는 것은 이미 명백한 사실이다. 책을 스캔하면 해당 페이지의 글자는 하나의 사진이 돼버려서 컴퓨터는 그 모든 글자를 빠르고 정확하게 인식할 수가 없다. 오래된 책일수록 판독은 더 부정확해지고, 50년 이상 된 서적의 경우, 부정확성은 30% 이상 올라간다. 여기서 탄생한 루이스의 차기 벤처가 바로 리캡차ReCAPTCHA다. 리캡차는 컴퓨터가 인식하지 못하는 고서적에서 단어를 취해 캡차로 전환한다. 리캡차가 서적 디지털화에 이용되는 원리는 이렇다. 웹 보안 화면에 두 개의 캡차 단어가 나타난다. 하나는 본래 기능인 자동가입방지용이고 다른 하나는 디지털문서화용이다. 디지털 라이브러리에서 인식하지 못해 제시한 단어에 통계적으로 동일한 글자열이 입력되면 그것은 정확한 것으로 인정된다. 그러면 루이스의 리캡차 시스템은 그 단어를 디지털화에 유효한 것으로 받아들이고, 이렇게 고서적 한 권에서 정확하게 인식되는 단어의 양이 늘어날수록 그 책의 전체 디지털화는 점점 더 완성에 가까워진다.

리캡차는 이제 페이스북과 트위터를 포함한 수많은 사이트에서 사용되고 있으며, 이것은 매일 대략 1억 개의 단어가 식별되고 있음을 의미한다. 다시 말해, 당신이 기여한 10초가 한 해당 250만 권의 서적을 디지털화하는데 보탬이 되어 이후 일반 사람들이 그것들을 무료로 접할 수 있는 귀중한 자료가 되고 있다.[46]

루이스 폰 안의 다음 목표는 웹에 올라와 있는 방대한 지식을 가능한 많은 언어로 번역하는 일이다. 구글 번역기 같은 번역 툴이 있지만 루이스는 그 기술이 썩 좋지는 않은 데다 최소한 5년에서 10년이 지나면 무용지물이 될 거라고 보았다. 최상의 온라인 번역 툴에서도 많은 실수가 일어난다. 루이스는 카네기 멜런 대학에서 열린 테드x 강연회에서 번역 툴의 함정을 드러내는 예로, 한 일본인이 온라인 번역기를 이용해 자바 스크립트에 대한 질문을 일본어에서 영어로 옮기던 일을 이야기했다.

그 일본인이 질문을 입력하자 번역에 분명한 오류가 있다는 것이 금세 드러났습니다. "At often, the goat time install a error is vomit. 자주, 염소 시간 설치 오류는 구토다."

그래서 이 여성은 일본어로 된 다른 질문을 입력해보았습니다. "How many times like the wind, a pole and the dragon? 얼마나 많은 시간을 바람, 막대기 그리고 용처럼?"

또 다른 질문을 넣어보았지요. "This insult to father's stone? 아버지의 돌에 대한 이 모욕?

마지막 번역문이 정말 인상적이더군요. "Please apologize for your stupidity. There are a many thank you. 부디 당신의 어리석음을 용서하세요. 당신에게 깊이 감사드립니다."[47]

전 세계 12억 명의 사람들이 시간을 들여 외국어를 배운다.[48] 루이스는 이 숫자가 고등학교 불어 수업에서 "잘 지내세요?"같은 기본 문장 몇 개로 버티는 학생들보다 훨씬 더 많은 인구를 포함한다는 것을 알고 있었다. 미국만 보아도 5백만 명이 넘는 사람들이 외국어 수업 소프트웨어에 500달러 이상을 들인다.[49] 그래서 루이스는 리캡차를 통해 캡차 개발과 10초라는 인간의 에너지를 디지털화 작업의 힘으로 옮겨내는 방식을 이용해 듀오링고Duolingo를 만들었다. 듀오링고는 무료 온라인 언어 학습 플랫폼으로, 크라우드 소싱 문서 번역 시스템의 역할을 한다. 듀오링고는 이제까지 그 누구도 시도하지 않았던 방식으로 기술, 문화, 언어 그리고 정보 등의 개별 영역을 연결해 결론을 도출해낸 루이스에게서 탄생하였다.

듀오링고가 사용하는 언어교육 기법은 전례 없이 독특하며 성공적인 것으로, 이는 바로 루이스가 자료를 사용하고 분석하는 방식 덕분에 가능했다. 사용자 인터페이스는 재미있게 몰입할 수 있는 게임 형식으로 고안됐지만 교수법 자체는 진정 획기적이다.

루이스는 설명한다. "저희는 듀오링고 제작을 시작할 무렵 여러 다른 언어 교수법 이론을 살펴봤습니다. 그러자 교수법이 식습관 같은 것임을 알게 되었지요. 그래서 그런지 방법이 수천 가지쯤 되더군요. 하지만 충분한 자료가 뒷받침되지 않은 데다 모두 서로 다른 주장을 하고 있었습니다."[50]

그에겐 수백만 명 규모의 협업을 이끌어낸 경험을 통해 더 나은 교수법을 설계할 수 있는 이점이 생겼다. "예를 들어볼까요? 데이터를 보면 많은 사람이 형용사 사용법을 배우는 데 애를 먹고 있다는 것을 알 수 있습니다. 그래서 형용사를 가르치기 전에 부사부터 알려주면 좋겠다는 전제를 두었지요. 이러한 접근 체계를 25,000명의 그룹에서 실험해 동일 규모의 통제 그룹 결과와 비교합니다. 데이터상으로 볼 때 저희 방식이 더 효과적이면 그 시스템을 새 교수법에 포함해 적용합니다."[51]

루이스가 듀오링고에서 하는 모든 일은 다수의 학습자에게서 산출한 자료를 바탕으로 한다. "35~50명의 사람이 모인 수업에서는 이처럼 체계적으로 학습법을 개선할 수가 없습니다. 엄청난 수의 사람들을 한데 모아 엄밀하게 관찰하고, 미세한 차이를 비교해 학습 능력을 개선하고, 그것을 모두 결집해 더 좋은 것을 창조해내는 이런 방식은 정말 인류 역사상 처음 가능해진 일이지요."[52]

언어 교수법은 식습관 같은 것으로 효능은 의문투성이고 주장하는 방법도 천차만별이다. 수백만 명 규모 속에서 언어를 배운다면 데이터를 활용하고 처리함으로써 교수법을 극적으로 개선할 수 있다.

루이스가 태어난 과테말라와 같은 개발도상국에서 성장한 사람들에게 듀오링고는 취미 그 이상의 것으로, 최소자원으로 목적하는 바를 성취할 수 있도록 도와주는 도구다. 루이스는 말한다. "외국어를 배우려는 사람은 세계 어디서나 대개 영어를 배웁니다. 더 좋은 직장을 얻기 위해 도움이 될 거로 생각하니까요." 게다가 이런 사람들은 보통 외국어 수업료를 낼만 한 경비가 충분하지 않다. 그래서 듀오링고를 무료화하면서 지속 가능한 서비스로서 운영할 방법을 찾는 것은 루이스에게 하나의 도전이었다. 이에 대한 해결책은 리캡차를 만들

당시 그가 찾았던 돌파구와 유사한 방식으로 나타났다. 루이스는 리캡차를 고안할 당시 인간임을 입증하는 온라인 작업을 도서 디지털화 작업에 재사용했었다. 듀오링고에서는 사람들이 새로운 언어를 배우며 하는 온라인 작업이 웹사이트 콘텐츠 번역에 재사용된다.

　듀오링고의 가장 큰 특징은 일정한 수준에 도달한 학습자가 연습하는 문장이 번역이 필요한 뉴스 웹사이트에 실제 쓰인다는 것이다. 통계적으로 같은 번역이 나오면 시스템은 그 번역문을 정확한 것으로 인식해 웹사이트에 적용한다. 작업이 대규모로 진행되므로 기본적인 웹사이트 콘텐츠를 번역하는 이 방식은 전문 번역가를 거치는 것만큼 정확하다. 다음 예를 보면 듀오링고 사용자들이 영어로 번역한 독일어 샘플 텍스트의 정확성에 놀랄 것이다.

샘플 텍스트(독일어) : Falls Pakistans Geschichte ein Indikator ist, so könnte Musharrafs Entscheidung, das Kriegsrecht zu verhängen, jener sprichwörtliche Tropfen sein, der das Fass zum Überlaufen bringen.

전문 번역가: (단어당 요율 20센트) : If Pakistan's history is **any** indicator, Musharraf's decision to impose martial law **may prove to be** the proverbial straw that breaks the camel's back.
(파키스탄의 역사가 **어떤** 지표라면, 계엄령 시행에 대한 무샤라프의 결정은 소위 말하는 낙타의 등골을 부러뜨리는 지푸라기임이 **드러날지도 모른다.**)

듀오링고: If Pakistan's history is **an** indicator, Musharraf's decision to impose martial law **could** be the proverbial straw that breaks the camel's back.[53]
(파키스탄의 역사가 **하나의** 지표라면, 계엄령 시행에 대한 무샤라프의 결정은 소위 말하는 낙타의 등골을 부러뜨리는 지푸라기임이 **드러날 수도 있다.**)

　듀오링고의 작업 방식은 리캡차와 같다. 개별적으로 작업하는 사람들에게서 같은 답이 여러 번 나오면 복잡하지 않은 글에 대해 사용 가능한 번역이 산출된다. (이 방식은 시처럼 고도로 복잡하고, 어감을 살려야 하는 주관적인 글을 번역하는 데는 도움이 되지 않는다는 점을 유념하라.) 한편으로 듀오링고의 성공은 흥미로운 동기 부여 요소 덕분에 가능했다. 여기서는 뉴욕타임스, CNN, PBS나 재미있는 콘텐츠와 뉴스를 제공하는 버즈피드 등의 사이트에 있는 실제 콘텐츠를 사용한다.[54] 그러므로 이 같은 콘텐츠는 많은 학습자에게 추세에 뒤떨어진 외국어 학습서에 실린 지어낸 번역 연습보다도 더 매력적이고 시류에 적합하며 의미 있는 것으로 느껴진다.

듀오링고는 등장할 당시 애플에서 '올해의 아이폰 앱'이라 불리며 한 주당 사용자 수가 1천 명까지 늘어난 것으로 보고됐다. 듀오링고 '참가자' 4분의 1은 북미에 살며 이보다 더 많은 35%의 사람들이 라틴 아메리카에 거주한다. 루이스 폰 안에게 그 이익은 복합적인 의미이다. 그는 과학과 공학을 함께 사용해 자신이 열의를 가지고 접근한 몇몇 주요 문제, 즉 외국어 학습, 웹 번역 그리고 언어 장벽 없이 소통할 수 있게 함으로써 사람들이 모이도록 하는 일 등을 해결했다. 또한 언어를 배우는 것에 금전적 비용이 들지 않도록 집중함으로써 지속 가능한 경제적 모델을 찾아냈다.

이처럼 많은 일을 한 까닭에 루이스 폰 안의 나이가 35세라는 것을 떠올리기란 쉽지 않다. 그는 수백만 명의 학습자와 기술을 결합해 이전에 해결할 수 없었던 문제를 다룰 만한 시스템 구축의 잠재성에 신이 나 있다. 이와 같은 결합 방식에는 가능성이 물씬 풍긴다. 어쩌면 보건 분야에도 적용될 수 있지 않을까? 예를 들어 방사선학 분야에서 실현 가능한 프로젝트 중 하나로, 세계 반대편에 있는 환자의 X-레이 사진을 판독하는 인턴과 레지던트가 있을 수 있다. 혹은 그의 기술 결합 모델이 프로그래밍에 사용돼 사람들에게 코드 작성법을 알려주거나 컴퓨터 시스템 보안에 관련된 일에 적용될 수도 있다. 루이스가 바라는 바는 사람들이 자신의 플랫폼과 비즈니스 모델을 살펴보고 다른 많은 분야에 적용할 수 있는 방법을 생각해내는 것이다. 그에게 중요한 것은 "많은 사람이 자신에게 필요한 능력을 무료로 습득하는 것, 그래서 착취나 자선 행위로 귀결되는 현금화 전략을 뛰어넘어 지속 가능한 비즈니스 모델을 창출하는 것"이다.[55]

다름의 힘

CHAPTER 08

연결지능이 지속적인 힘일 수 있는 이유 중 하나는 개인의 독특함을 굳건히 유지하면서도 여러 사람이 함께 모일 수 있게 하는 점 때문이다. 그러한 예를 볼 수 있는 이번 장에서는 별난 것에 열광하고 몰두하는 괴짜들이나 자부심 많은 아웃사이더들의 연결지능 이야기를 만나보자.

퍼렐 윌리엄스는 우리가 흔히 생각하는 전형적인 래퍼가 결코 아니다. 그는 미국 버지니아 주 동남부의 소도시 버지니아 비치에서 자랐다. 그의 어머니는 교사, 아버지는 사환이었다. 학창 시절에 퍼렐은 그렇게 멋진 녀석은 아니었다. 그가 프로듀싱 파트너인 채드 휴고를 만난 것은 7학년 밴드 캠프에서였다. 채드는 테너 색소폰을 연주했고 퍼렐은 키보드와 드럼을 쳤다. 밴드에 열광한 두 친구는 음악 프로듀싱 그룹 넵튠스를 결성했고, 스모키 로빈슨 & 미라클스나 템테이션스 같은 전통적인 모타운 사운드―별칭이 모타운인 디트로이트 시의 흑인 음반회사가 1960~1970년대 유행시킨 강한 비트의 리듬 앤드 블루스―남성 그룹의 현대적 화신이 되기를 꿈꾸었다. 시작할 때부터 퍼렐이 구사하는 카랑카랑한 고음은 그에게 가장 두드러진 음악적 특성으로 자리 잡았다. 퍼렐과 채드가 고등학교를 졸업할 무렵 넵튠스는 최고의 프로듀서 테드 라일리와 계약하게 된다.

연결지능은 개인의 독특함을 굳건히 유지하면서도 여러 사람이 함께 모이는 것을 가능하게 한다.

그런데 이들이 데뷔한 1990년대는 이미 랩이 음악계를 지배하고 있던 시기여서, 넵튠스는 렉스앤이펙트의 〈럼프 쉐이커〉나 넬리의 〈핫 인 히어〉와 같은 노래의 작사와 프로듀싱을 맡으며 이내 성공을 거두었다. 그렇게 2003년 8월까지, 퍼렐과 넵튠스는 영국 대중음악 라디오 채널에서 방송된 전체 음악의 20%, 미국 방송국의 경우 43%에 달하는 음악을 제작하는 놀라운 성과를 보인다.[1] 아마도 퍼렐은 언제나 시대와 유행을 한발 앞서서 음악을 만드는 데 흔치 않은 재능을 지녔을 것이다. 그런 퍼렐이 2006년 첫 번째 솔로 싱글 〈인 마이 마인드〉을 발표하자 음반은 완전히 휴짓조각이 된다. 자신의 작업을 전면에 내세운 첫 앨범의 실패는 끝없는 성공 가도를 달리던 퍼렐에게 치명적일 수밖에 없었고, 왜 하필 자신이 그렇게 밑바닥에 주저앉아야 하는지 삶의 이치를 깨닫는 데는 오랜 시간이 걸렸다. 하지만 그는 스스로 진실하지 못했다는 것을 알게 된다. 퍼렐은 말한다. "제가 세계적 명성을 누리며 대단한 음악을 만드는 제이 Z―힙합계 최고 부자로 통한다—나 퍼프 대디 같은 다른 동료들처럼 되려고 애쓰고 있더군요. 하지만 그 사람들의 목적과 의향은 저와 정말이지 완전히 달랐어요."[2]

퍼렐은 한 걸음 뒤로 물러서서 어떻게 하면 자신의 음악이 더 높은 목적을 위해 쓰일 수 있을까 물었다. "이렇게 수많은 곡을 만들어 쌓아두었구나 싶었지만 대부분은 나 자신의 부와 지위 상승만을 위한 것이었지요. 뿌듯하지 않았어요. 내가 가진 돈이 얼마다 자랑할 수가 없더군요. 제가 가진 그 모든 것이 당당하게 생각되지 않았어요. 물론 감사한 일이었지요. 하지만 그게 무슨 의미죠? 전 대체 뭘 한 걸까요?"[3]

그래서 퍼렐이 한 일은 과거 버지니아 비치에서 놀던 아이, 바로 어릴 적 자신에게 귀를 기울이는 것이었다. 그 시절 그 아이는 학교를 마치면 행진 악대에서 연주하고 주말에는 동네 스케이트장에서 시간을 보냈다. 어릴 적 기억을 떠올리던 퍼렐은 자신이 하드코어 힙합의 세계에서 한 번도 온전한 편안함을 느낀 적이 없다는 것, 제이 Z나 P.디디—퍼프 대디가 새로 내세운 이름— 같은 그 세계의 거인들을 흉내 내려 애쓰는 데 지쳤다는 것을 깨달았다. 그러면서 그는 자신의 부와 시간, 그리고 에너지를 모아 '아이엠아더i am OHTER'라는 종합 멀티미디어 브랜드를 만든다. 그리고 남과 다르다고 느끼는 젊은이들에게 다가가 그들이 독특한 재능을 펼쳐 창의적인 벤처사업을 시작할 수 있도록 돕는 데 몸을 바쳤다. 퍼렐은 아이엠아더의 신조에 대해 이렇게 말한다. "저희는 개인의 고유성이 새로운 재산이라고 믿는 우리만의 차별성을 자랑스럽게 생각합니다. 이 철학은 음악, 영화, 텔레비전, 의류, 기술 그리고 멀티미디어 등 우리가 관장하는 분야 전반에 흐르는 것입니다."⁴ 여기서 퍼렐이 거둔 대중적인 성공 뒤에는 역사를 관통하는 여러 연결지능적 우정과 동반자 관계에 귀 기울이는 친교가 존재한다.

시너지를 일으키는 이 같은 파트너십의 역사적 예를 하나 들어보자. 알베르트 아인슈타인은 가장 친밀한 친구인 미헬레 베쏘를 "유럽 최고의 사운딩 보드sounding board (아이디어·결정 등에 대해 조언을 들을 수 있는 사람)"라 언급했다.⁵ 이들의 친교는 매일 함께 산책하고 바이올린에 대한 애정을 공유하며 과학적인 교류를 통해 맺어진 것으로, 아인슈타인은 이에 힘입어 상대성 이론을 창시할 수 있었다. 아인슈타인이 1922년 교토의 강연에서 회상했던 에피소드를 들어보자.

정말 아름다운 날이었습니다. 저는 [베쏘]를 찾아가 다음과 같은 이야기를 나누기 시작했지요. "최근에 이해하기 힘든 문제가 하나 있는데 말이야. 그래서 오늘 자네한테 왔다네. 이 문제를 두고 자네랑 좀 싸워보려고 말일세." 그 사람과 오래도록 토론을 해본 끝에 갑자기 그 문제를 이해할 수 있게 됐습니다. 그다음 날 다시 그에게 가서 안녕하냐는 말도 없이 곧장 말했지요. "정말 고마워. 그 문제가 완전히 해결됐어."⁶

죠슈아 울프 쉥크는 《둘의 힘Powers of Two》이란 책에서 창조력을 지닌 수많은 2인조의 삶과 성취를 탐색했다. 여기서 쉥크는, 천재가 사회에서 고립된 외로운 존재일 수밖에 없다는 로맨틱한 신화가 진정한 천재성의 본질을 가리면서 동시에, 천재와 사회가 밀접한 연결 고리를 맺으며 혁신을 이루어내는 관계적 특징을 무색하게 만들고 있다고 역설한다.[7] 이어지는 주장에 따르면, '창조를 일궈내는 기본 단위'인 2인조는 여러 사례에서 볼 수 있듯 혁신이 일어나는 패턴에서 발견된다. 이 패턴 속에서 두 사람은 본질적이면서 되풀이되어 발생하는 프랙털fractal 형태를 지닌다.[8] 우리 저자들 역시 이에 동의한다. 두 사람의 창조력은 연결지능을 자연스럽고 강력하게 드러내는 것으로서 대부분 큰일을 이루는 것에 중심을 둔다.

퍼렐은 원래 직업뿐 아니라 음악 산업 전반을 다루는 일에 다시 시동을 건다. 그리고 자신과 비슷한 아이들을 위해 일하며 그들에게 발언권을 주는 일에 집중하기로 마음먹고 가까운 친구 미미 발데즈를 찾아간다. 발데즈는 《바이브Vibe》와 《라티나Latina》의 편집장을 지낸 이로, 오랫동안 발데즈의 조언에 기대왔던 퍼렐은 그녀에게 아이엠아더의 총괄 지휘를 담당할 제작 책임자로 함께 해줄 것을 부탁했다. 사운딩 보드로서뿐 아니라 지독할 정도의 진실함과 혁신적 마인드가 혼합된 그녀 고유의 특성을 자신의 여러 벤처 사업에 들이기 위해서였다. 퍼렐의 요청을 들은 발데즈는 자신의 한계와 이점을 받아들였다. "처음에는 확실치 않았습니다. 이런 일을 한 번도 해본 적이 없었으니까요. 하지만 가만히 살펴보니 전에도 분명 이 같은 일을 해봤더군요. 저는 어떻게 콘텐츠를 만드는지 알고 있었고 이 일에는 그저 좀 다른 방식의 콘텐츠가 필요할 뿐이었습니다. 또 퍼렐은 자신의 비전을 실행에 옮길 때 어떻게 도와주어야 할지 그 누구보다도 잘 알고 있었지요."[9]

퍼렐은 아이엠아더에서 패션과 연예뿐 아니라 기술과 제조 분야 등, 연고를 가진 모든 분야에 진출을 원하는 아이들에게 지원자금과 멘토링을 제공한다. 그는 자신의 음악을 들으며 성장했고 바이오닉

얀Bionic Yarn과 그 밖의 새로운 계획안을 개시하고자 하는 젊은이들의 재능과 독창성에 의지하고 있다. 바이오닉얀은 재활용 페트병으로 옷 감을 만드는 곳으로, 굉장한 성공을 거두고 있으며 키엘, 콜한, 그리고 갭 등의 기업과 파트너십을 맺었다. 퍼렐은 또한 벤처 지원자금을 마련하기 위해 공유경제 대표 투자펀드인 콜라보레이티브 펀드Collaborative Fund를 설립했다. 그는 이 펀드를 이렇게 설명한다. "공유하는 미래를 지지하는 투자에 초점을 맞춘 투자 펀드로, 다음의 두 가지 거시적인 주제에 집중합니다. 저희는 다가오는 미래 비즈니스 혁신의 핵심이 창조적 계급과 협동 경제의 성장에 있다고 믿습니다."[10] 콜라보레이티브 펀드 투자자 중에는 유튜브 공동창업자인 채드 헐리, 오픈 테이블 창업자 척 템플턴, 키바 공동설립자 제시카 재클리, 그리고 자포스의 CEO 토니 세이 등이 있다. 콜라보레이티브 펀드는 새로운 창조적 기업에 투자하면서 동시에 세사미 스트리트와 아동 TV 워크숍의 혁신적 프로젝트 등에도 기금을 지원한다.

퍼렐은 자신의 성공에 고무되어 더 많은 일을 해나갔다. 수공에 자전거를 제작하는 브루클린 머신 웍스를 공동창업하고, 미국 전역의 취약 계층 아동들에게 과학·기술·공학·수학 교육과정을 제공하는 프롬원핸드 투언아더From One Hand to another를 설립하기도 했다.[11]

퍼렐은 이런 일들을 하느라 눈코 뜰 새 없이 바쁘지만, 더할 나위 없이 만족스러운 생활 속에서 정말 무슨 일을 해야 하는지, 하고 싶은 일은 무엇인지 너무나도 충분히 느끼게 되었고 다시 스튜디오로 돌아가 음악을 만든다. 그 결과 탄생한 노래가 〈해피〉다. 이 능청스럽고 기쁨 넘치는 노래는 퍼렐의 음악 경력에서 최고의 히트작이 되어 수백만 장의 앨범이 판매됐고, 24시간짜리 비디오 〈24hoursofhappiness.

com〉 또한 재창조된 뮤직비디오 구성 방식으로써 새로운 활기를 얻었다. 그러자 국제연합기구UN에서 연락이 왔다. 퍼렐과 손잡고 2014년 3월 20일에 '국제 행복의 날'을 추진하고 싶다는 것이었다. 이에 전 세계 사람들이 자기가 직접 노래하며 춤추고, 사랑하는 이를 위해 세레나데를 부르는 모습, 아이들, 가족, 반려동물, 그리고 친구들과 춤추는 모습 등을 담아 비디오로 보내왔다. 자신의 차별성을 인식하고 연계성의 세계를 발견했던 퍼렐에게 사람들이 보내온 영상은 그의 경력의 가치를 급등시키는 것 그 이상이었다. 그의 표현을 빌리자면 여기서 인생의 역작을 발견한 것이다. "저는 저의 길이 어떤 것인지 알지 못했어요. 하지만 무언가 다른 것을 해야 한다는 건 느꼈지요. 내 음악에 목적을 불어넣어야 한다는 것을 깨달았던 겁니다." 퍼렐은 자신을 최대의 실패로 이끈 모든 것에 대해 '그저 배우는 과정이었을 뿐'이라 여긴다. 이제 그는 독창적인 것이든 아니든 어떤 결정에 대해 심사숙고할 때마다 스스로 이렇게 말한다. "네가 하는 모든 일에 끊임없이 목적을 부여할 것. 걱정은 하지 말고 다만 그 일의 목적이 무엇인지 기억할 것."[12]

생산성, 혁신, 직업의 만족도는 사람들이 자신의 진실함과 본질적인 재능을 서로 연결하고 공유함에 따라 상승한다.

'자기은폐Covering'란 사회학자 어빙 고프먼이 고안한 개념으로, 이 용어가 보급된 것은 수십 년 후 뉴욕 대학교 법학 교수 켄지 요시노에 의해서다. 요시노가 제시한 바에 따르면, 자기은폐는 '주류에 맞추기에 탐탁지 않게 여겨지는 정체성을 누그러뜨리는 것'을 뜻한다.[13] 음악 아티스트인 퍼렐은 일단 어떤 것을 발견하면 자신의 진정한 모습에 충실하기가 비교적 수월한 영역에 있는 편이다. 하지만 기업계에서 자신의 원래 모습을 지키는 것은 이보다 훨씬 더 큰 도전을 요구한다. 그저 순수한 자기표현의 문제 그 이상이기 때문이다. 기업에서 일어나는 자기은폐와 관련된 문제는 대부분의 개인이 자신의 진짜 모습을 일터로 가져오기 어렵다고 생각하는 데 있다. 회사에 고용된 사람들 스스로 자신의 모습을 감추어야 한다고 느끼는 문화에서, 기업은 그 회사를 위해 일하는 사람들이 지닌 모든 자질을 온전히 받을 수 없다.

크리스티 스미스는 딜로이트 대학 포용 리더십 센터 국내부 상무이사로, 기업에서의 자기은폐가 결정적인 착오라는 것을 깨닫게 되자 이를 적절히 다루는 법을 찾기로 했다. 자기은폐가 직원들의 성장을 방해하고 조직 발달과 충돌을 일으키는 장애물이라 인식한 그녀는 요시노가 말하는 자기은폐 개념의 여러 측면에 대해 좀 더 연구했다. 요시노는 은폐가 기업 내 문화에서 네 가지 전형적인 방식을 드러낸다고 보았다. 여기에는 외모, 소속, 지지, 그리고 단체를 기반으로 하는 자기은폐 형태가 있다.

크리스티는 요시노에게 연락해 기업 환경에서 일어나는 자기은폐 현상에 대해 함께 연구해볼 것을 제안했다. 그리하여 두 사람은 10가지 다른 직종에 걸친 조직에서 3천 명 이상의 직원을 대상으로 조사를 진행했다. 이 조사에서는 동성애자 및 양성애자 83%, 흑인 79%, 유색인종 여성 67%, 여성 66%, 자신을 라틴계라 칭하는 이들 63%, 그리고 이성애자 백인 남성 45%가 일터에서 진정한 자신의 모습을 감춘다는 결과가 나왔다. 이외에도 그다지 놀라울 것이 없는 사실 하나는 전체 응답자의 53%가 조직 리더들이 직원에게 본래 모습을 감출 것을 바란다고 생각한다는 점이었다. 조사 참여자 대다수는 자기은폐를 하지 않는다면 회사 문화에 적응하지 못할 것이며 결과적으로 출세에 방해가 될 거라 여겼다.

여기서 크리스티는 어떻게 자신이 근무하는 딜로이트의 직원들이 자신의 다름을 인식하고 충분히 누릴 수 있도록 이끌 수 있었을까? 먼저 그녀는 이상적인 '자기노출'의 모델을 만들기 위해 딜로이트 고위급 임원 50명과 함께 프로젝트를 진행했다. '자신의 이야기를 공유하세요Share Your Story'라는 내부 캠페인에서 50명의 리더는 자신의 진정한 모습을 이끌어내는 것에 관해 토론하며 이를 단편 영상 시리즈로 제작했다. 예를 들어 부서장 닐 네버라스와 케빈 워커는 게이 커플인 자신들의 이야기를 공개해 사람들과 나누었다. 두 사람은 자신들이 다른 관점을 지님으로써 동료들과 고객 등 서로 다른 부류의 여러 사람과 좀 더 심도 있는 관계를 맺을 수 있게 되었다는 점을 이야기했다. 딜로이트 주무자인 드보라 드하스는 회계 분야의 선구자인 자신의 어머니가 어떻게 자신이 정상에 오를 수 있도록 영감을 주고 오늘날 자신이 옹호하는 가치를 깨닫게 해주셨는지 털어놓았다. 다른 사람들의 이야기에서도 자신의 질병, 가족, 부채, 야망 그리고 이루고자하는 목적 등 여러 문제를 해결하기 위해 노력하는 개인적인 힘겨움이 드러났다.[14]

사람들은 이 캠페인을 긍정적으로 받아들였다. 조직의 임원들이 자신을 드러내자 직원들 또한 동참하길 원했다. 딜로이트 대학에는 약 65,000명의 직원이 있다. 이 때문에 '자신의 이야기를 공유하세요' 캠페인의 '낙수 효과(대기업이나 고소득층 등 선도 부문의 성과가 늘어나면 연관 산업을 거쳐 후발·낙후 부문에 유입되는 효과–역자)'는 수천 명의 고객에게까지 영향을 미칠 수 있는 것이다.[15] 자신의 이야기를 공유할 수 있는 환경에서 사람들이 서로 연관되어 일하는 것이 당신의 조직을 강하게 만드는 요소의 일부가 된다면 어떨지 상상해 보라. 모두가 느끼는 공감대가 충분히 감지될 것이다.

크리스티 스미스와 켄지 요시노가 함께 발표한 논문 〈소질의 노출Uncovering Talent〉은 사람들이 자신에 대한 진실함과 본질적인 재능을 서로 연결하고 공유함에 따라 생산성, 혁신, 직업의 만족도가 상승하게 된다는 전제를 기초로 한다. 크리스티의 외향적 연결성은 딜로이트에 강력한 아이디어를 끌어들였다. 한 개념을 조직의 중심 안으로 가져와 사람들이 지위, 전문지식, 기능과 역할에 상관없이 깊이 있는 관계를 구축하는 데 도움이 되도록, 서로 다른 많은 내부 그룹에 영향을 준 것이다.

그녀는 딜로이트라는 영역에 머무르는 것에 만족하지 않고, 다른 외부의 조직들 또한 다양성과 포용을 중시하고, 실무에 대해 외양만을 중시하는 가치 기준, 그리고 그로 말미암아 생겨나는 구성원 내면의 진실 사이에 벌어지는 격차를 줄일 수 있기를 원한다. 이를 위해 그녀는 자신의 팀을 동원해 진단 도구를 만들어 외부 조직에 도입시키고자 이 프로젝트를 세상에 소개하고 있다. 크리스티는 시민권 정책을 위해 발전되었던 자기노출 개념을 발견해 비즈니스와 리더십 분야의 자기은폐 개념과 연관시키며 물었다. 직원들의 자기은폐로 말미암아 기업이 치러야 하는 대가는 무엇일까? 모든 직원을 위해 이 문제를 변화시킨다면 어떨까? 그녀에게는 자기노출이 연결지능에 불을 지필 수 있다는 것을 이해할 수 있는 통찰력이 있었다. 이 이야기의 시사점은 우리 또한 스스로 이런 물음을 던질 수 있다는 데 있다. 자신의 진실한 모습을 감추어야 한다고 생각하는 것이 진정으로 나에게 의미하는 바는 무엇일까? 좀 더 깊이 있는 관계를 맺고 그래서 내 모든 소질을 조직 내에서 발휘할 수 있는 방향으로 나의 이야기를 다른 이들과 공유한다면 어떻게 될까?

아헤다 자에티의 가족은 아헤다가 아주 어릴 때 호주로 이민을 했다. 생김새를 보지 않고 아헤다의 말을 듣기만 한다면 호주 여배우 토니 콜렛과 말투가 비슷하다는 생각이 들 것이다. 두 여성은 모두 40대 초반으로, 시드니에서 자랐다는 점도 같다. 어쩌면 같은 학교에 다녔을 수도 있고 길을 가다 영화관이나 쇼핑센터에서 부딪히며 수십 번을 지나쳤을지도 모른다.

아헤다가 호주에 도착했을 당시, 이 나라는 여전히 텐 파운드 폼 Ten Pound Pom이라 불리는 극심한 격통을 겪고 있었다. 텐 파운드 폼은 2차 대전 이후 호주에서 도입한 이민 정책을 가리킨다. 이는 일본의 침입을 두려워하며 희박한 인구 밀도로 고심한 호주 정부가 후진적인 국가 경제 타파를 위해 '인구 증가 없이는 국가가 소멸한다'라는 전제 아래 구상한 시책이다. 호주 입국 비용을 10파운드만 받고 기타 비용은 정부에서 지원하는 이민 장려 프로그램을 마련한 까닭에, 성인은 10파운드만 내면 호주로 들어올 수 있었고 그 아이들은 추가 비용 없이 입국할 수 있었다. 그러나 유색인의 이민을 허용하지 않는 기존의 '백호주의' 정책 때문에 실제 텐 파운드 폼 프로그램은 영국에서 건너오는 사람들만을 선호하는 방식으로 실행되었고, 여타 유럽 출신 백인들의 이민은 거의 제한되다시피 했다. ('폼'은 호주 속어로 영국인을 가리킨다.)

호주 정부가 고의로 주류인 영국 출신 백인 이외의 사람들에게 문을 열어주려 하지 않았으므로, 아헤다가 자라던 당시 호주에서 이슬람 옷을 입은 사람을 보는것은 드문 일이었다. 백호주의 정책은 1978년이 돼서야 완전히 폐지되었고 그 무렵은 아헤다가 초등학교에 다니던 때였다. 하지만 호주 정부가 75년 넘게 옹호했던 백호주의 정책은 호주인의 시민 정신을 정립하는 데 긴 그림자를 드리웠고, 다가오는 또 다른 수십 년을 위해 국민이 사회적 기회와 위계질서의 틀을 잡는 방식에 영향을 끼쳤다.

'버키니burqini'를 창안할 당시 아헤다는 세 아이의 엄마이자 전업주부였다. 아헤다가 성장한 이슬람 가정에서 여성들은 정숙해야 할 뿐 아니라 대개 몸을 많이 움직이지 않는 편이었다. 아헤다와 주변의 친한 엄마들은 이런 이슬람문화의 분위기 때문에 어릴 적 경험하지 못해 아쉬웠던 일들을 떠올리며, 자신의 아이만은 어떤 활동이건 마음껏 누릴 수 있었으면 좋겠다는 마음을 함께 이야기하곤 했다. 어느 날 오후 아헤다는 아이들을 데리고 조카가 네트볼하는 것을 보러 간 적이 있었다. 그녀는 그 날을 이렇게 기억한다. "저는 조카가 경기하는 것을 보고 있었어요. 그런데 그 여자애만 유일하게 부르카를 입었더군요."[16] 아헤다는 조카의 열정적인 활동이 자랑스러운 동시에, 조그만 여자애가 얼굴에 두른 천 아래로, 그야말로 땀을 뻘뻘 흘리고 있다는 사실에 못내 가슴 아팠던 복잡한 감정을 떠올렸다. "조카를 보니 부르카 속 얼굴이 발그레하다 못해 완전히 시뻘게져 있었어요. 그래서 저는 집에 있던 옷감을 꺼내 뭔가 만들어보겠다고 생각하고 스스로 물어봤지요. '내가 축구를 한다면 어떤 옷을 입을까? 네트볼을 한다면?' 그 디자인은 저의 이런 생각들을 뚫고 나온 겁니다. '어떻게 하면 **내가** 편안함을 느낄 수 있을까?'"[17]

아헤다는 활동성을 고려하면서도 자신이 디자인한 옷이 서구적 생활양식에도 적합해야겠다고 생각했다. "과도하게 둘러 단단히 여민 옷이 부르카의 상징이지만 그런 방식은 스포츠 의류임을 생각할 때 전혀 적당하지 않았어요. 서양 문화에도 걸맞았으면 했으니까요."[18]

그렇게 처음 만들어낸 디자인은 아헤다가 '히주드hijood'라 이름 붙인 것으로, 부분적으로 래시가드를 사용한 내의에 10대 여자아이들이 체육복 속에 편하게 입을 수 있도록 모자를 단 것이다. 아헤다는 말했다. "이걸 입으면 여자애들도 물구나무서기나 옆으로 재주넘기 같은 것을 할 수 있어요. 옷감이 그렇게 거추장스럽지 않으니까요. 또 통기성이 정말 좋으므로 땀을 흡수해주는 데다 그밖에 편안하다고 느낄 만한 요소는 모두 들어있지요."[19]

부르카와 비키니의 합성어인 버키니는 히주드를 수영복으로 개조한 것이다. 아헤다는 버키니를 만들기 위해 전 세계의 옷감 샘플을 테스트했다. 이슬람 여성들이 사람들 앞에서 정숙함을 유지하기 위해 가슴 부분에 베일을 더 감싸는 것을 알고 있었기 때문에, 베일의 정숙함과 같은 역할을 충분히 할 수 있도록 이미지 전사 프린트 무늬의 두꺼운 소재를 만들어냈다. 아헤다는 '실제 시각적 디자인에서 생각했던 것보다 훨씬 더 정신노동을 많이 했다'라며 버키니 제작 당시의 기억을 떠올렸다. 저희는 이슬람 여성이 이 옷을 입고 아주 편하다고 느꼈으면 했어요. 버키니를 만든 목적이 건강한 생활방식을 권하기 위한 것이었으니까요."[20]

아헤다는 자신이 만든 초창기 시제품이 '이슬람식 수영복'으로 시장에 나오게 되면서 '버키니'라는 단어를 떠올렸다. 그녀는 자라면서 언제나 '다른 사람'이 되어야 했던 까닭에 버키니와 같은 상품을 원하지는 않았었다. 호주라는 국가의 정체성에 굉장히 큰 부분을 차지하는 야외 생활과 해변 문화에 되도록 충분히 참여하는 동안, 입고 있는 옷의 그 명칭 때문에 이슬람계 호주 여성에 대한 민족적 차별이 금세 두드러지게 될 것이기 때문이었다.

그런데 2005년에 '백호주의'의 유산이 추한 모습을 드러내는 사건이 일어났다. 백인 젊은이들과 레바논계 젊은이들 간의 충돌이 한밤중의 폭력 사태로 번진 것이다. 5천 명 이상의 청년들이 알코올 기운으로 두 집단 사이에 오랫동안 쌓여 있던 불신에 불을 붙이며 해변에 몰려들었고, 경찰은 격렬해진 사태를 막기 위해 안간힘을 썼다.[21] 재산 피해와 구타가 발생하여 피부색과 상관없이 모든 사람이 희생자가 됐다. 후유증이 워낙 심해서 영국, 캐나다 그리고 인도네시아에서는 여행 경고조치를 발표하며 자국민들에게 호주 여행을 가능한 자제해줄 것을 강력히 권고했다.[22]

한 지역의 이슬람 시민은 언론에 이렇게 말했다. "일상적으로 인종주의가 존재한다는 것은 알고 있었지요. 하지만 이 정도일 줄은 정말 몰랐어요. 무슨 말이냐 하면, 우리 모두는 살면서 내내 호주인으로 자라지요. 스포츠 경기를 볼 때면 당연히 호주 편이었고 그게 전부였단 말입니다. 그런데 갑자기 사람들이 '너희 나라로 돌아가시지!'라며 저희를 거부하는 겁니다. 이렇게 욕설을 퍼붓더군요. '고향으로 돌아가라고, 이 중동 레바논 자식아' 뭐 그런 식의 말이었어요. '고향으로 돌아가라'니, 한 대 얻어맞은 것 같았어요. '고향으로 돌아가라.' 알잖아요, 그런 말이 가슴 속에 얼마나 큰 상처가 되는지. 다시는 이 사회의 일원이라 느낄 수가 없게 되는 겁니다."[23]

폭동이 일어난 후 온 나라를 위협하고 분열시킨 다문화주의를 포용하기 위해 수많은 노력이 잇따랐다. 다른 배경을 지닌 종교적 진보주의자들은 '공동의 꿈Common Dreams'이란 조직을 만들어 큰 성공을 거두었다. 또한, 바다는 사면이 바다로 둘러싸인 나라인 호주의 정체성에서 중요한 부분을 차지하는 하나의 상징이기 때문에, 정부에서는 '같은 물결을 타자'라 불리는 호주 서프 인명구조 협회의 프로젝트에 자금을 지원했다. 이 프로그램은 이슬람계 청년들을 해상 구조원 훈련에 참여시켜 호주의 바다 안팎에서 자연스럽게 활동할 수 있도록 돕고자 했다. 젊은 여성 메카 라라는 프로그램에서 자격증을 딴 첫 번째 이슬람계 여성으로, 노랑 바탕에 붉은 글씨가 있는 구조원복 안에 주문 제작한 버키니를 입었다. 이 구조원복 색상은 해양 스포츠를 많이 즐기는 호주 전역의 젊은이들이 안전상 바로 알아볼 수 있는 것으로, 미국에서 프로 농구팀 로스앤젤레스 레이커스나 마이애미 히트의 선수복 색상이 갖는 무게감과 같다고 볼 수 있다. 버키니를 입은 해상 구조원 라라의 모습을 담은 사진은 호주 언론, 그리고 전 세계에 퍼져 나갔다. 그러자 버키니 주문이 쇄도했다. 후에 호주 무역위원회는 폭동으로 얼룩졌던 호주의 국제적 평판을 문화적 통합으로써 회복하는 데 라라와 그녀의 버키니를 디자인한 아헤다의 공이 컸음을 인정하곤 했다. 2011년에 호주의 웹스터 사전에 해당하는 맥코리 사전은 '버키니'를 '올해의 맥코리 단어'로 선정했다.

오늘날 버키니의 영향력은 이슬람계 호주 여성들의 활동적인 생활 추구를 돕는 의상을 제작하겠다던 아헤다의 목표를 훨씬 뛰어넘고 있다. 실제로 버키니 구매 여성의 30%는 종교적 정숙성 때문이 아니라 건강과 관련된 이유로 버키니를 산다.[24] 암이나 다른 치명적인 병으로 신체가 손상된 이후에도 수영을 즐기고 싶은 여성들이 버키니를 입는다. 또한 자유롭게 활동하고 싶지만 굳이 몸을 드러내고 싶어 하지 않는, 다양한 신체 유형을 지닌 여성들도 버키니를 찾는다. 그래서 이제 아헤다는 탈착 가능한 후드가 달린 새로운 버전의 버키니도 만들고 있다.

아헤다의 버키니는 프란스 요한슨이 《메디치 효과》에서 전혀 다른 역량의 융합으로 생겨나는 창조와 혁신의 빅뱅 현상이라 명명한 '메디치 효과'를 보여준다. 여성들은 각자 다른 어려움을 겪지만 본질적인 해결법은 다르지 않다. 그들이 자신이 처한 상황에도 불구하고 원하는 활동을 하고자 할 때 오늘날 연계된 세계 속에서 서로를 발견하고 이해하며 행동할 수 있기 때문이다.

팻 미첼은 언제나 '커넥터'로 이름이 알려져 왔다. 미국 공영방송 PBS에서 최고경영자를 지내고 현재 팰리미디어센터장을 맡은 팻은 기자, 뉴스 앵커, 토크쇼 사회자, 백악관 통신원 및 특파원, 프로듀서와 기업의 중역 등을 지내며 언론계에서 명성을 쌓았다. 그녀가 제작한 다큐멘터리와 특집 프로그램은 에미상 37회와 피버디상 5회에 이르는 수상을 했고 아카데미상 후보에도 두 번 올랐었다.

팻이 일하는 방식은 바로 관계를 통한 것이다. 다시 말해, 그녀가 어떤 사람을 알고 있는가 하는 점이 그녀의 지식이나 경험에 커다란 영향을 끼치며 그녀 자신을 변화시키게 된다. "저의 삶을 세 부분으로 나눈다면, 그중 첫 시기에는 제 위치에서 관계를 형성하는 일이 대단히 중요했습니다. 큰 꿈을 꾸는 여자아이였지만, 남부의 외딴 시골에서 돈도 없고, 영향을 주는 사람도, 아는 사람도 없이 살아야 했으니까요. 두 번째 시기에는 기자와 언론인으로서의 삶을 살았습니다. 기자는 아는 사람이 많을수록 유리하지요. 저는 젊은 시절 기자로 일하며 인맥에 대한 모든 것을 아주 빨리 익혔어요. 어떻게 이야깃거리를 찾고 그 이야기를 소화해서 대중과 소통할 것인가를 배운 거지요. 이 일은 아는 사람이 누가 있는가, 인맥이 얼마나 좋은가에서 시작됩니다. 그래서 계속 연락을 취하는 법, 관계를 쌓아 튼튼하게 만드는 법을 터득해야 합니다."

이제 팻은 직업과 관련해 그래 왔듯 삶의 관점에서 인간관계를 바라보며 더 많은 생각을 한다. "제게 관계라는 것은 어떤 사람을 알고 싶고 누구와 친구가 되고 싶고 함께 시간을 보낼지에 대한 것보다 훨씬 더 많은 것을 뜻합니다. 누가 삶의 의미를 향상할 수 있을지, 사람들을 알게 되는 즐거움과 그들을 통해 함께 나누는 힘이 어떤 것인지에 대한 경험을 의미하니까요."[26]

몇 번의 테드TED 콘퍼런스에 참여한 이후, 팻은 자신의 남편과 함께 친구 재클린 노보그라츠 부부와 저녁 식사를 한 적이 있었다. 재클린은 어큐먼 설립자이며 그녀의 남편 크리스 앤더슨은 테드의 기획자 겸 대표다. 대화가 테드 운영에 대한 내막으로 이어지던 중에 강연자 선정 이야기가 주를 이루게 된다. 팻은 대화 중에 테드 여성 강연자가 남성보다 더 적다는 것을 알아채고 이를 언급했다. 그리고 테드에서도 훌륭한 여성강연자를 찾고자 때때로 초대의 폭을 넓혔는데, 여성들이 일정 탓을 하거나 연기를 하는 등 갖은 이유를 들어 참석을 취소하는 경우가 남성 동료들에 비해 잦았다는 사실을 알게 됐다. 팻은 다른 여성들의 회의를 기획하면서 이런 점을 익히 들어 알고 있었다.[27]

이 이야기는 팻을 심란하게 했다. 언론계에서 두드러진 경력을 쌓는 동안 발견한 한 가지 진실이 있다면 그것은 테드의 신조이기도 한, 공유할 가치가 있는 아이디어를 지닌 재능 있는 여성들이 부족하지 않다는 것이었다. 그녀는 테드 팀에게 기꺼이 제안했다. 여성강연자를 초대하면 자신이 직접 후속 조치를 해 테드 기획팀에게 상황을 알려주겠다는 것이었다. 팻은 소규모의 테드 여성 팀장 그룹과 함께 아이디어 하나를 진행하며 면밀히 살펴보았다. 그리고 뉴욕 소재 미디어 연구기관 팔리센터와 공동 후원하여, 여성에게 초점을 두고 여성에 관한 이야기를 널리 알리는 테드 콘퍼런스를 마련한다. 이 프로젝트가 진행되는 동안 테드 내부의 여성들과 동반자 관계를 형성하는 것은 매우 중요한 일이었다. 특히 테드 미디어부장 준 코헨, 국제 파트너십 책임자 론다 카네기 그리고 테드x 코디네이터인 라라 슈타인 등이 여기에 속했다. 이들은 팻의 아이디어에 대한 지지자가 되어 테드 우먼 팀을 꾸렸으며, 이들에 의해 테드우먼의 첫 콘퍼런스가 2010년에 워싱턴에서 열린다.

팻 비첼은 비전을 가지고 테드 내부 여성들과의 전적인 동반자 관계를 바탕으로 새로운 테드 공동체를 구축하고자 했다. 이러한 그녀의 따뜻하고 투명한 감각으로, 테드우먼에서는 뛰어난 빛의 축제가 열릴 수 있었다. 힐러리 클린턴, 매들린 올브라이트 그리고 미국 민주당 하원 원내대표 낸시 펠로시를 포함, 67명 이상의 여성 강연자와 19명의 남성 강연자가 함께한 것이다.

테드우먼은 팻이 오랫동안 연마해온 연결지능과 협업 팀워크에서 빚어진 결과물이다. 그녀는 사람들과 맺고 있는 방대한 네트워크를 어떻게 활용할지 알고 있었다. 또한 수십 년 넘게 감성지능을 발달시켜 자신의 네트워크를 의미로 가득 채웠다. 테드 콘퍼런스 모델은 이미 기술 분야의 초석을 마련했고, 막대한 디지털 모드를 사용해 사람들과 영향력 있는 아이디어 그리고 역사적 지식을 예측 불가능한 방식으로 한데 모으고 있다.

첫 테드우먼 콘퍼런스가 열리자 수백 개의 테드x우먼 모임이 생겨났고 이 중 몇몇은 사우디아라비아와 몽골 같이 미국에서 멀리 떨어진 나라에서도 열렸다. 이 모임에서는 테드x를 조직한 사람들이 함께하는 세계적 규모의 좌담을 열고, 테드우먼 강연회를 실시간으로 방송하며, 각자의 공동체에서 저명한 여성들(그리고 남성들)의 강연회를 주최하고 기획하는 등의 일이 이루어졌다. 팻 미첼의 네트워크에는 더 많은 사람이 추가됐다. 테드x우먼 행사와 가상 모임을 조직하는 사람들의 세계적 공동체에는 대학 캠퍼스와 기업, 지역 단체까지 포함돼 있다. 미국에서 테드우먼과 테드x우먼의 성공이 가져온 영향 그리고 이곳의 여러 콘퍼런스가 끌어들인 새로운 공동체들은 테드와 테드글로벌TEDGlobal(국제적 지향성을 더 강조하는 테드의 자매 콘퍼런스)에 더 많은 여성이 참여하고 강연을 하도록 자극하고 있다.

연결지능을 통해 의미와 가치가 담긴 일을 이루게 되면 파급 효과 또한 함께 나타난다. 과정 중에 목적이 성취될 뿐 아니라 그 밖의 많은 일 또한 이뤄질 수 있다. 여기에는 시작할 때 전혀 상상하지 못했던 일들도 포함된다.

새로운 토론회를 조직하고 새로운 의사소통 경로를 열어 많은 사람과 관계하고 그 관계망을 확장함으로써, 팻과 테드우먼 내부팀은 테드 청중들에게 공유할 가치가 있는 생각을 지닌 여성들을 더 많이 소개하리라는 본래의 목적을 성취했다. 테드우먼이 이 같은 성공을 이뤘다는 사실은 그 자체로 의미를 지니는 강력한 사례가 될 것이다.

한 가지 기억해야 할 것은 연결지능에는 유동적인 특성이 있어서 여러 다른 상황에 적용할 수 있다는 점이다. 여러분이 이 책에서 반복적으로 보게 되는 연결지능의 이러한 특성은 팻의 사례에도 반영되어 있다. 연결지능을 통해 의미와 가치가 담긴 일을 이루게 되면 파급효과 또한 함께 나타난다. 과정 중에 목적이 성취될 뿐 아니라 그 밖의 많은 일 또한 이뤄질 수 있다. 여기에는 시작할 때 전혀 상상하지 못했던 일들도 포함된다.

디지털 미디어 분야에는 급속한 성장, 혹은 '스케일링scaling (화소변환)'에 대한 말들이 계속 이어지고 있다. 팻 미첼의 아이디어가 고려했던 틀에서도 화소가 변환되며 생각지 못했던 새로운 장면들이 나타났다. 팻은 이와 관련해 다음과 같은 이야기를 전했다. "테드우먼에서 많은 관계가 생겨나고 있습니다. 강연자와 참석자들의 삶을 변화시키는 경우도 종종 있어요. 여성 인권 침해가 극에 달한 아프가니스탄의 수도 카불에서 이 나라의 젊은 여성이 대담하게 여학교를 운영하고 있다는 사실을 알게 되자 미국과 유럽에서 수십 명의 자원자가 교사와 멘토를 자처했지요. 테드우먼에서 이 여성의 강연을 들었던 사람들이에요. 테드우먼은 페이스북 최고 운영 책임자 셰릴 샌드버그가 그 영향력에 '기대어' 강연하여 세계적인 베스트셀러와 운동을 탄생시킨 공간입니다. 이곳에서 한 부부가 자신들의 새로운 인터넷 사업 뒤에 숨겨진 개인적인 이야기를 다른 이들과 나누게 되자, 테드.com에서 생중계된 이들의 이야기가 책으로 나오게 되기도 했지요. 테드에서는 매번 중요한 관계들이 숱하게 생겨납니다. 다른 이들의 생각을 듣고 나누며 맺어진 관계와 함께하는 것은 사람들의 경험에서 주요한 요소가 되지요."[28]

테드x우먼은 사람들이 인종과 경제적 지위, 국적과 지역을 넘어 서로 선택적으로 관계할 수 있는 장소를 제공한다. 결정은 참여하는 이들의 몫이다.

생명을 위협하는 질병을 앓아본 적이 있거나 그런 사람을 사랑했던 사람이라면 병이 사람을 전혀 다른 세계로 밀어 넣는다는 것을 알 것이다. 그 세계에서 당신은 인종이나 경제적 지위, 국적 등과 상관없이 바로 '타자'가 된다. 수전 손택의 글에서 이 점을 강하게 느낄 수 있다.

> "질병은 삶 가운데 밤에 속하는 부분이다. 그곳에서 적절한 소속감을 느끼는 것은 훨씬 더 힘겨운 일이다. 하지만 이는 건강이라는 나라와 아픔이라는 나라 두 곳 모두에서 태어나 그 두 나라의 국적이 있는 사람이라면 누구나 겪는 일이다. 우리 모두 건강의 나라로 들어가는 여권을 사용하길 더 원하지만, 누구든 머지않아, 어쩔 수 없이 잠시라도, 아픔의 나라의 국민임을 증명해야 할 때가 있다."[29]

《잘못은 우리별에 있어》에서 치명적인 암에 걸린 한 10대 소녀는 자신보다 덜 치명적인 암을 앓는 한 소년과 사랑에 빠지지 않으려고 애를 쓴다. 소년이 자신의 죽음에 상처받지 않길 바라기 때문이다. 이런 이야기는 청소년용 소설에서 흔하게 볼 수 있는 줄거리가 결코 아니어서, 저자 존 그린은 출판 전에 모든 선주문 도서에 서명을 하겠다고 말했다. 하지만 15만 권에 서명을 해야 하리라고는, 혹은 《타임》지에서 그의 소설을 그해 최소의 청소년 소설이라 부르리라고는 전혀 생각하지 못했을 것이다. 어쩌면 **진짜 잘못**은 백만 권의 책이 팔려 영화화가 된 것에 있을지도 모르겠다.

존 그린은 이제 청소년 소설계에서 마법과도 같은 영향력을 끼치는 이름이 되었다. 하지만 그는 이미 오랫동안 온라인과 수백만 명의 10대 독자 모임에서 매우 큰 영향력을 끼치는 인물로 존재했다. 2007년 존과 그의 동생이자 환경/기술 블로그 에코긱EcoGeek 설립자인 행크 그린은 1년 동안 서로 말을 하지 않기로 한다. 대신 매주 유튜브에 올리는 비디오 블로그를 통해 소통하기로 하고 이 프로젝트를 '브라더후드 2.0Brotherhood 2.0'라 불렀다. 애초에 그린 형제의 바람은 그다지 대단한 것이 아니었다. "우리가 비디오를 만들기 시작했을 때 원했던 것은 이 프로젝트에 함께 하고 싶은 뷰어들과 작지만 활동적인 공동체를 만드는 것이었어요."[30] 이들의 작지만 활동적인 공동체에는 10,000명의 참여자가 생겼다.

이 참여자 중 많은 이들은 자신을 '네르드파이터Nerdfighter'라 불렀다. 존은 이들을 '다른 사람보다 더 많이 마음을 쓰는 사람들'이라 말한다. '네르드파이터'에 대한 온라인 속어사전의 정의는 더 시적이어서, '세포와 조직, 물질로 구성되는 대신 대단한 멋Awesome 그 자체로 이루어진 사람들'이라는 표현이 올라와 있다.[31] 정의가 어떻건, 이 세상에서 '멋진 일은 늘리고 형편없는 일은 줄인다'라는 이들의 첫 번째 사명은 직설적이면서도 감동적인 힘이 있다. 두 번째 임무는 더욱 직설적인데, 평범하게 그 시기를 보내지 못하는 아이들을 위해 공동체를 만드는 것이다.

브라더후드 2.0은 네르드파이터로 변모했다. 그리고 그린 형제는 비디오 블로깅을 계속했다. 이곳의 공동체에는 게이 혹은 트랜스젠더인 아이들, 병을 앓고 있는 10대, 집단따돌림 피해자 그리고 똑똑하고 예민한, 있는 그대로의 모습을 지닌 10대들이 모여들어 그 회원 수가 백만 명을 넘겼다. (회원이 되는 것은 어렵지 않다. '네르드파이터가 되고 싶다면 당신은 네르드파이터다.')[32] 존 그린은 말한다. "우리는 정말이지 네르드파이터가 주류 문화 현상에 속하지 않았으면 합니다. 저는 '특이한 메시지를 전합니다, 하나의 상표입니다, 특정 기관으로서 목소리를 내겠습니다' 같은 의도를 요구하는 주류 문화 현상이 염려스럽습니다. 우리는 그런 일들에 전혀 흥미가 없어요. 다만 좋아하는 사람들과 멋진 일을 하고 싶을 뿐입니다."[33]

'멋진 일'은 2008년 네르드파이터가 시작한 키바 대출팀 같은 프로젝트를 의미한다. 6년 후 키바의 네르드파이터 그룹은 키바 사이트에서 대출금액 8위에 올랐는데 이는 44,000명의 키바 네르드파이터 회원들이 360만 달러 규모의 소액융자금을 모은 결과다. 네르드파이터는 월드비전, 세이브더칠드런, 언컬터드 프로젝트 등에도 기부하며, 한 해에 한번씩 '멋진 세상을 위한 프로젝트Project for Awesome'를 마련해 수백 개의 자선 단체를 돕고 있다. '세상의 형편없는 일을 줄여요'나 'DFTBADon't Forget To Be Awesome('멋진 사람이 되는 것을 잊지 마세요'의 약자)' 등의 네르드파이터 문구가 실제 많은 상품에 찍혀있는 것을 볼 수 있다. 케이트 스페이드의 지갑, 얼반 아웃피터스의 깔개, 하비로비의 포스터, 델리아스의 티셔츠 등이 그 예에 속한다. 존 그린이 이 문구들에 상표를 등록했다면 아마 수백만 달러는 모을 수 있었을 것이다. 하지만 그는 자신의 지적 재산권이 침해당하고 있는 것을 알고 있는데도 상표등록을 하지 않는다. 존에게 있어 네르드파이터는 애초부터 다양한 가치와 생각의 공유로 정의되는 하나의 공동체일 뿐이니까.

존 그린은 별난 것에 열광하고 몰두하는 괴짜나 자부심 많은 아웃사이더를 포함해 수백만 명 이상의 후원자들을 아우르는 공감의 놀이터를 창조했다.

암 투병 중이던 네르드파이터 에스더 얼은 존 그린이 《잘못은 우리별에 있어》를 쓸 때 영감을 받은 인물로, 이 소설이 출간되기 전에 세상을 떠났다. 하지만 에스더는 잊히지 않았고 존은 이 책을 그녀에게 헌정했다. 그리고 한 비디오 블로그에서 존은 새로운 문구 '멋지게 잠들라Rest in awesome'를 내놓았다.[34] 이 말을 보는 네르드파이터라면 존이 얼마나 네르드파이터의 신조를 따라 살아왔는지 충분히 파악할 수 있을 것이다. 그 신조는 바로 이것이다. "당신을 지지하는 네르드파이터 친구 모두가 언제나 당신 곁에 있음을 기억하라"[35] 그곳이 사후 세계일지라도 언제나 영원히.

존 그린은 연결지능을 발휘해 젊은이들이 실제로 느끼는 것을 드러낼 수 있는 공감의 놀이터를 창조했다. 이들이 존이 만든 놀이터에 한데 모일 수 있었던 것은 서로 관계할 수 있는 여러 수단에 접속할 수 있었기 때문이며 이를 통해 수많은 네르드파이터가 생겨났다. 오늘날 이곳은 별난 것에 열광하고 몰두하는 괴짜나 자부심 많은 아웃사이더들을 아우르는 수백만 명 이상의 후원자들이 함께할 수 있는 안식처다.

무엇이 가능할지
새롭게 상상하며

CHAPTER 09

가치 있는 일을 이루는 연결지능의 놀라운 힘은 희귀병으로 고통받는 사람들의 가망 없는 세계에서도 발견할 수 있다. 1962년 미시간주에 사는 작은 여자아이 지니는 4살 때 메이오 클리닉에서 '진행성 골화성 섬유이형성증FOP' 진단을 받았다. 의료계는 이 질환을 일명 '고아병orphan disease', 즉 제약회사가 약의 생산을 꺼려, 있을지도 모르는 치료 약이 개발되지 않아 방치된 희귀병으로 분류한다. FOP로 인해 지니 몸속의 줄기세포에서는 완전히 새로운 뼈가 자란다. 이 새로운 뼈가 원래 있던 뼈에 계속 붙기 때문에 결국 움직이는 것 자체가 불가능해진다.[1] 타박상을 입었던 작은 소녀의 뼈가 점점 돌출되면서 실제로 지니의 몸속에 해골 하나가 더 자라는 셈이 되었다. 언젠가는 아이의 몸이 뼈로 된 우리에 갇히면서 생명을 잃게 될 것이다. 의사들은 지니가 고등학교를 졸업할 때까지 살 수 있을지 확신할 수 없어,

지니 부모님에게 딸을 데려가 살아있는 동안만이라도 사랑으로 보살 피며 집에서 함께 즐거운 시간을 보낼 것을 권했다.[2]

그러나 지니 피퍼는 50년도 더 넘는 세월 동안 어렸을 때 들었던 예상 소견을 모두 무시하며 살아왔다. 의사들의 말대로 병이 진행되지 않아서가 아니었다. 지니는 운전을 할 수 있었지만 16살이 되자 할 수 없게 됐다. 혼자 옷을 입을 수도 있었지만 이제는 그럴 수 없게 됐다. 지금은 휠체어에 갇혀 아주 제한적으로만 움직일 수 있다. 그녀의 고통을 덜어주거나 증상의 발현을 늦출 수 있는 약은 이제까지 하나도 개발되지 않았다. 그렇지만 지니는 오랫동안 자신만의 전략으로 활동적인 생활을 유지해오며 혼자 힘으로 FOP 사례서를 고쳐 쓰고 있을 뿐 아니라, 일생의 모든 일을 FOP에 집중하고 있는 환자와 의사, 연구자들의 네트워크를 구축함으로써, 이 질환이 더는 고아병이 아님을 분명히 보여주고 있다.

지니가 20대 초기에 갑자기 쓰러지면서 24시간 보호가 필요해지자, 당시 은퇴 후 플로리다에 살고 있던 지니의 부모는 미시간에 있던 딸에게 플로리다로 옮겨올 것을 재촉했다. 그곳에서 지니는 센트럴플로리다대학교에 진학했고 사회복지학 학위를 취득해 요양소와 재활센터에서 성공적으로 인턴십을 완수했다. 지니의 대학 졸업은 FOP라는 질환이 안겨주는 많은 도전과제를 해결해나가야 하는 한 개인에게 매우 특별한 의미가 있는 성취다. 그런데 지니는 졸업한지 불과 몇 주 후에 또 넘어져 타박상을 얻게 되었고 그녀의 몸속에는 새로운 뼈가 더 많이 자라게 되었다. 지니의 움직임은 훨씬 더 많이 제한되었다. 그녀는 옷도 혼자 제대로 입을 수 없다면 사회복지사 일자리를 얻겠다는 자신의 꿈이 물거품이 될 거라는 것을 깨달았다.[3]

지니 피퍼는 환자와 의사, 연구자들의 네트워크를 구축하고자 연결지능을 발휘함으로써 자신이 앓고 있는 희귀병에 대한 연구와 치료법을 완전히 변모시켰다.

고립감과 분노, 외로움을 느끼며 한없는 우울감에 빠져있던 지니는 일어나 다시 길을 찾기 시작했다. 어릴 적 미시간에서 보았던 의사들은 조언을 구하는 지니를 미 국립보건원의 마이클 자슬로프라는 의사에게 보낸다. 이때가 FOP에서 일대 변혁의 불꽃이 일어나는 순간이었다. 지니가 만나왔던 대부분의 의사와는 달리, 자슬로프는 의학계에서 외과 인턴으로 초기 경력을 쌓을 무렵 FOP에 대한 다른 사례를 본 적이 있었다. 그는 다른 의사들에게 FOP 치료에 대한 답을 구했지만 모두 병의 원인이 무엇인지, 어떻게 치료해야 할지 전혀 알 수가 없다고 솔직하게 말했다. 그래서 자슬로프는 지니를 만나기 거의 10년 전부터 이 병을 조사하기 시작했다. 그 과정에서 FOP에 대한 기록이 이미 1736년부터 있었다는 것, 그리고 이 병을 다룬 연구 논문은 20세기를 통틀어 단 두 편에 불과하다는 것을 알게 됐다. 자슬로프는 처음 FOP 환자를 보았을 때와 지니와의 만남 사이에 흘렀던 10년이라는 시간 동안 18명의 환자를 더 찾아내어 진찰했다. 관계된 사람이 그리 많아 보이지는 않겠지만 이것이 바로 연결지능이다. 때때로 큰일을 이루는 데 숫자는 그렇게 어마어마할 필요가 없기도 하다. 오랜 시간 동안 들여온 작지만 집중된 노력이 세상을 뜻깊게 변화시킬 수 있기 때문이다. FOP 환자 18명을 돌보던 자슬로프는 이 희귀병의 주도적인 권위자 중 한 사람으로 조용히 입지를 다졌다.

지니는 우선 자슬로프가 건넨 FOP 환자 목록에 있는 모든 사람에게 편지와 질문서를 보냈다. 자슬로프가 환자들을 만나던 세월 동안 세상을 떠난 사람들도 있었지만 생존해 있는 11명 모두가 지니에게 답장을 보내주었다. 지니는 몸을 거의 움직일 수 없었음에도, 이듬해 생존자 중 몇 명을 개인적으로 찾아가 직접 만난다. 그 여정에서 동료 환우들 이외에도 남녀노소 할 것 없이 더 많은 사람을 만나게 된 지니는 이 사람들을 FOP에 대항할 군대의 기반으로 보았다. 그녀는 이들을 개인적으로 만나 친분을 쌓으면서 자신이 그들의 대표자가 되어도 괜찮을지를 분명히 했다.[4] 그러면서 지니는 소식지 'FOP 커넥션'을 만들어 1년에 네 번 발송하기 시작한다. 그리고 다른 11명의 환자와 함께 조직을 만들었다. 바로 지니가 당차게 '국제 FOP 협회www.IPOPA.org'라 부르는 곳이다. 여기서 사람들은 FOP의 모든 징후를 알아볼 수 있도록 자료를 축적하며 의사들에게 도움을 청하고 있다.[5]

　지니가 시작한 이런 일들로 의료계에서 방치된 희귀병을 구제하기 위해 엄청난 현금을 들일 필요는 없다는 것이 증명되고 있다. 지니와 관계를 맺은 한 가족은 골프 대회에서 30만 달러의 기금을 모았다. 또 다른 가족들도 기금 마련을 위해 바비큐 파티를 곁들인 빙고 나이트(빙고 게임을 하며 상품도 받을 수 있는, 밤에 열리는 파티), 얼음낚시 대회나 수영 마라톤 행사 등을 열었다. 2012년이 되자 IFOPA에는 50만 달러 이상의 기금을 모인다. 당뇨병 연구에 책정된 미 국립보건원의 한 해 예산 10억 달러에 비하면 레모네이드 가판대 판매수익 정도에 불과하지만, 희망 없는 일을 기적으로 변모시키기에는 충분한 것이었다. 여타의 기부금과 대학 지원금 등으로 지니는 FOP을 연구, 치료, 간호, 방지하는 방법의 쇄신을 유일한 사명으로 삼은 한 명의 의사와 한 명의 유전학자가 이끄는 작은 팀을 꾸릴 수 있게 된 것이다.[6]

지니는 이 팀의 사명을 대표하면서, 자신의 인생을 규정하고 오랫동안 괴롭혀온 병에 대한 획기적인 연구뿐 아니라 우리 모두에게도 영향을 끼칠 수 있는 훨씬 더 큰 논의에서도 하나의 중심이 되었다. FOP 환자들에게는 몸속에서 새롭게 자라는 모든 뼈 하나하나가 아무 죄 없이 받아야 하는 형벌이다. 이 증상은 건강 전반에 도미노 효과를 일으키기 때문에 최소한, 계속 혹과 멍 자국이 생기면서 뻣뻣하게 화석화되는 몸을 안고 살아야 한다. 하지만 지니팀의 의사들과 연구자들이 알아낸 바에 따르면 건강한 뼈가 새로 자라는 현상은 사실 놀라운 일이기도 하다. 이 때문에 FOP에 대해 지니팀에서 발견한 바를 주류 의학계에서 적용하는 사례가 많아졌다. 여기에는 골절이 생긴 후 골격을 바로잡는 것에서부터 50세 이상 여성의 61%와 남성의 38% 이상에게 영향을 미치는 골밀도 저하를 방지하는 법에 이르기까지, FOP 연구의 도움을 받는 예가 생겨나고 있다.[7]

지니가 시작한 일은 그녀의 수명에 그리 많은 영향을 미치지 않을 수도 있다. 하지만 그녀가 사심 없이 지칠 줄 모르는 의지로 단편적 사실을 연결해 자신만의 결론을 끌어냈기 때문에, FOP와 함께 살아가는 젊은 세대는 삶의 질을 향상할 수 있게 되었다. 의사들은 이제 이 병을 진단받는 4살짜리 여자아이의 부모에게 "아이가 오래 살지 못할 테니 가능한 한 많이 사랑해주시라"는 말을 더 이상 하지 않는다. 그 대신 어떤 위험이 있는지 알려주고 병을 가속할 수 있는 수술이나 외과적 처치에 대해 주의를 시키며 지니 피퍼와 그녀의 기적적인 팀 사람들에게 연락해 볼 것을 권한다. 그 병은 **분명** 희귀병이지만 당신은 결코 혼자가 아니라는 말과 함께.

희귀병을 안고 살아가는 많은 환자는 병의 정체를 알기 위해 오랫동안 이 의사에서 저 의사로 옮겨 다니며, 예전에 노래에 대한 지식을 겨루던 게임 형식의 TV 프로그램 〈노래를 맞춰라Name That Tune〉의 의학 버전 쇼를 치러야 한다. 오진이 흔한 것은 의사들이 정보가 없거나 연구를 안 하기 때문이 아니라, 어떤 의사 한 명이 7천 가지에 이르는 희귀병을 계속 파악하는 것이 불가능하기 때문이기도 하다. 게다가 매년 수백 가지의 새로운 희귀병이 발견되고 있는 까닭에 연구 자체가 더 어려워지고 있다.

'크라우드메드CrowdMed'는 온라인 의료 크라우드 소싱 플랫폼으로, 사람들은 이곳에 병의 증상, 병력, 가족력 등의 정보와 다른 관련 자료들을 제시하며 여러 의학적 사례를 올린다. 그러면 '의료 탐정' 집단이 진단을 제시하며 가장 가능성 있다고 생각하는 결론에 배팅을 한다. 크라우드메드가 알게 된 바에 따르면 이곳의 '의료 탐정' 대다수는 의료계에서 활동하는 사람들이지만, 의료계 밖에 있는 사람들 또한 참여하고 있었다. 크라우드메드는 마켓 알고리즘—논리프로그램—을 사용하여, 집단에서 정보를 수집하고 자료를 추출해 각 환자에 대해 가능성 있는 진단 목록을 제시한다.

크라우드메드는 자레드 헤이맨이 고안한 것으로, 그는 무슨 병인지 진단할 수 없어 목숨을 잃을뻔 했던 여동생을 지켜본 경험이 있었다. 자레드의 동생 칼리 헤이맨은 한때 똑똑하고 열정적인 대학 새내기였다. 그런데 18살이 되던 무렵 그녀는 갱년기 여성에게서나 볼 법한 일과성 열감 비슷한 것이 생긴 것을 분명히 느낀다. 밤마다 악몽을 꾸고 땀을 흠뻑 흘리며 잠을 깨서 매번 침대맡에 물병을 두고 자야 하는 상태가 계속됐다. 결국 칼리는 대학을 중퇴하고 부모님이 계신 곳으로 돌아갔다. 하지만 어떤 의사도 만족스러운 진단을 제시하지 못했다. 칼리 어머니는 3년 내내 밤마다 딸의 침대 곁에서 잠을 청해야 했다. 밤마다 칼리에게 찾아오는 악몽은 계속 늘어났고 더불어 우울증도 심해졌다. 한밤중에 혼자 깨어 의사들이 진단이나 처방을 내리지 못하는 고통과 마주하는 것이 두려웠던 칼리는 어쩌면 자살을 시도했을지도 모른다. 그 기나긴 3년이 지나고 나서야 칼리의 의사들은 그녀에게 '취약 X 원발성 난소 부족증'이라는 진단을 내린다. 희귀병이었지만 치료법은 정말 간단했다. 호르몬 대체 요법을 쓰자 단 3주 만에 칼리가 겪던 증상 대부분이 사라진 것이다.[8]

여동생 칼리가 정의할 수 없는 이상한 증상들에 하나의 이름을 붙이려고 무던히도 애쓰던 시기에, 자레드 헤이맨은 애틀랜타에서 온라인 조사 업체를 운영하고 있었다. 이 회사에서 그는 대중의 지혜에 대한 모든 것을 알게 된다. 그는 "비전문가로 구성된 커다란 집단은 그들의 집단지성을 결집할 수 있는 곳에 적절한 메커니즘만 작동시킨다면 대단한 현명함을 발휘할 수 있다"라고 확신했다.[9] 이런 경우 올바른 유형의 질문 방식을 고안해내는 것이 일의 전부나 다름없다.

크라우드메드에 가입하기 위해서는 의학계 학위를 비롯한 그 어떤 학위도 필요치 않다. 사실 크라우드메드의 구성은 게임처럼 보인다. 병에 관한 해결책들은 금융 시장의 주식과 같아서, 참가자에게 얼마나 많은 지지를 받느냐에 따라 수치가 오르내린다. 크라우드메드의 핵심은 의사를 대체하는 것에 있지 않다. 이들의 아이디어는 실제 환자가 의사들에게 가져갈 가능성 있는 관련 정보를 제공하는 것으로, 희귀병을 진단하려 애쓰는 의사들에게 특히 도움이 된다.

크라우드메드에 모인 사람들은 출시 당시 '정체불명의 병'에 대한 시험을 했고 결과는 고무적이었다. 참가자들이 스무 개의 시험 사례에서 높은 수치를 얻은 것이다. 사람들이 가장 가능성 있는 세 가지 진단을 제시했을 때, 이 중 희귀병의 정체에 대한 결정적 정보로 높은 점수를 받은 사람이 700명에 이르렀다.

크라우드메드를 이용하는 환자들은 이곳에 표준 보상금 299달러를 지불한다. 이 금액은 의료 탐정이 제시한 진단이 환자의 의사에게 입증받지 못하거나 의사가 다른 정확한 진단을 내릴 경우 환불받게 돼 있다. 도박처럼 보일지 모르나 그만큼 결정적인 정보가 너무도 절실한 환자들은 대부분 이를 기꺼이 감수하고자 한다. 자레드에게는 여동생이 처음 병의 증상을 겪기 시작했을 때 크라우드메드가 존재하기만 했더라면 그 오랜 세월 동안 통증과 고통을 겪느라 시간을 허비하지 않았을 텐데 하는 비탄 어린 마음이 있다. 자레드가 동생 칼리의 증상을 크라우드메드 사이트의 첫 시험 사례 중 하나로 제안했을 때 의료 탐정들이 칼리의 질환을 정확히 진단하는 데는 단 3일이면 충분했다.[10]

과학적 연구는 오랫동안 폐쇄적인 전문 분야였고 특히 학문적 환경에서는 더했다. 연구자들은 자기들끼리만 이야기했으며 일반 사람들은 그들의 말을 전혀 이해할 수 없었다. 연구 결과 또한 출간이 승인되기까지 수년간 많은 동료의 검토를 받아야 하는 전문지에서만 볼 수 있었기 때문에 가능한 한 제한된 소수의 사람만 접근이 가능했다.

하버드 의대 조교수인 에바 귀난 박사는 생각이 좀 달랐다. 그녀는 이렇게 말한다. "옆집 사람이 당신의 문제를 해결해줄 수 있다면, 무슨 수를 써서라도 그 사람에게 가세요. 그게 가장 효과적이니까요."[11] 과학계의 전통적인 접근법에 대해 정면 비판을 가하는 사람은 귀난 박사 혼자뿐만이 아니었다. 하버드 경영대학원 부교수인 카림 라키니 박사도 오랫동안 크라우드 소싱을 지지해 왔다. 그는 이를 '미개발된 자원에서 정보를 모으는 것'이라 부르며, 여기서 '벽 너머 있는' 사람들에게는 생각지 못했던 개방적인 연구 아이디어가 나온다고 말한다.

2010년에 귀난과 라카니 그리고 동료들은 최첨단 '아이디어 경연 대회'를 만들어 의학 연구 세계의 폭을 넓히며 처음으로 본업 이외의 분야에 진출한다. 이들은 아이디어 경연의 신뢰성을 높이기 위해, 일찍이 '소아 당뇨'로 알려졌으나 성인에게서도 나타나는 제1형 당뇨병에 대한 의견에 각각 2,500달러의 상금을 제시했다. 제1형 당뇨병 환자들은 몸에서 인슐린 호르몬을 자체적으로 생산하지 못해 정기적으로 호르몬 투여를 받으며 병을 견뎌왔지만 활발한 연구에도 여전히 아무런 완치법이 발견되지 않고 있다.[12]

귀난 박사와 라카니 박사의 목적은 제1형 당뇨병에 대한 여러 단계의 연구가 의학계 밖의 전문가를 독려하는 개방적 분위기 속에서 진행될 때 사람들이 어떻게 아이디어를 내고 서로 평가하며 함께 일하고 기여할 수 있을지를 알아보는 것이었다. 이에 따라 하버드대 총장 드루 파우스트는 수위에서 학장에 이르는 25만 명 이상의 다양한 사람들에게 대량의 이메일을 발송하며 이 아이디어 경연에 참여해줄 것을 정식으로 요청했다.

이 팀에서 질문한 내용 또한 전통을 벗어나기는 마찬가지였다. 두 박사는 적절한 질문을 던지는 것이 알맞은 답을 찾는 것보다 더 중요하다고 생각했으므로, 자유로이 답변할 수 있는 개방적 질문을 제시했다. 한 예로 "제1형 당뇨병 치료에 대해 우리가 모르고 있는 것은 무엇입니까?"와 같은 물음이 있다. 귀난 박사는 말한다. "예상치 못한 곳에 필요한 이들이 모두 있습니다. 어떤 이는 19세기 영문학을 가르치는 사람일지도 모르지만, 영리하고 의욕이 넘칠 수도 있고 게다가 아이들이 당뇨병을 앓고 있을 수도 있어요. 하지만 이런 사람이 그동안 '왜 저같이 당뇨병에 대해 할 말이 많은 사람이 있다는 것을 눈여겨보는 사람이 아무도 없나요?'라고 물어볼 곳이 없었던 겁니다."[13]

연결지능에서 다루는 핵심 질문은 "무엇을 알고 있는가?"가 아니라 "무엇을 모르는가?"이다.

경연은 6주간 이어졌다. 제1형 당뇨병에 대한 생각을 제출해달라는 요청에 대해 폭넓은 영역의 사람들에게서 답변이 들어왔다. 그러나 응답자 중 9%만이 "제1형 당뇨병 연구의 쟁점을 상세히 알고 있다"라고 답했다.[14] 여기서 779명의 응답자가 제시한 답변이 195개로 선별되었고 하버드 의대 학부 인력 142명의 의견에서 평균을 내어 12명의 우승자가 뽑혔다. 이처럼 특이한 우승자 선정 방식 또한 상호검토를 통해 모인 고급 전문가 10~15명의 소규모 그룹이 손수 결정한 것으로, 우승자를 가리는 데에도 크라우드 소싱이 반영되었다. 최고 아이디어 중 대다수가 당뇨병을 앓는 친구나 친척이 있는 사람들에게서 나왔다. 이 경연을 돋보이게 하는 것은 하나의 중요한 인식 체계를 제언했다는 데 있다. 이 같은 패러다임에서는 질문이 답변만큼 가치를 지닌다. 우승자 중에는 하버드대 직원으로서 과학이나 의학 쪽 배경이 전혀 없는 사람도 있고, 그 밖에 제1형 당뇨병이 있는 교수, 연구소 과학자, 퇴직한 치과의사나 인사전문가 등이 있다. 경연 결과, 이 병을 겪으며 평생을 살아온 환자들이 학계에서 간과해온 물음에 관해 묻고 있다는 것이 드러났다.

이 프로젝트는 여기서 멈추지 않았다. 귀난과 라카니는 우승자들이 선정되자 더 다양한 연구를 추진하기 위해 각 분야의 더 많은 전문가가 결합해 협력할 수 있는 팀을 구성하기 시작했다. 두 사람은 다른 생명과학 분야의 수련 경험과 질병에 대한 전문지식을 지닌 과학자들에게 자신들의 연구 가설을 제1형 당뇨병 영역과 관련된 실험 제안으로 전환할 가능성이 있는지 알고 싶었다. 마침내 이들에게서 하버드 의대에서 지원금을 제공하는 7개의 연구 제안서가 나왔고, 그중 5개의 연구는 제1형 당뇨병에 관련되어 있지 않은 수석 연구원이 이끄는 것이었다.[15]

미 국립보건원, 클리브랜드 클리닉 그리고 아동 당뇨병 연구재단을 포함한 기타 주요 보건 기관들은 이제 하버드 당뇨 프로그램의 오픈 숍—근로자가 노동조합 가입 여부를 자유로이 결정하며 똑같은 고용기회를 부여받는 제도—개념을 반영하는 프로그램을 세우기 위해 여러 가능한 방안을 살펴보게 되었다.

이런 이야기들은 대부분 여러 사람이 의미 있는 일을 이루기 위해 효과적인 질문과 최대의 네트워크를 결합하는 것에 대해 말하지만, 때때로 반대의 일이 일어나기도 한다. 엄청난 수의 사람들에게 던진 물음을 통해 예상 밖의 독특한 아이디어나 성취를 얻을 수도 있는 것이다. MIT의 온라인 대중공개 강좌MOOC와 바트히식 먕강바야르라는 한 몽골 학생 사이에서 그 사례를 엿볼 수 있다.

몽골보다 더 황량한 기후가 있기야 하겠지만 그리 흔하지는 않을 것이다. 여름은 짧고 겨울은 길다 못해 야속하다. 1월이 되면 아침 기온이 -40℃까지 내려가니 말이다. 대개 자그마한 시골 동네는 공기가 맑으리라 생각하겠지만, 몽골은 그렇지 않다. 세계에서 오염이 가장

심한 나라 중 하나니까.[16]

바트히식 먕강바야르는 몽골의 수도 울란바토르 근처에 있는 항올이란 지역에서 자랐다. 이곳의 평균 연간 기온은 -3℃ 정도다. 이런 날씨에 밖에서 놀 수 있을까? 그리 오래 있기는 힘들 것이다. 하지만 기계를 만지작거리는 것을 좋아했던 바트히식에겐 별로 문제 될 것이 없었다. 그리고 그 아이는 후에 전기공학 기술 발달을 위해 일하게 된다. 어릴 적 바트히식은 아이들이 밖에서 놀기에 안전치 않은 사각지대가 있는 차도 옆의 건물에 살았다. 밖에서 노는 10살짜리 여동생과 동생의 친구들이 걱정되었던 이 15살 학생은 무언가 만들어보겠다고 마음을 먹었다. 그래서 감지기 하나와 경보기 한 개 그리고 불이 들어오는 붉은 등 하나를 서툰 솜씨로 손봐 대충 꿰맞추어 간단한 시스템을 만들었다. 다가오는 차를 감지해 경보기에 신호음이 나며 불이 들어오면, 그 신호를 보고 여동생과 다른 친구들이 차도 밖으로 비켜나갈 수 있게 하는 방식이었다.

그런데 바트히식은 아주 좋은 전자공학 교육을 받고 있었다. MIT 온라인 강좌를 통해 대학 1학년 수준의 회로학과 전자공학 수업을 듣고 있었다. 그가 이 수업을 듣게 된 것은 일류대학에서 제공하는 강좌라서가 아니라, 이 대중 공개 온라인 수업의 소개 영상에서 아이폰이 작동하는 방식을 이해할 수 있게 가르쳐주겠다고 장담했기 때문이었다. 바트히식은 이것만으로도 시간을 투자할 가치가 있다고 여겼다.[17]

한편 그에게는 나라에서 제공하는 하나의 커다란 이점이 있었다. 몽골에서 수십 년간 광역 3G망을 구축하고 있었다. 그래서 외딴 지역일지라도 유선전화가 없는 가정에서는 일반적으로 휴대폰을 사용하고 있었다. 게다가 이 무선 전화는 광속으로 운영된다.[18]

바트히식은 부모님을 설득해 집 인터넷 속도를 1mps에서 3mps로 업그레이드해서(미국의 평균 속도는 8.6mps다) 더 편하게 MIT 강의를 볼 수 있는 환경을 만들었다. 그의 공부 방식은 다소 유별난 구석이 있어서, 한 번에 강의 영상 두 개를 보며 눈으로는 한쪽 강의의 자막을 읽는 동시에 귀로는 다른 쪽 강의를 (영어로) 듣는 식이다.

그는 이외에도 다른 학생들이 거의 하지 않는 일을 했다. MIT 강좌의 과제를 위해 유튜브를 이용하여, 반 친구들을 도와주기 위한 몽골어 강의 영상을 자체 제작한 것이다. 바트히식은 이렇게 설명했다. "저는 저만의 기술을 발달시켜 스스로 미니 강의를 했어요."[19] 자신의 아이폰을 책상 위에 있는 책꽂이에 고여 놓고, 교재에 있는 방정식의 풀이 방식을 큰소리로 설명하는 자신의 모습을 영상으로 찍은 것이다.

바트히식에게는 어렸을 때부터 천재 같은 면이 있었음이 분명하다. 하지만 15만 명 가운데 340명만이 100점을 받는 회로학과 전기공학 수업에서 100점을 맞기 전까지는 아무도 그의 특출함을 깨닫지 못했다.[20]

바트히식은 자신이 다니던 고등학교의 교장 엥흐뭉흐 조강진의 지원을 받아 그 유명한 매사추세츠공과대학교, 즉 MIT에 지원했다. 조강진은 이 대학을 졸업한 최초의 몽골인이었으로, 그의 추천을 받은 바트히식의 완벽한 성적을 확인한 MIT로서는 그의 입학에 대해 그다지 많은 고민을 할 필요가 없었다.

그렇게 바트히식은 이듬해 MIT의 신입생이 되어 머나먼 미국 매사추세츠 주 케임브리지의 캠퍼스에서 수업을 듣게 되었다. 그는 이곳의 과학 과정을 모두 마쳤을 뿐 아니라, 하버드대와 MIT가 공동운영하는 대학협력 온라인강의 프로그램 에드엑스edX와 세계적 미디어

융합기술연구소 MIT 미디어랩에서 대중 공개 강좌의 효율성과 권역을 향상하기 위해 일하고 있다.

연결지능에서 가장 유래 깊은 예 가운데 하나는 인간과 자연의 관계에서 찾아볼 수 있다. 천연자원, 날씨, 동물, 자연 현상 그리고 재해 등의 패턴처럼 우리를 둘러싼 힘을 돌아보면 우리가 진공 상태에 산다고 상상할 때보다 더 많은 일을 해낼 수 있음을 알 수 있다.

1850년, 저명한 영국의 정원사이자 가든 디자이너, 건축가이자 국회의원까지 지냈던 조셉 팩스턴은 데보셔 공작을 위해 정성을 다해 길러낸 희귀종 큰가시연꽃에서 영감을 받아 크리스털 팰리스를 디자인했다.[21] 원산지가 브라질 아마존 강 유역인 빅토리아연꽃은 이전까지 영국에서 기른 적이 한 번도 없었다. 아메리카 대륙의 U자형 호수와 강어귀에서 잘 자라는 이 꽃에 적합한, 따뜻하고 습한 기온이 똑같이 갖추어진 온실을 만드는 것이 불가능에 가까웠기 때문이다.

크기가 90~180cm에 달하며 어린아이가 잎 위에 앉을 수 있을 정도로 커다란 연잎에 영감을 받은 조셉은 크리스털 팰리스의 청사진을 자연의 패턴에 따라 그렸다. 그는 연잎의 흔치 않은 무게와 크기가 지닌 하중을 지탱할 수 있게 잎 밑면에 형성된 잎맥의 구조를 살펴서, 그와 동일하게 작용하도록 크리스털 팰리스의 가로대들보와 받침 기둥을 만들었다. 그 결과 세계에서 가장 큰 유리 건물이 탄생한다.[22]

조셉 팩스턴의 연결지능에 의해 크리스털 팰리스는 빠르고 경제적으로 지어질 수 있었다. 이 건축물은 당시 매우 새로운 것이었다. 하지만 그가 창조한 것은 연결지능의 예 그 이상이었다. 연결성의 첫 현대적 이정표 중의 하나로 사용된 구조물이었던 것이다. 크리스털 팰리스는 1851년 런던의 제1회 만국박람회의 회장 건축물로 세워졌다.

국제적 규모로 개최된 이 박람회는 15,000명의 참가자가 출품한 10만 건 이상의 전시물을 아우르는 문화와 산업의 축제였다. 크리스털 팰리스에 전시된 진귀한 볼거리 중에는 영국의 인기 있는 정기 간행지 《일러스트레이티드 런던뉴스》5천부를 단 한 시간 만에 찍어낼 수 있는 인쇄기, 캐나다의 대규모 소방차, 그리고 당시 세계에서 가장 큰 다이아몬드로서 세공 전 무게가 793캐럿에 이르는 인도산 코이누르 등이 있었다.

크리스털 팰리스를 방문한 사람은 600만 명에 달했으며 이는 당시 영국 전체 인구 3분의 1에 해당하는 규모였다. 사람들은 전보다 더 많은 지식과 이해력, 통찰력을 얻어 변화된 모습으로 박람회장을 떠났다. 당시에 다가오던 변화의 힘과 속도, 크기를 경험한 사람들 사이에 공유된 지식은 다가오는 또 다른 세대에 크고 작은 방식으로 사람들의 삶에 영향을 끼쳤을 것이다.

우리는 여러 아이디어를 서로 연결하여 해결책에 대한 영감을 얻기 위해 자연의 세계를 바라볼 수 있으며, 그렇게 접근하지 않으면 다다룰 수 없었을지 모르는 해답을 얻곤 한다. 허버트 조지 웰스가 과학 장르 소설《타임머신》에서 말하듯, "습관과 본능이 쓸모없게 되었을 때, 비로소 자연은 지성의 흥미를 끄는 법이다."[23]

벤 실버만이라는 사람이 최근 '핀터레스트'라는 수집자들의 천국을 세우면서 콜라쥬나 무드보드─디자이너용 자료모음판─가 아닌 자신이 어릴 적 했던 곤충 채집에 강하게 매료되어 영감을 받은 것 또한 자연과 인간의 관계에서 비롯된 연결지능의 힘 덕분일 것이다.

기술로 인해 놀라운 혁신이 일어나고 있다는 것은 누구나 다 아는 사실이지만, 우리는 끊임없이 지구상에 너무 많은 발자국을 남기고 있다. 그래서 짐바브웨 태생 건축가 믹 피어스는 아름답고 현대적이면서 동시에 에너지 효율성이 높은 건축물을 만들고 싶었다. 그가 한 방식은 조셉 팩스턴과 같다. 자연으로 몸을 돌린 것이다. 믹은 짐바브웨 수도 하라레 중심가의 주요 쇼핑센터이자 사무실 단지인 이스트게이트 센터를 디자인하던 중, 흰개미 집을 보고 영감을 얻게 된다.

흰개미는 영리한 생명체다. 흰개미가 살려면 약 30~31°C의 기온이 계속 지속돼야 하지만, 짐바브웨에서는 이 온도를 지속하는 것이 거의 불가능하다. 밤 기온은 약 17°C까지 떨어질 수 있고 낮에는 40°C에 달하기 때문이다.[24] 이런 곳에서 흰개미는 바람이 드나드는 통로로 쓰일 구멍을 여러 개 만들어 개미집의 열을 조절한다. 흰개미들은 집안의 공기를 차갑게 할 수 있도록 젖은 흙을 파서 땅속에 작은 방을 만든다. 그러면 개미집 안의 더운 공기가 상승해 집 꼭대기에 있는 바람구멍으로 흩어져 나가게 된다. 흰개미들은 열기와 습도가 일정하게 유지되도록 정기적으로 바람구멍을 새로 만들기도 하고 있던 구멍을 막기도 한다.

믹은 건축학을 전공했지만 자연의 생태계를 알고 싶다는 열의가 있었고 건축과 생태학이라는 두 분야가 서로 밀접하게 연관되어 있음을 깨달았다. 제닌 M. 베니어스가《생체모방》에서 지적한 것처럼, 동물과 식물, 미생물은 지구를 오염시키거나 화석 연료에 탐닉하지 않으면서도 우리가 하고 싶은 것을 모두 하고 있다. 그래서 제닌은 묻는다. "자연보다 더 나은 모델이 또 어디 있을까?"[25]

믹은 안마당이 있는 두꺼운 석벽 건물을 디자인했다. 철제 격자 들보와 현수식—달아내리기형— 지상 통로 그리고 다리 등, 이보다 더 포스트모던한 양식이 또 있을까. 하지만 디자인은 여기서 끝나지 않

있다. 흰개미에게서 아이디어를 얻은 그는 환풍기를 설치해 안마당의 신선한 공기가 바닥 밑의 텅 빈 공간을 거쳐 위로 올라간 뒤 다시 실내 벽 최하부의 장식 널빤지에 있는 환기 구멍을 통해 사무실로 들어올 수 있도록 만들었다. 이 과정에서 데워진 공기는 상승해서 48개의 벽돌 환기통을 통해 배출된다. 대형 환풍기는 하루 동안 시간당 일곱 번씩 공기를 순환시켜 건물을 시원하게 유지하고 밤이 되면 이보다 작은 환풍기가 시간당 두 번씩 건물 내 공기를 바꿔준다. 이 같은 환기 시스템의 유지비용은 이스트 게이트 센터 전체에 들어갈 에어컨 설비비용의 10%, 하라레에 있는 일반적인 건물 6채의 전체 에너지 비용에 비할 때 35%에 불과하다.[26]

믹 피어스의 영리한 디자인 덕분에 이스트 게이트 소유주들은 350만 달러의 에너지 비용을 절감했다. 동시에 동아프리카의 비즈니스 공동체 발전에도 커다란 경제적 이익이 발생되어, 이스트 게이트의 세입자들은 주변 건물보다 20% 낮은 임대료를 지급하고 있다.[27]

그의 디자인 과정은 연결지능에 대한 세 가지 중요한 질문에 바탕을 두었다. 먼저 그는 "무엇이 문제인가?"라고 자문했다. 아프리카의 한 도시에 현대적이고 환경친화적인 건물을 만들어야 했지만 그와 비슷한 좋은 모델을 찾을 수가 없었다. 그래서 스스로 "이런 방식으로 접근하면 어떨까?" 하고 물었다. 만약 자연이, 특히 흰개미가 어떤 해결책을 제시해 줄 수 있다면? 그리고 마지막으로 "중요한가?"라는 물음을 던진다. 그러자, "그렇다"라는 답이 들려온다. 이 일은 환경에, 짐바브웨의 경제기반을 발전시키는 데, 또한 결과에서도 볼 수 있듯 전 세계의 디자인계에 있는 많은 사람에게 의미가 있는 것이었다. 믹이 이스트 게이트 센터 건축으로 문화 및 사회 발전에 공을 세운 이에게 수여되는 프린스 클라우스 상을 받았을 때, 심사위원단은 이런 글을 남겼다. "믹 피어스는 이 건축물을 통해 건축적 정확성의 기준을 뒤흔들어 무용지물로 만들고, 자연과 지역 문화로 눈을 돌려 지속 가능한 해법을 찾아냈다."[28]

이 이야기는 규격화된 기존의 해법을 거스르고자 하는 사람들이라면, 지역의 문화와 자연적 토양 풍토의 여러 상황을 살펴봄으로써 많은 것을 알아낼 수 있음을 보여준다. 믹의 건축물은 세계화된 관례의 균질적인 힘 앞에서 다양성을 옹호하고 있을 뿐 아니라, 현대 세계를 거부하며 퇴행하는 방식에도 맞서고 있다. 아마도 믹 피어스는 직업상 늘 하게 마련인 입에 발린 말을 하는 단계에서 벗어나, 오늘날 세계 어떤 건축가보다도 지속 가능성과 다양성을 높이기 위해 한발 더 나아가고 있을 것이다. 그의 훌륭한 성취에는 열대기후 국가들이 선진국에서 앞다투어 도입하고 있는 유리투성이 고층빌딩에 대한, 진정 혁신적이고 성공적인 대안이 엿보인다.

믹 피어스처럼 크리스 피셔 또한 환경 보호주의와 지속 가능성에 대한 립 서비스 이상의 일을 하고자 열정적으로 연결지능을 발휘하고 있다. 크리스는 자신에 대한 기억을 떠올릴 때마다 늘 바다에 매혹된 모습이 떠올랐다. "아주 어렸을 때부터 제 모든 인생은 바다에 대한 열렬함 그 자체였답니다."[29] 형제들이 가업을 정리해 다른 곳에 넘겼을 당시 크리스는 29살이었고 (형제들에게서 조건을 제시받은) 그는 바다로 떠난다. 크리스에게 남겨진 몫은 평생 먹고 살 정도는 아니었지만, 몇 달이라는 시간을 들여 앞으로 어떻게 살아갈지 곰곰이 생각해 보기엔 부족하지 않았다. 바다를 무척이나 좋아했던 크리스는 캘리포니아 해변에 소형 범선을 띄워볼까 하던 생각을 실행에 옮기기로 한다. 몇 달

동안 연이어 바다 위에서 사는 것은 뜻밖의 경험이 되었고, 이 과정에서 크리스는 매우 많은 미국인들이 바다에서 일어나고 있는 일과 그것이 우리 공동의 미래에 의미하는 바가 무엇인지 전혀 생각지 못한 채바다와의 연결고리를 잃고 산다는 것을 깨닫게 된다.

그동안의 삶을 다시 돌아보던 이 시기에 크리스가 알게 된 것 가운데 하나는 대백상어의 중요성이었다. 그는 말한다. "사람들은 대부분 상어가 천하무적이라 생각하지요. 하지만 상어는 정말 큰 위험에처해 있습니다. 상어는 바다의 사자나 다름없어서 바다 생태계의 균형을 지키는 데 아주 중요한 존재에요. 상어를 잃으면 바다를 잃는 겁니다."[30] 크리스가 알아낸 바로는 어부들이 하루에 죽이는 상어 개체수가 10만 마리에 이르고, 한 해당 73백만 마리를 넘는다. 이렇게 포획된 상어는 대부분 중국으로 보내져 여전히 칭송받는 진미에 속하는상어 지느러미 수프에 쓰이고 있다.[31]

크리스는 개방된 과학 연구 자료를 만들고자 상어에게 꼬리표를다는 일을 주로 하며 연구와 탐사 여행에 몰두했다. 그러면서 상어를잡는 어선 선장, 연구보조금과 논문 출간을 다투는 학계 과학자, 대백상어를 인간에게 아주 위험한 존재로 정형화하는 언론계 기자 등이보여주는 현실과 멸종위기종을 다루는 정책 관료들 사이에 연관성이크게 무너져 있음을 보게 되었다. 크리스는 말한다. "제가 단지 유명한 어부에 불과하다면 바다의 미래에 세계적인 영향력을 끼칠 수 없다는 것을 깨달았습니다. 그래서 저는 이 시대의 훌륭한 해양 탐험가, 우리 시대의 로빈슨 크루소가 되어야 했어요."[32] 그가 겸손해 보이지않을지도 모르지만, 바다처럼 커다란 이상을 이루기 위해 싸우기로마음먹는 데는 많은 투지가 필요하고, 그것이 허세일지라도, 대백상어들과 코를 맞대려면 큰 용기가 있어야 한다.

> **"사람들은 대부분 상어가 천하무적이라 생각하지요. 하지만 상어는 정말 큰 위험에 처해 있습니다. 상어는 바다의 사자나 다름없어서 바다 생태계의 균형을 지키는 데 아주 중요한 존재에요. 상어를 잃으면 바다를 잃는 겁니다."**

크리스는 내셔널지오그래픽 채널과 히스토리 채널에 방영될 프로그램을 만들며 2천만 달러를 받았다. 이 일은 비영리 상어 연구기관 오서치Ocearch가 세계로 뻗어 나갈 수 있는 환경을 마련해 주었다. 이뿐만 아니라 크리스가 수입의 절반을 내놓음으로써 오서치에 필요한 자금을 마련하는 데도 도움이 됐다. 그렇게 그는 2002년에서 2009년까지 TV 프로그램 〈연안 탐험Offshore Adventures〉을 진행했다. 낚시, 프리다이빙 그리고 그의 이야기가 가득한 에피소드 180편에 이르는 이 기록물은 시청자들에게 열광적인 반응을 얻으면서 미국에서 '가장 많이 방영된 아웃도어 TV 프로그램'이 되었다.[33] 크리스는 TV 비평가들에게도 강한 인상을 남겨, 이 프로그램은 에미상을 두 번이나 수상한다. 백악관에서는 정부 책임 하에 있는 어업규제에 대해 조언을 구하고자 크리스에게 손을 뻗쳤고, 2007년에는 조지 W 부시 전 미국 대통령이 채서피크 만 투어에 크리스를 합류시키기도 했다.

프로그램은 끝이 났지만 크리스의 사명이 전부 실현된 것은 아니었다. 그래서 그는 과학자, 어업계 종사자, 인쇄 매체와 인터넷, 텔레비전 등의 언론계 종사자들을 초대해 이들과 상어 꼬리표 달기 탐험을 함께하기 시작했다. 그의 선박 MV 오서치는 주문 제작한 34t 용량의 수압 플랫폼을 장착해 다 자란 상어를 안전하게 들어 올리도록 고안되었다. 종합 연구팀은 이 선박을 이용해 상어에게 접근, 현장의 성숙한 상어들의 실태를 약 15분간 12차례에 걸쳐 조사할 수 있었다. 연결지능이 출현해 주목받는 지금과 같은 시대에서만이, 켄터키 주 루이빌 출신의 한 젊은이가 아무런 고급 학위 없이도 바다로 나가 여행하며 중요한 환경 문제가 주목받게끔 강력한 질문을 던질 수 있고, 전 세계에서 가장 영리한 사람들이 모여 해법을 얻기 위해 **함께 일하는 플랫폼**을 만드는 일이 가능할 수 있다.

전문가와 어부들 그리고 언론계 사람들은 크리스의 초대에 빠르게 응했고, 배는 순식간에 손님들로 가득 찼다. 크리스의 배에서 있었던 대화들은 인쇄 매체, 인터넷, 지역 TV, 국영 TV, 세계 TV 등 다른 모든 플랫폼을 가로질러 연결되어 나갔다. 그는 모든 것을 변화시킨 통찰이 어떤 것이었는지 기억한다. "경험과 지식, 관계하는 사람들을 함께 아우르며 여기서 비롯되는 자원 모두를 대중에게 개방한다면, 우리의 규모는 폭발적으로 확장될 수 있을 겁니다."[34]

크리스는 캐터필러와 같이 사회적인 책임성을 지닌 기업에 자신의 목표를 위한 자금 지원을 요청했다. (MV 오서치는 캐터필러의 엔진과 발전기를 사용한다) 또 해양 보존 과학 협회의 마이클 도르마이어 박사와 같은 선두적인 해양 권위자를 초청하기도 했다. 도르마이어 박사는 세계에서 가장 종합적인 백상아리 연구로 정평이 나 있는 전문가다. 학계와 크리스의 협업을 통해 20곳이 넘는 연구기관에서 50명 이상의 연구자들이 MV 오서치로 모여들었고 여기서 30여 건이 넘는 중요한 연구논문이 나왔다.

2013년이 되자 크리스와 오서치팀은 6~8학년을 위한 종합 학습

계획 시리즈를 도입한다. 오서치의 헌신적인 학교 봉사활동과 더불어, 크리스의 유산에는 바다에 대한 지식과 관계성을 지닌 어른으로 성장할 모든 젊은이가 함께할 것이다.

오서치는 또한 해안 관계자들에게 하나의 자산이 되고 있다. 꼬리표 달린 상어 한 마리가 플로리다 해변 연안에서 약 1.5km 내로 들어올 경우, 유타 주에서 노트북으로 일하고 있는 크리스 피셔가 그 상황을 보고 추적 장치를 이용해 그 부근에 다른 상어들이 있을 수 있다는 경보를 해안 관계자들에게 보내서, 상어에게 피해를 보는 사람이 생기지 않도록 조치한다. 이제 평범한 시민들과 해안 안전 전문가들은 언제든 오서치의 온라인 플랫폼을 사용해 근처 해변 가까이에 상어가 있는지 자세히 살펴볼 수 있다.

크리스는 자신의 연결지능적 재능을 발휘하여, 여러 단체와 개인들이 지닌 영향력, 필요성, 호기심, 신념에 기초해 광범위한 관계를 구축할 수 있는 길을 발견해냈다. 크리스는 자신이 화제로 삼은 것을 신나는 일로 만들고, 바다에 대한 사람들의 열정을 자극하여 대백상어에 대한 최고의 자료를 공개하도록 만들었다. 그리고 이로써 그는 텔레비전을 통해 만났던 시청자들보다 더 많은 대중과 공동체를 기하급수적인 규모로 얻었다. 그는 말한다. "저희는 TV 시청자 2천 5백만 명뿐 아니라 언론을 통해 1억2천만 명의 사람들을 접했습니다."[35] 오서치의 매핑 툴 중 하나인 상어 추적기는 위성 기술을 이용해 꼬리표 단 상어들의 항해 패턴을 추적한다. 아이건 박사건 누구나 상어 추적기를 사용할 수 있다. 그 영향력은 순수한 자료 이상의 것으로, 실제로 자연환경에서의 상어들에 대해 알아가고 있는 다음 세대 젊은이들에게 이바지하고 있다.

크리스의 성공은 특히 현재 그가 접하는 대중매체의 영역에서 두드러진 혁신을 일으키고 있으며, 더불어 그가 자신의 궁극적 목적, 즉 바다를 보호하기 위한 공적이며 사적인 동반자 관계의 구축을 향해 한 발 더 다가갈 수 있도록 이끌어주고 있다.

이제 크리스는 요식업체인 랜드리즈나 야마하, 캐터필러와 같은 포춘 선정 상위 500대 기업들과 파트너가 되었다. "제가 지향하고 노력하는 것은 포춘 500대 기업과의 크라우드 펀딩을 통해 지구와 관련된 중요한 문제들을 해결하는 것입니다. 이를테면, 해양 폐기물 문제가 있지요. 기업과 언론, 학계와 협력해 조 단위의 비용이 드는 문제들을 해결하고 싶어요. 지구를 보호한다면 사업이나 학문 또한 번창할 겁니다."[36]

크리스에겐 그다지 비밀스럽지 않은 무기가 하나 있다. 그는 바다에 대한 열정을 품은 수백만 사람들과 접하는, 즉 학계와 어업계 사람들이 서로 결합하는 협업 네트워크의 허브와 같기 때문이다. "저희는 오서치가 이 모든 낡은 제도적 접근 방식에 교란을 일으키며 일반 사람들을 최우선시할 수 있는 능력을 자극하고 있다고 봅니다."[37] 이런 그의 말에 따르면 서로 연관되어 움직이는 평범한 사람들과 영향력을 전적으로 발휘하는 포춘 500기업 그리고 적극적으로 참여하는 정부, 이보다 더 강력한 자원은 없다.

한 상어 사나이가 그토록 많은 세상을 한데 모으고 수많은 층위에 영향을 미치는 연결성의 한 모델을 창출한 사람이라는 것을 상상하기는 쉽지 않다. 하지만 크리스 피셔는 가치 있는 일을 위한 열정을 지녔을 뿐 아니라 자신의 여정에 놓인 도전들을 어떻게 해결해 나갈지에 대한 선입견 없는 평범한 사람으로서, 자신이 지닌 재능에 힘입어 사기충천해 있다. 그는 모든 것을 시도한다. 열려 있는 모든 문을 두드렸고 관심을 가진 모든 사람을 초대한다. 이렇게 한다면 우리 또한 가장 야심 차고 대담한 목적을 이룰 뿐 아니라, 결코 상상하지 못했던 사람들과 연결되고 관계 맺으며 연결지능이 꽃필 수 있는 환경을 만들어낼 수 있을 것이다.

반가운
소식

CHAPTER **10**

때는 지금이다. 해야 할 일이 너무도 많은 이 세상에는 각자의 역할이 있다. 우리처럼 여러분도 그 모든 다양한 방식으로 연결지능에 접속해 여러분의 꿈을 좇을 수 있다는 것을 알게 되길 바란다. 연결지능은 자연스러운 접속 성향을 지닌 젊은 세대만을 위한 것이 아니다. 이것을 받아들이는 모두를 위해 밀려오는 물결이다. 게다가 우리에겐 서로의 존재가 필요하다. 이 세상을 위해 가치 있는 일을 이루는 데는 우리 각자의 독특한 역량, 관점, 경험 그 하나하나가 모두 필요하다.

연결지능은 즐겁고도 보람된 것이다. 세상 속에서 느끼는 당신의 소속감을 변화시키고 삶의 목적이 무엇인지 발견하도록 도와준다. 상상하지 못했던 방식으로, 개인적인 목적을 넘어 다른 사람을 도와주며 세상을 바꿀 수 있게 해준다. 다른 경우라면 놓쳤을지 모르는, 삶을 풍요롭게 만들어줄 사람들에게로 끊임없이 이끌어준다.

이 책 속에서 우리와 함께한 여정을 통해, 당신 또한 당신의 연결지능을 발휘하고 다른 이들의 연결지능 또한 활성화하도록 도울 수 있음을 알려주고 싶다. 이 책이 그렇게 할 수 있도록 영감을 주며 당신만의 여정을 안내해주길 희망한다.

책의 첫 부분에서 우리는 이렇게 선언했다.

꿈을 꾸라
연결하라
더 크게 꿈꾸라
큰일을 이루라

이제 당신의 삶 속에서 이 선언을 실현할 차례다. 누구나 연결지능의 도움을 받을 수 있다. 어디로 가고자 하는가? 이 여정을 다른 이들과 어떻게 겪어나갈 것인가? 그 여정은 당신의 꿈과 열정 그리고 기꺼이 당신 자신을 알고자 하는 의지와 함께 시작된다.

우리는 연결지능에 대한 기록이 철저하게 희망에 찬 탐구였음을 알게 됐다. 계속해서 연결지능의 물결을 타며 그 흐름을 깊이 알고자 하면서 우리가 가장 흥분하게 된 것 중 하나는, 연결지능의 밀물이 인맥이나 학연과 같은 접촉 기회나 특권을 누리는 사람들만 제한적으로 접할 수 있는 것이 아니라는 점이다. 연결지능은 대문짝만하게 쓰인 이름이나 상아탑에 관한 것만이 아니다.

이 책의 저자인 우리 중 한 사람 사지-니콜은 1t짜리 호박을 탄생시킨 론의 이야기가 감동적인 이유에 대해 이렇게 말한다. "오늘날 론의 연결지능은 30년 전이었다면 가능하지 않았던 방식으로 날개를 펼

수 있었습니다. 그는 가능한 한 모든 것을 연계해 배움으로써 세계에서 처음으로 1t짜리 호박을 만들어냈고, 그렇게 함으로써 자신도 예상하지 못했던 규모로 식량 위기에 처한 세상에 도움을 주게 되었습니다."

또 다른 저자 에리카는 이렇게 말했다. "우리가 연결지능을 지니기 위해 '대단한 천재'일 필요는 없다는 사실에 깊이 고무되며 한편으로는 겸손해집니다. 우리가 해야 할 일은 그저 모든 마음과 정신, 지력을 다해 서로 연결되고 관계 맺는 일, 그뿐입니다."

우리는 모두 인간의 능력을 시험당하는 시대에 살고 있음을 안다. 여러 조직과 네트워크, 공동체는 그 어느 때보다도 더 깊숙이 서로 관련되어 있다. 이토록 빠르게 변화하는 세계 속에서 연결지능을 발휘하는 사람들과 단체들은 그 누구보다도 선두에 서게 될 것이다. 그렇지 않은 사람들, 서로 단절되고 분리된 채 느릿느릿 움직이거나 아예 꼼짝도 하지 않는 이들은 고전을 면치 못하거나 고통을 겪게 될 것이다. 당신 내면의, 그리고 당신 주변 사람들 속에 있는 연결지능을 가동하는 방법을 알게 되면 당신은 이를 결코 멈출 수 없을 것이다.

이 책의 저자로서 전하고자 하는 메시지는 바로 이것이다. 우리 모두 그렇게 할 수 있다는 것. 열정과 정성을 다하면 세상을 깨닫고 연계하며 창조할 수 있다는 것. 그리고 아이디어가 불타기 시작하면 도달할 수 없었을지 모를 삶을 살 수 있게 된다는 것 말이다. 그렇게 하려고 해서 된 것이 아니라 연결지능을 드러냈기 때문에 가능해지는 일이다. 우리가 함께한다면 가장 어려운 문제를 해결할 수 있을 것이며 그 어떤 일도 가능하다.

마지막으로 덧붙이고자 한다. 이 책에서 무엇인가 얻었다면 이렇게 해주길 바란다. 이 책을 다른 이에게 주며 읽어볼 것을, 그래서 그들의 연결지능을 최대한 발휘할 것을 강력히 권해 주길. 그리고 여러분의 이야기를 우리와 공유하고 그 이야기를 세상에 퍼뜨려주기를.

이제 책의 첫 부분에서 당신에게 했던 우리의 질문을 되새겨본다.

이메일이나 소셜 미디어 등의 기술로 접촉 가능한 모든 사람의 힘을 통해 당신의 머리와 마음, 당신의 IQ와 EQ로 알고 있는 모든 것을 몇 곱절로 확대할 수 있다면, 당신이 진정으로 하고 싶은 것은 무엇인가?

다시 물어본다.
무엇이든 가능하다면 당신은 과연 무슨 일을 하겠는가?
선택은 당신에게 달려 있다.

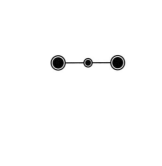

이제 당신의 삶에서 '연결지능'을
어떻게 적용할 것인가?

당신의
연결지능을 발견하라

- 연결지능 천재로 거듭나는 법 -

연결지능CxQ은 단순한 네트워킹, 즉 개인적 정보망을 형성하는 것보다 더 광범위하고 강력한 것이다. 1990년대 후반과 2000년대에 이르자 네트워크에 대한 연구가 크게 유행했다. 2002년 듀크대학교의 난린 교수는 혁신적 저서 《사회자본》에서 목적 성취를 위해 사회적 연결고리와 관계를 활용하는 것이 중요하다고 논했다. 여기서 그는 한 개인의 삶과 사회가 차별적인 특성을 갖는 데는 '무엇을 아는가가 아니라 누구를 아는가'에 달려 있다는 이론을 펼쳤다. 당시 이것은 선구적인 관점이었고 이후 이 도서 제목은 일반적인 약칭으로 쓰이며, 비슷한 재능과 욕구를 가진 듯한 이들보다 앞선 몇몇 사람들을 뛰어넘을 수 있는 관계망을 가리키는 말이 되었다.

그로부터 10여 년도 더 지난 지금, 이 사고는 다소 협소하고 제한된 것처럼 여겨지며 새로운 개념 정립을 요하게 되었다. 여기서 새로이

재탄생된 '연결지능'은 세계의 다양하면서도 이질적인 사람들과 복잡한 정보관계망network, 여러 분야의 지식과 경험, 자원 등을 결합하고 연결해 통합을 이루어 나감으로써, 다가오는 인류의 미래를 결정하는 귀중한 가치와 의미를 창출하고, 난관을 타개할 수 있는 돌파구를 발견하는 재능을 가리킨다.

우리는 이 책의 시작 부분에서 연결지능에 대한 선언을 단순하게 이야기했다.

꿈을 꾸라
연결하라
더 크게 꿈꾸라
큰일을 이루라

이제 더 깊은 연결지능의 물결 속으로 뛰어들어가 보려 한다. 그러면서 이 책에서 제시한 것들을 어떻게 활용하여 현실적이고 강력한 변화를 당신의 삶과 일 속에서 끌어낼 수 있을지에 대해 초점을 맞출 것이다. 세상에 존재하는 사람들의 수만큼 연결지능의 모습 또한 다양하므로, 우리는 다음과 같은 자료와 함께 몇 가지 서로 다른 방식을 제시한다.

> **· 다섯 가지 연결지능 자질 5C:** 연결지능적 인물들의 가장 공통된 특성을 이해하기 위해 개인적으로, 혹은 그룹 내에서 활용할 수 있는 가이드.

- **연결지능 역할 모델:** 어떻게 세계를 연결지능적 방식으로 움직일 것인가 생각해보는 데 도움이 되는 역할 모델을 제시한다. 여기에는 **탐구자**에서 **활동가**, **이상가**에서 **공감적 사업가**에 이르는 다양한 모델들이 있다. 역할 모델의 예와 관련 이야기를 통해 당신에게 가장 알맞은 CxQ를 습득하고자 한다면, 이 부분이야말로 진정 당신을 위한 것이다.

- **연결지능 퀴즈:** 당신이 연결지능 자질 5C를 얼마나 잘 발휘하고 있는지를 추정하고, 어떤 CxQ 역할 모델과 협력하고 싶을지를 알아보기 위한 미니 퀴즈로, 당신의 강점과 약점에 기초하여 의미 있는 일을 이룰 수 있는 길을 알아본다.

- **연결지능 워크플랜:** 당신이 이루고 싶은 가치 있는 일을 위해 스스로에게 물어야 할 다섯 가지 핵심 질문을 제시한다. 당신에게서 최대한 사려 깊고 의미 있는 반응을 끌어내기 위해 답에는 제한을 두지 않았다. 이 질문들은 자기 자신을 향해 끊임없이 물어보아야 한다.

- **연결지능 관리자 가이드:** 관리자들이 자신이 담당하는 팀과 함께 효과적으로 적용할 수 있는 방안을 제시하는 짤막한 가이드. 5C와 관련된 그룹의 전반적인 강점과 약점을 규정할 수 있도록 돕는 동시에 의미 있는 일을 이루기 위해 어떻게 CxQ 역할 모델을 강화할 것인가를 보여준다.

· **연결지능 오리엔테이션**: 당신의 삶과 일 속에서 연결지능의 힘을 일깨우는 몇 가지 강력한 조언을 제시한다. 깊이 생각하여 새로운 방향을 찾고 자신을 재충전할 필요가 있을 때는 이 부분을 보라.

· **연결지능 독서토론 가이드**: 이 책을 모두 읽었다면 내용에 관해 계속해서 생각하고 이야기를 나눠보길 바란다. 책 밖의 세상으로 나가 이 그룹 토론 가이드를 활용해 독서모임, 블로그, 소셜 네트워크 사이트나 그 밖에 당신이 속한 공동체에 있는 사람들과 생각을 나누며 토론해보라.

· **연결지능 개요**: 이 책이 워낙 많은 영역을 다루고 있어서 모든 것을 바로 기억하기는 쉽지 않을 것이다. 그래서 이 부분에서는 다음과 같이 요점을 정리했다.
- 연결지능의 정의
- 연결지능 트위터 버전
- 연결지능 카페 버전
- 연결지능 단기 코스

다섯 가지 연결지능 자질 5C

우리는 조사하는 과정에서 연결지능적 인물들의 여러 이야기 속에서 반복적으로 나타나는 다섯 가지 특성을 확인했다. 당신의 CxQ를 이 끌어내어 의미 있는 일을 이루기 위해서는 먼저 다섯 가지 연결지능 자질 5C가 무엇인지 이해해야 한다.

- **호기심 (Curiosity)** : 새로운 관점을 얻기 위해 서로 다른 상황적 맥락에서 어떤 물음을 던질 것인지 그 표현의 틀을 잡아 질문하는 자질

- **결합 (Combination)** : 서로 다른 사고, 자원이나 물자 등을 취해 결합해 새로운 개념과 사고방식을 창출하고 놀라운 결과를 이끌어내는 자질

- **공동체 (Community)** : 사람들과 함께하며 새로운 아이디어를 창출, 발생시키고 서로에 대한 관심과 이해를 늘릴 수 있는 자질

- **용기 (Courage)** : 여러 아이디어를 연관시키고 쉽지 않은 대화의 물꼬를 트고자 할 때, 불확실함, 두려움, 심지어 위험까지도 감행하고 꾸준히 견디어낼 수 있는 대범함. 필요할 때 아이디어와 관계의 불꽃이 꺼지지 않도록 유지하며 확장하는 용기

CxQ 이야기 몇 편의 맥락에서 5C가 어떻게 드러나는지 살펴보자.

◉ 커다란 호박

먼저 론 월리스를 다시 만나본다. 기억하는가? 론은 미국에서 가장 작
은 주에 살았던 사내로, 일생의 야망이 기네스북에 등재되는 것이었
다. 지금까지는 분명치 않아 보였겠지만 론에게는 **호기심**이 많았다.
자신이 열정을 품은 일과 관계되는 것이라면 어떤 분야의 정보가 되
었건 가능한 한 모두 알아내고 싶어 했고, 거기에는 감자 재배나 토양
과학, 그리고 곰팡이의 작용 등이 있었다. 먼저 그는 호박 재배, 이어
과일과 야채 재배에 대해 될 수 있는 한 많은 것을 습득했으며, 그러
면서 떠오르는 곳은 어디든지 찾아가 자료를 수집하기 시작했다. 여
기에는 **용기**가 필요하다. 범위를 더 넓히려면, 다른 이들이 할 수 없
다고 말하는 것을 계속해보려면, 선두적인 과학자들에게 직접 연락을
하려면 그리고 원하는 것을 구할 때까지 집요하게 계속하려면 대담해
야 한다.

론은 자기가 사는 주의 총 호박 협회에 가입하고 빅펌프킨.com의 회
원이 되어 활발히 활동했다. 그 과정에서 서서히 변화하며 두 가지 뚜
렷이 다른 그룹, 호박 협회와 과학계 사이에서 어떤 가치와 **공동체**를

발견하게 된다. 그러던 중 어떤 시점에서 론은 토양 과학과 감자 재배에 대한 조사와 연구 결과, 언제 어느 때를 맞춰 작물을 다룰지에 대한 전략 등 자신이 아는 모든 것을 **결합**해보리라고 마음먹는다. 그렇게 프릭 2세가 세계신기록을 깬 순간, 론 월리스의 이야기는 더 많은 대중에게 접근하며 **발화**한다. 오늘날 론은 세계 이곳저곳을 다니며 강연을 하고 한때 그를 귀찮게만 여겼던 과학자들에게서 그의 경험담을 듣고 싶다는 러브콜을 받고 있다. 또한 론은 화학비료의 위험성에 대한 대담한 논의를 나누고자 자신의 플랫폼을 활용할 수 있게 되었다.

◉ 긴급문자상담망

이제 두썸씽.org의 낸시 루블린을 다시 찾아가 보자. 낸시는 언제나 **공동체**를 만들고 그곳에서 함께 하고자 하는 일에 적극적으로 동참할 수 있도록 사람들의 마음에 열정의 **불이 타오르게 하는** 데에 특별한 재능이 있었다. 그녀는 두썸씽.org를 만들어 미국 전역에서 2백만 명이 넘는 10대들을 동원해 그들에게 가장 중요한 사회 문제에 관여하도록 이끌었다. 시간이 지나면서 문자 플랫폼에 충격적이고 걱정스러운 문자들이 나타나기 시작하자 그녀는 자신의 깊은 관심(호기심에 해당한다)을 이끌어내, "어떻게 도울 수 있을까? 이 청소년들을 도와줄 수 있는 사람들과 연결되려면 어디로 가야 할까?"와 같은 새로운 질문을 던졌다. 낸시는 자신에게 있는 자원을 사회복지 담당자, 10대 건강 전문가, 개인 병원 등 새로운 **공동체**와 **대담**하게 **통합**했다. 그렇게 위기에 처한 10대들을 위한 문자 핫라인, 긴급문자상담망이 탄생한다. 하지만 그녀는 여기서 멈추지 않았다. 다른 어떤 **공동체**가 긴급 문자상담망의 자료를 통해 도움을 받을 수 있는지 궁금해했고, 이에 대한 물음을 통해 긴급문자상담망의 정보를 **발화**시켜 10대와 그들의 고충에 대한 실시간 데이터베이스를 창출하고 있다. 낸시는 이 정보를 이용해 공공 정책 관료, 학교 행정가와 교육가 등 또 다른 새로운 **공동체**에 접근함으로써 10대와 그들이 필요로 하는 것에 관련된 사회 정책 형성을 위해 움직이고 있다. 낸시는 우리에게 연결지능을 가치 있는 일을 이루는 데 사용해야 함을, 그리고 CxQ는 세계의 변화하는 환경 속에서 열린 마음으로 행동하는 것에 관한 것임을 일깨워준다.

◉ 흰개미

짐바브웨 하라레에 있는 이스트 게이트 센터의 환기 시스템은 전통적인 환기 시스템이 있는 건물들의 에너지 사용량의 10%만을 소비한다. 여기에서 우리는 건축가 믹 피어스에게 감탄하지 않을 수 없다. 그는 이 쇼핑몰을 디자인하면서 흰개미 집을 관찰하던 중에 알게 된 바를 적용했다. 짐바브웨인 믹은 아프리카 공동체에 대해 깊은 책임감을 느꼈고 아름답고 현대적이며 지속 가능함과 동시에 지역 문화의 진실성을 반영할 수 있는 건물을 짓기로 하며 그러한 책임감을 드러냈다. 그는 이 책임감을 자신의 지칠 줄 모르는 호기심과 결합했고 여기서 흰개미 집의 원리가 발견된다. 믹은 흰개미들이 집을 덥히고 식힐 수 있는 환기구를 세심하게 여닫음으로써 집 내부의 온도를 일정하게 유지하는 것을 보고 이것을 자신이 디자인하는 빌딩에 적용했다. 그러면서 더운 공기가 건물 지하에 흡입되어 일련의 굴뚝들을 통해 나아가도록 하는 시스템을 고안한다. 그는 현대 건축의 진부한 원리를 혼란에 빠뜨리고 자연과 지역 문화에 눈을 돌려 지속 가능한 해법을 찾아 나섬으로써 대담한 논의를 주도했다. 믹은 '흰개미 기술'을 자신이 건축을 맡은 이스트 게이트 센터에 결합했다. 오늘날 그의 업적이 **발화**되어 흰개미termite에게서 영감을 받은 테르메스TERMES 프로젝트가 짐바브웨를 기반으로 탄생하게 되었다. 이 프로젝트는 디지털 기술을 사용, 흰개미들이 정성 들여 짓는 건축물을 매핑하고자 흰개미 집을 스캔한다. 테르메스 프로젝트의 임무는 우리가 사는 세계에 자율 조정 건물뿐 아니라 그런 도시를 세우는 데 필요한 견본 제공에 일익을 담당하는 것이다.

◉ 아이티의 우샤히디

터프츠대학교 플레처스쿨의 박사 연구원 패트릭 마이어는 10만 명이 넘는 아이티 사람들이 사망했으리라 추정하는 기사를 접한 후 포르토프랭스에서 일하는 친한 친구들과 연락이 닿지 않자 크게 걱정한다. 그리하여 보스턴 외곽에 있는 자신의 사무실에서 실시간 긴급 아이티 맵을 도입한 그는, 그저 매핑을 계속해나가는 **대담함**을 보인다.
아이티는 전력이 공급되는 지역이 전국의 절반에 불과했다. 패트릭은 매핑에서 그치지 않고 트위터와 유튜브 영상 그리고 다른 소셜 미디어 게시글과 업데이트 정보들을 **통합**하기 시작했다. 그는 자신에게 들어오는 정보를 하나하나 모두 추적하는 일을 도울 수 있는 동료들로 **공동체**를 꾸리고 온라인 작업을 할 학생 자원자들도 동원했으며, 여기에 아이티에서 이주해온 보스턴 사람들도 **결합**시켰다. 이들은 터프츠 교정의 컴퓨터실에 모여 트윗글과 SNS 상태 업데이트 정보를 올렸는데, 대부분의 아이티인들이 사용하는 아이티 프랑스어를 영어로 옮기는 일을 함께했다. 이러한 일들을 통해 여러 구호 단체, 미군, 그리고 아이티 정부가 아이티에서 무슨 일이 일어나고 있는지 인지하게 되자, 우샤히디의 영향력에는 **불이 붙었다.** 덕분에 며칠 지나지 않아 미군은 우샤히디를 통해 실종자들의 위치를 파악하고 생존자들을 더 안전한 지역으로 안내하는 데 도움을 주는 일이 가능하게 되었다.

연결지능 역할 모델

연결지능적 인물에는 세 가지 범주, **사색가, 조력가, 관계 실행자**가 있다. **사색가**는 의미 있는 사고를 일으키고 발생시키도록 도우며, **조력가**는 가치 있는 일을 이루기 위한 조직과 영향력을 창출하고, **관계 실행자**는 일을 성공으로 이끌기 위해 모든 사람과 자원을 동원한다. 우리는 연구를 통해 연결지능적인 사람들의 이 세 범주가 5C 중에서 다양한 강점을 지니고 있음을 확인했다. **사색가**는 높은 수위의 호기심과 결합, 용기를 지닌다. **조력가**는 공동체, 결합, 용기 부분에서, **관계 실행자**는 발화, 공동체, 용기 부분에서 많은 재능을 드러낸다. 당신이 이 세 범주 가운데 어디에 속하는지 살펴보는 데 도움이 되도록, 이 부분에서는 책에서 만난 사람들을 함께 살펴봄으로써 10가지 CxQ 역할 모델을 논의해본다.

표 1

사색가	조력자	관계 실행자
이상가	직관적 지도자	결합 전문가
모험가	지지자	활동가
탐구자	창조적 조직 구성원	공감적 사업가
		교란자

우리는 대부분 살면서 다양한 역할을 맡고 있으며 한 번에 여러 역할을 수행하는 경우도 많다. 그러므로 개인적인 생활 속에서는 **이상가**로 살지만, 핸드메이드용품 쇼핑몰 엣시에서 사업을 시작하거나 쿼키 같은 플랫폼에 새로운 발명품을 제시하는 순간 일터에서는 **결합 전문가**가 되어 서로 이질적인 사람들을 불러 보아 하나의 혁신적인 공통의 목적을 함께 추구할 수도 있다. 가족들과 함께 있을 때는 **지지자**가 되어 자신이 아끼는 사람에게 영향을 줄 거라 믿고 대의를 위해 기금을 조성할 수도 있지만, 온라인 숙박 공유 서비스 에어비엔비 같은 플랫폼에서는 **교란자** 역할을 하며 판도를 뒤집는 독창적인 일을 모색할 수도 있다. 그러다 학교로 돌아가기로 마음을 먹게 되면 그때는 열심히 공부하고 싶어 몸이 근질거리는 **탐구자**가 되기도 한다.

그 비중이 크건 작건 당신이 여러 CxQ 모델 중 몇 가지와 관계된다면 우리는 당신에게 말을 걸고 있는 바로 그 연결지능 역할 모델을 추구해보라고 격려하고 싶다. 당신의 이야기, 삶의 방식, 두려움과 재능을 바라볼 때 당신의 '전형적인' 모습은 어떻게 그려지는가? 그 모습을 다른 사람들에게 어떻게 설명하겠는가? (당신이 생각하는 바가 있다면 그에 대한 친구들의 의견은 어떠한지 물어보라. 뜻밖에 도움이 될 만한 놀라운 답변을 내놓을지 모른다.)

더불어 가까운 곳에서 CxQ 역할 모델을 찾아보길 권한다. 다른 사람의 역할을 알아보면 그들과 가장 효과적으로 상호작용할 수 있는 방법을 알 수 있을 것이다. 당신의 상사는 많은 자료를 재빠르게 처리하는 **탐구자**인가 아니면 직관적 **지도자**에 더 가까운가? 당신의 아이는 **결합 전문가**인가, **모험가**인가? 친구 중에 공감적 **사업가**나 **활동가**는 얼마나 되는가? 정원에 퇴비를 줘야 한다고 당신에게 계속 잔소리를 하는 옆집 사람은 어떤가? 그 사람은 헌신적인 **지지자**에 속하는가?

집에서건 일터에서건 당신이 만나는 사람들 속에서 움직이고 있는 CxQ 역할 모델을 관찰해보라. 페이스북이나 트위터 혹은 다른 디지털 플랫폼에서 그들은 어떤 모습을 드러내는가? 의도적으로건 인식하지 못했건 사람들이 대화를 나누는 동안 드러내는 CxQ 역할 모델은 무엇인가? 주변 사람들 속에 살아있는 CxQ 모델을 식별하는 것에 익숙해지면 활동 중인 자신의 CxQ 모델이 무엇인지 좀 더 쉽게 알아챌 수 있을 것이다.

우리는 10가지 역할 모델이 연결지능적 사람들의 세계와 이 모델이 어떤 작용을 하는지, 어디서 어떻게 성공을 거두고 우리에게 알려주는 바는 무엇인지에 대해 암시하고 있음을 알고 있다. 그 때문에 이 책과 관련된 디지털 세계와 우리의 웹사이트 그리고 소셜 미디어에 더 많은 역할을 추가할 수 있을 것이다. 누구도 완벽한 연결지능 전문가일 수는 없음을, 그래서 이 책에서 연결지능을 증가시키기 위해 행동하고 있는 사람들에 대해 여러 다양한 예시를 제시하고 있음을 기억해주길 바란다. 우리는 또한 당신이 보기에 예외적인 연결지능을 보여주는 사람들이 있다면 그들의 이야기를 함께 나누어 달라고 요청할 것이다.

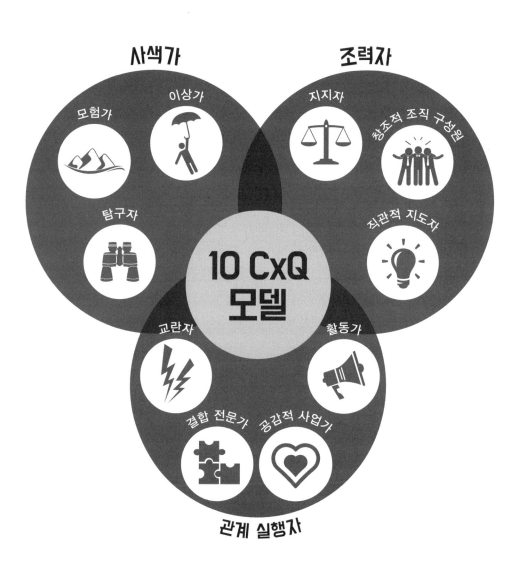

사색가

기발하고 획기적인 아이디어를 내는 사람은 나무보다 숲을 보며 가능한 한 모든 일을 상상해보도록 돕는다.

5C 강점 자질: 호기심, 결합, 용기
CxQ 역할 모델: 이상가, 모험가, 탐구자

이상가

특성 : 독창적인 / 이상적인 / 끈기 있는 : 강력한 상상력이 있는 예지자

어떤 사람인가?

이상가는 연결지능 세계의 심장부에 있는 이다. 불가능한 일을 마음속에 그리며 크고 가치 있는 일을 이루는 데 필요한 인내심과 용기, 비전, 강인함을 지녔다. 이러한 특성은 1t에 달하는 호박을 기르기 위해 탐구했던 론 월리스나 존 그린의 네르드파이터 공동체에서 발견할 수 있다. 또한 여성 교육을 가로막는 오랜 제도적·정치적 장벽에 부딪힌 개발도상국에서 1억 명 소녀들의 억제된 지력이 발휘되도록 지원하겠다는 시자 샤히드와 말랄라 유사프자이의 대담하고 놀라운 목적에서도 이상가의 특성을 엿볼 수 있다. **이상가**는 언제나 미래에 몰입하는 경향이 있어서 무엇이 가능할지, 다음에는 무슨 일이 일어날 수 있을지 꿈을 꾼다. 이상가는 삶에 대한 독창적인 사고와 참신한 의견

을 지닌 사람들과 함께할 때 가장 편안해 한다. 그리고 이들은 언제나 이렇게 묻는다. "만약 그렇게 한다면 어떻게 될까?"

사례: 론 월리스 (chapter 03), 시자 샤히드와 말라라 유사프자이 (chapter 05), 존 그린과 네르드파이터 (chapter 08)

이상가를 위한 조언

1. **다른 공동체나 네트워크에 있는 이들과 당신의 생각을 공유하라.** 대화를 자극하라. 특히 당신과 다르게 생각하는 사람들에게서 자극을 받아라. 항상 그들의 시야를 통해 삶을 바라볼 수 있는 곳에 머물라. 당신이 새로운 관점과 전혀 다른 각도에서 세상을 바라보도록 격려하는 사람들과 시간을 보내라. 론 월리스는 커다란 호박에 대한 꿈을 꾸면서 일류 과학자나 호박 협회 사람들과 더불어 자신의 아이디어를 시험했다. 시자 샤히드는 말랄라 주변의 모든 에너지가 지닌 영향력을 이용할 기회를 발견하자, 재빠르게 자신의 전통적인 공동체 너머에 있는 자산을 구축하며 여러 혁신가, 활동가, 정부, 지역 지도자, 비영리 조직이나 규모 있는 단체를 끌어들였다. 존 그린은 유튜브 네르드파이터 비디오를 만들기 시작하면서 동성애자이거나 트랜스젠더인 아이들, 질병이 있는 10대, 집단따돌림의 희생양들 그리고 그저 평범하고 영민하며 예민한 청소년들과 함께 백만 명이 넘는 하나의 공동체를 형성했다.

2. **공통의 관심사와 사명을 지닌, 그러나 서로 다른 기량이 있는 파트너들과 동맹을 맺음으로써 당신의 목적에 보탬이 되게 하**

라. 이상가에겐 그들의 아이디어를 행동으로 뒤바꿀 동반자가 필요하다. 론 월리스는 새로운 토양 견본 테스트를 도와줄 만한 뛰어난 과학자들과 함께 일했다. **이상가**에겐 **활동가나 지지자, 탐구자**와 같은 CxQ 역할 모델과 파트너를 맺는 것이 필요하다. 그래야 다음 단계를 밟아 멋진 일을 이룰 수 있다. 당신에게 대전하는 사람들이 주변에 있을 때 이러한 CxQ 파트너와 생각을 나눔으로써 지혜로운 길이 무엇인지 발견할 수 있고 돌파구를 찾기 위한 당신만의 방법을 모색할 수 있다. 론과 시자, 존과 같은 **이상가**가 열정을 공유하는 다양한 그룹을 한데 모으는 바로 그곳에서 마법이 일어난다.

3. **이제까지 해온 일을 지렛대로 삼아 나아가라.** 당신의 커다란 꿈과 이미 존재하는 것들 사이에서 공통점을 찾아내라. 당신의 꿈 주변에서 이미 움직이고 있는 사람들의 다양한 방식에 마음을 열고 새로운 방식으로 그들과 함께 일하는 것을 배워라. 이러한 예는 말랄라 펀드가 UN과 세계 곳곳의 여성 단체들과 동반 관계를 맺은 것이나 론 월리스가 자신의 방법으로 만들어낸 움직임이 궁극적으로 인도와 같은 곳에서의 농업에 영향을 끼치게 된 경우에서 발견된다. 존 그린은 키바와 월드비전, 세이브더칠드런과 같이 뜻이 맞는 집단과 파트너십을 이룸으로써 결국 네르드파이터들이 사회적 영향력을 키우는 데 일조하게 되었다.

이상가를 위한 신조

"상상하고 꿈꾸는 것을 통해 도약하지 않으면 가능성이 안겨주는 흥분을 맛볼 수 없다. 꿈꾸는 것은 결국 일종의 계획이다."[1]

모험가

특성: 독립적인 / 틀에 얽매이지 않는 / 용감한 : 개척자

어떤 사람인가?

모험가는 거침없이 세상 속으로 나아가 새로운 경험과 공인되지 않은 영역, 그리고 기발한 프로젝트를 추구하는 사람들이다. 이들은 밖으로 나가 문제를 발견한다. 모험가가 연결지능을 발휘하면 그들의 성취는 곳곳에서 이루어진다. **모험가**는 어떤 종류건 꼬리표나 틀, 제약 속에 갇히기를 거부하며 위험을 모험의 일부로 받아들인다. 이러한 예는 젊은 서퍼 더스티 페인에게서 찾아볼 수 있다. 그는 스케이트보드, 윈드서핑, 산악자전거와 모터바이크 등 인접 스포츠계에서 활동하는 세계적 선수들의 기술을 연구함으로써 '슈퍼맨' 자세를 고안해내는 데 도움을 받았다. 해양 탐험가 크리스 피셔 또한 전형적인 **모험가**에 속한다. 그는 대백상어를 향한 자신의 열정을 여러 분야에 걸친 협업적 오픈소싱 네트워크로 변모시켜 지역 과학계와 학계, 시민들이 예전에는 구할 수 없었던 대백상어와 다른 멸종위기종에 대한 정보를 얻을 수 있도록 이끌었다.

사례: 루이스 폰 안과 듀오링고 (chapter 07), 크리스 피셔와 오서치 (chapter 09), 더스티 페인과 동료 서퍼들 (chapter 03)

모험가를 위한 조언

1. **당신의 숙련된 기법을 강화해 틀을 벗어나라.** 당신이 잘 알고 있는 것에서 시작해 그것을 어떻게 이용할지 생각해보면서 새로운 아이디어를 구상하고 시험해보라. 루이스 폰 안은 이중목적 기술뿐 아니라 인간의 두뇌력과 컴퓨터를 조합하여 대규모 문제를 해결하는 데 뛰어난 전문가였다. 그는 이 기술을 듀오링고 개발에 사용했다. 크리스 피셔는 미디어 전문가가 되어 텔레비전 프로그램과 매체 보급률을 미디어 지식으로 전환했고 이를 오픈 소싱 방식의 연구에 적용했다. 이를 통해 상어 추적기에서 얻는 실시간 자료를 무료로 공유하고 학생과 대중이 박사들과 함께 배울 수 있도록 이끌었다.

2. **당신의 아이디어를 시험해보는 데 힘이 되는 허브나 공동체와 정기적으로 관계를 맺어라.** 크리스 피셔는 자신의 선박 오서치에서 과학자, 어부, 언론인들과 함께 긴밀하고 연계적인 팀을 이뤘다. 루이스 폰 안은 카네기 멜런 대학에 있는 실험실을 지렛대 삼아 자신의 모험적인 아이디어를 감행하며 그것을 리캡차와 듀오링고와 같은 실제적인 응용 소프트웨어로 변모시켰다.

3. **인접 분야, 즉 당신의 주된 관심사와 느슨하게 연관된 활동이나 주제를 연구해, 고심 중인 도전 과제를 풀어나갈 새로운 방식을 찾아라.** 더스티 페인과 서퍼 친구들은 윈드서핑에서 모토바이크에 이르는 극한 스포츠 영상의 화면들을 연구했다. 거기에서 탄생한 '수퍼맨' 자세로 더스티는 서핑 우승자가 되었다. 크리스 피셔는 어부와 과학자들과 더불어 바다를 탐험하느라 셀 수 없이 많은 밤과 낮을 보냈으며 여기서 오서치가 태어났다.

모험가를 위한 신조

"오랫동안 아무런 해안도 만나지 않고 지내리라는 결심을 하지 않고
서는 결코 새로운 땅을 발견할 수 없다."[2]

– 앙드레 지드(프랑스 소설가, 노벨 문학상 수상)

탐구자

특성: 호기심이 많은 / 자율적인 / 과감한 : 선동가

어떤 사람인가?

탐구자는 규모 있고 의미 있는 질문을 던짐으로써 생각을 행동으로
옮기는 사람들이다. 이들은 앎 그 자체를 위해 지식을 추구하며 진실
을 표현하기 위한 모든 방법을 찾는다. **탐구자**는 배움에 대한 순수한
애정 그 자체를 위해 배움을 추구한다. 행동하기 전에 가능한 한 모든
선택사항을 면밀하게 살피고 고려하며, 자기 자신과 다른 이들의 삶
을 향상하기 위한 지혜를 기른다.

탐구자는 곳곳에 있는 연결적 세계에서 성장한다. 웹 서핑, 과학 조
사, 온라인 쇼핑 등을 하거나 블로그에 글을 쓰고 재빠르게 이메일을
날리기도 한다. **탐구자**는 인간의 정신이 파악할 수 있는 모든 층위의
지식과 상황적 이해를 구하고자 길을 나선다. 우리는 이 책 속에서 온
갖 계층에 있는 탐구자를 만나왔다. 대학원생 토마스 헌든, 크라우드
메드 창립자 자레드 헤이만, 그리고 발명가 에드 멜카렉 등이 바로 그
런 탐구자다.

사례: 토마스 헌든 (chapter 03), 자레드 헤이만과 크라우드 메드 (chapter 09), 에드 멜카렉 (chapter 03)

탐구자를 위한 조언

1. **"만약 일반적으로 인정된 지식이나 오래된 가정이 사실이 아니라면 어떻게 되는가?"라는 질문을 끊임없이 던져라.** 탐구자는 무엇인가 다른 일이 일어나고 있음을 눈치채고 그것을 물음으로 바꾸어 새로운 방향성을 취한다. 토마스 헌든은 널리 용인된 경제학 모델에서 오류를 발견하자 자신에게 물었다. '훌륭한 경제학자가 잘못한 거라면 어떻게 될까? 누군가 그 사실을 안다면? 어떻게 내가 해답을 찾을 수 있을까?' 당신이 **탐구자**라면 이와 유사한 질문을 던지며 왜 그것이 그러한지를 알아내기 위해 당신의 열정을 지필 것이다.

2. **이미 알고 있는 것을 살펴보라.** 자신에게 물어보라. 내가 알던 것과 다른 것에 연결해줄 수 있는 것이 무엇인지 이미 알고 있는 것이 있나? 자레드 헤이만은 조사 전문 업체를 운영하고 있었으며 이에 대한 지식을 바탕으로 크라우드메드를 설립했다. 에드 멜카렉은 지칠 줄 모르는 호기심을 통해 콜게이트의 중요한 문제를 신속하게 해결했다. 여기에는 물리학자로서 그 문제가 화학적 문제임을 이미 알고 있었다는 사실이 크게 작용했다. 토마스 헌든은 자신이 학생에 불과하다는 것을 인식하고 있었지만 기회를 포착하고 문제의 고삐를 쥐어, 세계은행과 UN과 같은 세계적 조직에 영향을 끼치고 있던 경제 이론에서 주요한 오류를 바로잡았다.

3. 다양한 토론회와 소규모 그룹에 참여해 더 나은 질문을 던질 수 있도록 하라. 에드 멜카렉과 같은 발명가들에게 토론회, 즉 '포럼'은 오히려 쿼키나 이노센티브 같은 곳이 될 수 있다. 디지털 탐구자에게 '소규모 그룹'은 페이스북 그룹이나 해시태그에 기반을 둔 트위터 토론, 소셜 문답 사이트 쿼라에서의 포럼 혹은 핀터레스트 보드 상에 올라오는 업데이트 게시물이 될 수도 있다. 소규모 그룹을 활용해 계속 당신이 대범한 물음을 던질 수 있도록 도와주는 지지 구조를 구축하라. 마치 토마스 헌든이 자신의 교수들에게서 지지를 받은 것처럼 말이다.

탐구자를 위한 신조

"진실이란 순수하지도 단순하지도 않다."[3]

– 오스카 와일드 *(아일랜드 시인, 소설가, 극작가)*

조력자

체계와 집단, 팀을 만들어 성공적인 일을 하는 사람들이다.

5C 강점 자질: 공동체, 결합, 용기
CxQ 역할 모델: 직관적 지도자, 지지자, 창조적 조직 구성원

직관적 지도자

특성: 목적의식이 있는 / 팀 중심적인 / 의욕이 넘치는 : 긍정적 변화를 일으키는 창시자

어떤 사람인가?
직관적 지도자는 적절한 질문을 던진다. 직원과 동료가 의욕을 보이는 목적을 성취할 수 있는 체계를 세우고 그들의 영향력을 통해 사람들의 삶을 변화시키도록 돕는다. 위험을 감수하며 그룹의 위험에 대해 책임을 진다. 또한 팀 내의 창조적 조직 구성원들이 자율권을 갖고 일할 수 있는 환경을 조성하며 변화를 지극히 편안하게 여긴다. 또한 최상의 결과를 얻고자 책임감을 느끼고 여러 상황을 돌본다. 직관적 지도자의 예는 쿼키를 통해 생산품 개발을 광범위한 공동체의 몫으로 돌린 벤 코프먼이나, 테드x우먼을 설립한 덕분에 세계 여성들의 열정적인 멘토자 리더가 된 팻 미첼에게서 볼 수 있다.

사례: 쿼키의 벤 코프먼 (chapter 04), 콜게이트 경영진 (chapter 04), 팻 미첼 (chapter 06)

직관적 지도자를 위한 조언

1. **진보를 가로막고 있는 '어리석은 규칙'이나 절차를 깨거나 뒤엎어라.** 예를 들어 쿼키의 CEO 벤 코프먼은 이런 궁금증이 일었다. '왜 주방기구 업체가 감자칼 하나를 디자인하고 제조하는 데 2년 7개월이나 걸릴까?' 훌륭한 아이디어를 시장에 출시될 수 있는 생산품으로 전환하는 관례적인 과정에서 재정, 공학, 유통에 대한 여러 문제점을 인식한 코프먼의 회사 쿼키는 과감히 전통 방식을 깨뜨렸다. 카우프만은 소비자들에게 발명에 대한 아이디어를 제시해 달라고 요청했고, 그에 따라 한 달에 두 번 쿼키에 모인 전 세계 사람들이 우승자를 뽑으면 쿼키는 두 개의 상품을 디자인하고 제조한다. 그 종류는 최신 유행하는 아이폰 케이스에서 전자제품, 주방 도구, 가정용품 등 어떤 것이든 가능하다. 이 업체는 상품 개발에 대한 세상의 관점을 새로이 탈바꿈시켰다.

2. **새로운 대중과 공동체에 도움을 구하라.** 누구나 탁자에서 목소리를 낼 수 있도록 여러 공동체 간의 협업을 북돋아라. 쿼키와 크라우드메드, 폴드잇에서처럼 단체 투표, 무기명 의견 제시, 게임방식의 플랫폼 등의 방식이 가능하다. 집단 내의 **창조적 조직 구성원** 혹은 조직 밖에 있는 **탐구자**와 파트너를 맺을 수 있는가? 예를 들어 콜게이트 경영진은 전통적 고용 시스템의 제약 때문에 평소에는 접촉하지 않으려 했던 사람들, 즉 일군의

해결사를 찾아 나섰고 이에 바로 조직 외부에 있는 물리학자 에드 멜카렉을 발견했다. 바로 이 사람이 콜게이트의 상품 포장 문제를 해결한다. 팻 미첼은 테드우먼을 결성하여 대학 캠퍼스, 기업체 사무실 그리고 부근 소도시의 시민들에게도 손을 내밀어 그 공동체들이 지역에서 자체적인 테드x우먼 행사를 열도록 이끌었다. 그러자 이 모임은 몽골과 사우디아라비아와 같이 멀리 떨어진 현장에까지 확대되었다.

3. **나아갈 수 있어야 실패하지 않는다.** 장애물을 만나거나 실패로 끝나는 프로젝트에도 커다란 가치는 있다. 하지만 그것은 실패한 원인을 명확히 함으로써 배우는 것이 있을 때 한해서다. 언제나 당신의 다음 행로를 찾는 데 도움이 될 여러 내적 요소와 외적 상황이 존재한다는 것을 기억하라.

직관적 지도자를 위한 신조

"당신 자신보다 더 큰 것을 세우는 데 필요한 것은 모두 당신에게 있다."[4]

– 세스 고딘(미국 작가, 기업인, 강연자)

지지자

특성: 기꺼이 돕는 / 힘이 되는 / 공감적인 : 충분히 귀를 기울이며 지지해줄 열의를 지닌 사람

어떤 사람인가?

지지자는 다른 사람을 위해 행동하겠다는 동기를 지닌 사람들이다. 이들은 사람들이 소속 공동체 내에서 희망과 꿈을 이룰 수 있도록 돕는다. 현재 상황에 영향을 끼칠 수 있는 길을 발견하고 어떻게 변화를 일으킬 것인지 분명해지면, **지지자**의 마음속에는 자동으로 불꽃이 타오른다. 이들은 다른 이들의 삶이 더 나아지게 하려고 모든 것을 바친다.

노아 어머닌인 카렌 브로클뱅크, 지니 피퍼, 혹은 알라나 메이든을 떠올려보라. 각각의 사례에서 이들이 지녔던 사명감은 멋진 아이디어 이상의 것으로, 그들이 처한 상황에 중요한 영향력으로 작용했다. **지지자**가 반드시 대규모로 관여할 필요는 없다. 긴급 상담 센터의 자동 응답 전화를 통해서일 수도 있고 지역 공원 방문객의 안내자로서일 수도 있다. 이들의 연결지능적 임무에는 다른 이야기들과 유사한 영역이나 진지함이 보이지 않을 수도 있으나, 그 일이 왜 중요한지, 그리고 무엇을 하고 싶은지에 대한 명확성만큼은 **지지자**에게 대단히 중대한 부분이다.

사례: 지니 피퍼 (chapter 09), 카렌 브로클뱅크 (chapter 06), 알라나 메이든 (chapter 06)

지지자를 위한 조언

1. 당신에게 중요한 대의를 택해 그 일이 당신이 도움을 주고 싶은 사람들에게 왜 중요한지에 초점을 맞춰라. 아직 관심을 두고 있는 이슈가 없다면 당신에게 에너지를 불러일으키는 것을

찾아보라. 인터넷을 이용한다면 당신이 전념하고 싶은 대의를 찾는 것이 그 어느 때보다 한결 수월할 것이다. 관심사를 탐색할 때는 당신의 직감에 귀를 기울여라. 어떤 문제가 당신에게 굳은 결심을 불러일으키는가? 마음을 움직이게 하는 분야가 있는가? 건강에 관한 것인가, 여성 문제인가, 동물 권리인가? 끌리는 지역이 있는가? 그곳은 수단의 다르푸르나 인도, 혹은 미 동부의 애팔래치아 같은 곳인가? 당신에게 문제를 해결하기 위해 적용할 수 있는 기술이 있는가? 의사나 공공 보건 분야의 전문가는 아닐지 몰라도 매체나 회계에 관련된 경험이나 지식이 있을 수도 있고 최신기술에 능통하거나, 사람이나 글을 잘 다룰 수도 있다. 고심하고 싶은 문제가 분명해졌다면 밖으로 나가 그 일이 자신이 돕고 싶은 사람들에게 왜 중요한지 따져보아라. 알라나 메이든은 어머니를 위해 기성 유방암 브라를 만드는 것이 많은 사람을 도울 기회임을 빠르게 인식했다. 그녀의 아이디어에 공통의 사명감을 지니고 그녀만큼 열의를 보이는 청원서 서명자들은 수천 명이나 있었다.

2. **당신이 접하고 싶은 공동체와 네트워크 그리고 그들에게서 얻고 싶은 바를 전략적으로 공략하라.** 당신의 정보망을 활성화할 수 있는 적절한 수단을 써라. 노아의 어머니 카렌은 '노아에게 편지를'이란 캠페인을 통해 하나의 공동체를 구축했고, 알라나 메이든은 체인지.org에 청원서를 올려 사람들에게 서명을 요청했다. 지니 피퍼는 어떤가? 그녀는 이메일 소식지를 활용해 자신처럼 FOP를 앓고 있는 다른 환자들과 의학 정보를 공유했다. 이와 더불어, 그러한 여러 허브를 한데 모을 수 있는 지점을

모색해라. 지니 피퍼의 경우 자신이 만든 'FOP 커넥션' 소식지를 지렛대 삼아, 펜실베이니아 대학의 FOP 연구 기금을 마련할 수 있는 자원을 확보했다.

3. **당신이 생각하는 성공의 척도를 정확히 하라.** 한 명의 지지자로서, 성공이란 무엇인지 자신만의 견해를 분명히 해라. 알라나 메이든이 세운 성공의 기준은 자신의 어머니를 위한 강력한 옹호자가 되는 것이었다. 지니 피퍼에게 성공은 FOP로 인한 어려움에 맞설 미래 세대가 삶에 적응하도록 돕는 것이었다. 그녀는 사람들이 변화를 일으키는 데 그리 많은 비용이 들이 않는다는 것을 인식하도록 영감을 주었다. 단순한 볼링 대회 모금행사나 기금 마련 바비큐 파티도 FOP를 비롯한 희귀질환으로 고통받는 사람들의 일생이 더 나아지는 데 하나의 중요한 발걸음이 될 수 있음을 알게 해 준 것이다.

지지자를 위한 신조

"자신의 사명에 대해 지칠 줄 모르는 신념으로 불타오르는 결연한 인간 정신은 작은 규모일지라도 역사의 행로를 뒤바꿀 수 있다."[5]

– 마하트마 간디(인도 민족 운동 지도자, 무저항주의자)

창조적 조직 구성원

특성: 자신감 있는 / 대담한 / 기업가적인 : 아이디어 실행자.

어떤 사람인가?

창조적 조직 **구성원**이라면 남성이건 여성이건 상사의 일을 갈망하거나 자기 자신만의 일을 해보려고 퇴사를 꿈꿀 필요는 없다. 이들이 정말 원하는 것은 일하고 있는 회사 체계 내에서 의미 있는 일을 할 수 있는 자유다. 큰 조직 내에서 일하는 기업가이기 때문이다. **창조적 조직 구성원**은 좋은 아이디어를 찾아내면 그것을 어떻게 완전한 사업계획서로 바꿀 수 있을지를 안다. 이들의 창조적인 비전의 힘이 사용되면 이것은 사회 기여로 이어진다. 그 힘을 발휘하는 이들 또한 직원들의 미래와 조직, 그리고 사업 자체에 잠재적인 영향을 가할 수 있는 위험 부담을 감수한다. 이들은 자신의 독창적인 사고를 자극하는 사람들과 지속해서 관계를 맺는다. 늘 똑같고 낡은 것을 거부하거나, 아예 그런 생각을 거의 하지 않는다. 이런 예는 몬델레즈 사의 보닌 바우와 같은 리더에게서 볼 수 있다. 그는 자신이 이끌 팀을 조직해 준비함으로써 현장에 놀라울 만큼 적합한 오레오 슈퍼볼 트윗 광고를 제작했다. 크리스티 스미스의 경우 인권과 정책에 관련된 '자기은폐'의 개념을 기업 내 다양한 대화의 영역으로 가져옴으로써 딜로이트 대학의 사무실 문화를 포용의 문화로 변모시키는 데 일조했다. 또한 《가디언》의 사이먼 윌리슨은 2만 명이 넘는 독자들에게 17만 건이 넘는 하원의원 경비 보고서 전체를 파헤쳐 달라고 요청한다. 단 며칠 만에 이루어진 이 일에서는, 가디언 팀이 게임 형식으로 고안한 사용자 인터페이스를 제시한 덕분에 검토자를 자청한 모든 독자가 큰 '점수'를 목적으로 똘똘 뭉칠 수 있게 되었다.

사례: 보닌 바우와 오레오 트윗 광고 (chapter 04), 크리스티 스미스 (chap-

창조적 조직 구성원을 위한 조언

1. 열성적인 관리자 혹은 그런 멘토의 신뢰를 얻어 협조를 구하라.
신뢰를 쌓아 이런 유형의 관계를 발전시키기 위해서는 당신이
장기적 관점의 목적에 전념하고 있음을 보여줄 수 있는 일상의
업무에서부터 시작하라. 예를 들어 보닌 바우는 상황에 크게 개
입하기 전에 비교적 작은 리스크를 성공적으로 감수하면서 지
속해서 본사의 신뢰를 쌓아나갔다. 그의 팀은 슈퍼볼 트윗 광고
를 하기 1년 전 뉴욕 타임스퀘어에서 의미 있는 실시간 오레오
광고를 제작한 데서 시작됐다. 이때의 경험이 보닌의 팀이 47회
슈퍼볼 경기에서 상황에 적절하게 움직일 수 있도록 준비시켜
준 사전 작업이 된 것이다.

**2. 혁신적인 일을 실행할 공간과 정기적인 기회를 만들어라. 단,
회사의 기반에 심각한 영향을 끼치거나 회사의 입장을 위협하는 방
식은 피해야 한다.** 창조적 조직 구성원으로서 당신은 소속 회사의
문화와 한계를 가늠해서 조직이 위험 부담을 감수하면서도 기꺼이 시
도해볼 수 있는 방식으로 일해야 한다. 당신의 조직 안과 밖에서 (문화
적 유사성, 취미, 열정, 세대 차이 등을 고려해) 당신과 자연스러운 친밀감이 있는
사람이나 그룹과 관계를 맺어라. 그다음 그들이 이미 지니고 있던 무
기와도 같은 지식과 경험, 기술 등을 발판으로 삼고 이들의 그룹이 지
닌 힘을 충분히 활용함으로써 문제를 해결하는 방법을 찾아보라. 그
결과는 근본적인 변화를 불러올 수 있지만, 접근 방식은 유기적으로
느껴질 것이다. 동시에 의견을 일치시켜야 한다는 부담을 느끼지는

말아라. 다만 핵심 임무를 반드시 유지하면서 광범위한 아이디어와 팀원들을 통합해야 한다.

3. **당신 분야의 안과 밖에서 혁신적인 일에 접근하라.** 이것은 책상에 앉아 테드x 행사를 보는 것에서부터 콘퍼런스를 1년에 3회 참석할 수 있도록 회사와 예산 비용을 협상하는 것에 이르는 모든 것을 말한다. 크리스티 스미스를 예로 들면, 그녀는 지속해서 새로운 개념을 익힐 방법을 찾았고 이를 통해 알게 된 '자기은폐' 개념을 딜로이트에서의 다양성과 포용성을 향상하는 데 적용할 수 있게 됐다. 그녀는 달별로 계획을 세워 외부 전문가와 미팅을 하고 자신의 분야 밖에 있는 혁신적인 사람들과 함께 콘퍼런스에 참석한다. 《가디언》의 사이먼 윌리슨이 '게임처럼 보이는' 인터페이스를 구축해 국회의원들의 활동비 내역을 내보였을 때, 이 프로젝트는 사이먼과 다른 개발자들이 4년 전에 이미 만들었던 장고Django라 불리는 오픈소스 웹 체계를 바탕으로 세워진 것이다. 장고 프로그램 개발에는 3년이라는 시간이 소요됐고 이것은 《가디언》이 영국 하원의원 경비를 공개할 때 신속하게 움직일 수 있도록 했던 핵심 바탕 중 하나였다.

창조적 조직 구성원을 위한 신조

"한 사람이 돌무더기를 응시하며 마음속에 대성당을 떠올리는 순간, 그 돌무더기는 더는 돌무더기가 아니다."[6]

– 앙투안 드 생텍쥐페리(프랑스 소설가, 비평가, 비행사)

관계 실행자

큰일을 이루는 데 필요한 모든 사람과 아이디어, 자원을 동원하는 사람들이다.

5C 강점 자질: 결합, 공동체, 용기
CxQ 역할 모델: 결합 전문가, 활동가, 공감적 사업가, 교란자

결합 전문가

특성: 열린 마음을 지닌 / 독창적인 / 상승효과를 일으키는 : 서로 다른 아이디어의 매개자

어떤 사람인가?

결합 전문가는 자신이 활동하는 특정 분야를 넘어서 연결지능적으로 접근할 때 성장한다. 통합 전문가는 다양한 기술을 이용하고, 상황의 패턴을 발견하고 연관시키며 다양한 기회와 교차 지점이 생겨나게끔 하는 데 일조할 수 있다. 이들은 기존의 지식과 사고, 기억을 새로운 개념이나 상품, 아이디어나 논쟁으로 통합시킨다. 가설을 실험하고 조리 있는 결론에 도달, 과학자처럼 삶에 접근한다. 다른 박사들과 연계하여 게임 방식의 응용법과 치료 방법을 일궈낸 헌터 호프만을 보라. 그는 외부 전문가와의 만남을 통해 화상 피해자들이 통증을 견디도록 그들의 주의를 분산시키는 데 도움을 줄 수 있는 게임사용법을

알 수 있게 됐다. 또한 MIT 리틀 디바이스 랩에는 '쿨 컴플라이'라 불리는 냉장박스를 발명한 **결합 전문가**들로 가득하다. 전기나 태양전지로 작동되는 이 냉장박스는 1년에 600달러의 비용이 드는 얼음 배달을 매일 시켜야 하는 수고를 덜어주었다.

사례: 헌터 호프만 (chapter 06), 수가타 미트라 (chapter 06), 호세 고메즈 마르케스와 MIT 리틀 디바이스 랩 (chapter 04)

통합 전문가를 위한 조언

1. 당신의 삶 속에 들어오는 사람들의 사고의 유형을 관찰하라.
당신은 선생님, 친구, 접했던 책이나 음악, 영화 등을 활용할 수 있다. 삶 속에 들인 것들을 모두 합친 것이 바로 당신이다. 새로운 유형의 사람, 사고, 지식을 서로 연관시킴으로써 세상을 달리 볼 수 있다. 헌터 호프만은 여러 분야에서 활동하는 다른 박사들과 관계를 맺는 데 시간을 들였고 이를 통해 컴퓨터 게임과 화상 치료의 통합이 이루어졌다.

2. 지속해서 주당 한 시간씩 탐구 혹은 '놀이' 시간을 가져라.
결합 전문가인 당신에게는 여러 아이디어를 착상하고 결합하기 위한, 그리고 그 모두를 관통하기 위해 충분히 집중할 수 있을 만큼 오랜 시간이 필요하다. 때로 이런 시간은 블로깅, 노래 부르기, 스포츠, 컴퓨터 프로그래밍과 같은 새로운 기술을 습득하는 데 쓰일 수 있다. 혹은 다른 분야나 배경에 있는 사람들과 관계를 맺는 시간이 되기도 한다. 당신이 배우고 있는 것에 연결지능을 어떻게 적용하고 있는지 주시하라. MIT 리틀 디바이스 랩의 호세 고메즈 마르케스와 그의 팀은 지속적으로 온두라스와 인도 같은 곳을 여행하면서 DIY에 관한 아이디어를 탐구하는 데 시간을 보냈다. 하지만 이와 같은 여행 후에는 다시 연구실로 돌아와 '전념하는' 시간이 이어졌다. 그들이 많은 공동체의 절박한 요구를 만족하게 할 DIY 의료 기술을 목적으로 발견한 여러 아이디어가 이곳에서 결합하였다.

3. 당신의 아이디어를 시험할 수 있는 다양한 유형의 접속 수단을 활용하라. 새로운 생각들을 뒤섞을 때는 새로운 공동체나 네트워크와 연결할 수 있는 서로 다른 툴(비디오, 오디오, 게임, 트위터, 페이스북, 핀터레스트나 동영상 공유 서비스 바인 등)을 사용해보도록 하라. 이러한 툴을 사용해 여러 집단이 함께 모이게 하라. 예를 들어 '할머니 군단'은 스카이프 영상을 이용해 할머니와 인도 아이들을 연결시켜주었다. 이 일은 할머니들이 자기 스스로의 삶 속에서 의미를 발견면서 동시에 젊은이들의 삶 속에서도 중요한 역할을 할 수 있도록 도와주었다.

결합 전문가를 위한 신조

"전적으로 독창적인 것은 아무것도 없다. 모든 것은 이전에 있던 것을 바탕으로 생겨나기 때문이다. 창조력은 결합하는 과정이다. 우리는 세상을 향해 깨어있는 동안 수집된 기존의 지식과 아이디어, 영향력, 기억 그리고 경험을 취해 모두 융합시켜서 새로운 조합을 탄생시킨다. 이것이 우리만의 '독창적' 사고라 불리는 것이다."

– 마리아 포포바(뉴욕 브루클린 거주 불가리아 작가, 블로거, 비평가)

활동가

특성: 용기 있는 / 헌신적인 / 조직적인 : 변화의 동인

어떤 사람인가?

활동가는 잘못된 것을 바로잡는 데 열성적이다. 정의를 지향하기 때문이다. 활동가가 연결지능을 발휘하면 문제를 해결하고 생명을 구하고 세상을 변화시키며 정말 큰일을 이뤄낸다. **활동가**는 잘못된 것을 바로잡는 데 열성적이다. 정의를 지향하기 때문이다. 활동가는 동맹을 구축하고 서로 이질적인 집단을 연결하는 데 능하다. 이러한 예는 패트릭 마이어의 이야기에서 볼 수 있다. 케냐에 있을 때 처음 우샤히디를 알게 된 패트릭은 아이티 대지진이 일어났을 때 매핑 툴을 사용할 기회에 선뜻 달려들었다. 또한 9살짜리 초등학생 활동가 마사 페인은 한심하리만치 건강에 안 좋은 학교 급식과 용납할 수 없는 학교의 급식비용 문제에 옐로카드를 꺼내 들었다. 이 이야기는 어떻게 개인적인 문제에서 시작된 일이 세계적으로 영향을 끼칠 수 있는가를 보여주는 매우 좋은 예다. 마사는 자신의 블로그에 모인 기부금을 '메리의 급식소'라 불리는 자선 행위에 이용하여 아프리카 말라위의 한 초등학교에서 건강한 식사를 내놓을 수 있는 급식소를 세울 기금을 마련을 마련하도록 했다.

사례: 우샤히디의 패트릭 마이어와 오리 오콜로 (chapter 05), 마사 페인 (chapter 06), 타흐리르 서플라이의 아메드 아불하산 (chapter 05), 렛스두잇 캠페인의 라이너 놀박 (chapter 07)

활동가를 위한 조언

1. **당신의 네트워크를 구축하면서 가능한 한 다양한 사람들을 접할 수 있도록 노력하라. 정말로 그들이 필요해지는 때가 올 것이다.** 새로운 대중과 조직에 관여하고 연결하는 데 도움이 되는 유대관계를 맺고 있는지 확인하라. 당신과는 나이, 시각, 정치적 관점, 학업 배경, 직업적 역할, 지리적 위치 등이 다른 사람들과 관계를 구축해라. 패트릭의 경우 케냐의 우샤히디와 이미 연결 고리가 있었기 때문에 매사추세츠 주 케임브리지에 있는 대학원생이었음에도 우샤히디 아이티 구호팀을 세울 수 있었다. 이미 알고 있는 것들이 어떻게 세상 곳곳의 생명을 조금이나마 구할 수 있는 수단으로 변모할지는 아무도 모른다.

2. **새로운 지지층을 위한 공간을 마련하여 당신과 힘을 합칠 수 있도록 하라.** 늘 보는 일상적 사람들의 영역을 넘어서라. 타흐리르 서플라이의 아메드 아불하산은 이집트의 유명인사에게 @타흐리르서플라이를 지지하고 리트윗해달라며 트위터를 통해 간청했고 그 덕분에 단 며칠 만에 만 명이 넘는 팔로워를 얻었다. 패트릭 마이어는 타국에 거주하는 아이티 사람들과 새로운 네트워크를 맺는다. 아이티 크레올어를 영어로 번역하는 일이 자신의 우샤히디 아이티 구호 활동에서 가장 긴급한 일 중 하나임을 깨달으며 움직인 결과였다.

3. **네트워크를 넓혀 당신의 활동을 발전시켰다면 그것을 지역 네트워크에 되돌려주어라.** 전면적인 변화에 대한 비전을 품는 것은 중요하다. 그러나 중요한 것을 성취하게 되었을 때는 소박함을 지니고 그것을 당신의 지역 네트워크에 되돌려주어라. 친숙한

이슈에서 시작하는 것이 도움될 수 있다. 자신의 지역 문제를 다루며 네버세컨즈 플랫폼에서 수천 명의 사람을 동원하게 된 마사는 시간이 지나면서 세계적으로 사람들과 관계를 맺게 되었으나, 거기서 확보한 10만 달러를 말라위의 '메리 급식소' 건립 기부금으로 돌렸다. 렛스두잇 대청소 캠페인을 세계 100개국에서 벌였던 라이너 놀박과 공동설립자들은 '오픈 가상 세계 쓰레기 지도'를 제작해 사회적 관계망을 구축하고 있다. 여기서 지도정보 제공자들은 서로를 발견하고 자신의 친구들이 서로의 자료를 매핑하고 업데이트하는 상황을 볼 수 있게 되었다.

활동가를 위한 신조

"삶의 중요성은 단순히 우리가 살고 있다는 사실에 있는 것만이 아니라, 다른 이들의 삶에 긍정적인 변화를 가져오는 것에 있다. 여기서 우리가 영위하는 삶의 의의가 결정된다."[8]

— 넬슨 만델라(전 남아프리카 대통령, 흑인 해방운동 지도자, 노벨 평화상 수상)

공감적 사업가

특성: 열정적인 / 집요한 / 적응력이 높은 : 독창적인 선지자

어떤 사람인가?

이들은 스스로 무리의 대장이길 원하지만 동시에 실제 대중의 요구를 충족시키고 싶어 한다. **공감적 사업가**는 창의력과 의욕으로 가득하

다. 이들은 진정한 세일즈맨으로, 사기꾼은 아니다. 잠시 멈추어 다른 사람의 의중을 귀 기울여 듣고 고객이나 팬과 정서적인 관계를 맺으면서 자신이 다른 이들에게 고용된 사람이라 여긴다. 큰 행동으로 옮기기 전에 정보를 수집하며, 떠오르는 문제들을 헤치고 나아가는 데 필요한 동력 에너지원을 쌓아 세상에 독창적이고 새로운 것을 내놓는다. 가장 중요한 것은 언제나 진정으로 다른 이들의 말을 듣고, 자신이 하는 일을 통해 사람들이 실제로 원하는 것을 산출하고 있는지를 확실히 하는 것이다. 우리는 버키니를 만든 아헤다 자네티나 라이프스타일 블로거자 유튜브의 셀러브리티 미셸 판, 그리고 래퍼에서 변화를 이끌어내는 행위자로 변신한 퍼렐과 같은 기업인에게서 이러한 모습을 본다.

사례: 아헤다 자네티 (chapter 08), 미셸 판 (chapter 03), 패럴 (chapter 08)

공감적 사업가를 위한 조언

1. 당신이 도움을 줄 수 있는 사람들의 범위를 가능한 한 넓혀라.

사람들과 이야기하며 그들의 요구를 관찰하는 데 시간을 보내고 있다면 독창적인 아이디어가 나타나기 시작할 것이다. 그런데 이러한 아이디어는 종종 당신이 상상하는 것보다 더 많은 고객층에게 도움이 될 수 있다. 아헤다 자네티는 호주 이주자로서 이슬람계 여성들의 경험에 충분히 귀를 기울였고, 세계에서 처음으로 상하의가 구분된 히잡 스타일 모자가 있는 라이크라 소재 버키니를 만들게 된다. 버키니 덕분에 이슬람 여성들은 해변에서 더 자유로이 활동할 수 있게 되었고, 이제는 여러 다른 이

유로 바닷가에서 몸을 완전히 가리고 싶어 하는 비이슬람계 여성들도 버키니를 찾고 있다. 미셸 판은 한국의 셀러브리티에서 프랑스의 10대에 이르는 이들과 더불어 서로 다른 문화와 스타일을 논하면서 팬들이 하는 이야기를 세심하게 듣고 전 세계 시청자들과 관계를 쌓았다.

2. **실패에 연연하면 앞으로 나아갈 수 없다.** 공감적 사업가라면 어떤 일을 할 때 거기에 잠깐 손을 담그고 놀며 느긋하게 즐기고 실험을 해보아야 한다. 처음에 그 일을 잘하는지 아닌지는 별로 중요하지 않다. 실패하여 창피를 당할까 걱정하지 않으며 다른 형식이나 장르로 옮겨갈 수 있다. 예를 들어 퍼렐은 굉장히 유명한 래퍼였기 때문에 음계의 유명인사라는 전형적인 가면을 벗으면서 커다란 리스크를 떠안아야 했다. 하지만 자신이 이제까지 하고 있던 모든 것을 지속 가능한 목적과 더 나은 변화를 이끌어내고 싶은 욕구에 결부시켰다. 그에게 새로운 목적이란 자신이 가끔 수용했던 멋진 음악 산업계의 유명인사 이미지에 정반대되는, 머리는 좋아도 세상 물정 잘 모르는 특유의 자부심과 순진함을 지닌 자신의 모습을 되찾는 것이었다. 그가 그 속에서 새로이 발견한 욕구는 자신과 같은 아웃사이더인 젊은이들의 삶에 긍정적인 영향력을 미치는 것이었다. 이처럼 내적인 한계를 분명히 함으로써 원래의 경력을 뛰어넘는 큰 돌파구를 발견할 수 있다.

3. **당신의 사업을 오랫동안 지속할 수 있도록 점진적으로 증가하는 보상 시스템을 구축하라.** 공감적 사업가가 되려면 당신의 열정과 에너지에 연료를 채울 수 있는 배짱과 구조가 필

요하다. 미셸 판은 팬들에게서 받은 하루하루의 지지와 조언 덕분에 자신의 커뮤니티와 더 깊은 관계를 맺고 팬들의 요청을 바탕으로 새로운 비디오를 만들 수 있게 되었고, 이것은 그녀가 일하는 데 동력원이 되었다. 시간을 내어 새로운 에너지를 얻을 수 있는 구조를 세우고 당신이 도움을 주려는 이들의 가장 근본적인 니즈를 끊임없이 접해라.

공감적 사업가를 위한 신조

"당신의 아이디어를 믿고 당신의 직감을 신뢰하라. 그리고 실패를 두려워 말라."[9]

– 사라 블레이클리(스팽스 공동최고경영자,
2012년 세계에서 가장 어린 자수성가형 여성 부호)

교란자

특성: 호기로운 / 진보적인 / 두려움이 없는 : 위험을 감수하는 리더

어떤 사람인가?

교란자는 창시자이자 개척자로, 전통적인 통념을 뒤집고 새로운 방식으로 문제를 해결할 수 있는 길을 찾는다. 교란자는 "그래, 그러면"의 세계에서 살며 "아니야, 하지만"의 세계에 반대한다. 이들은 사회의 규칙에 따라 움직이지 않는다. 규칙이란 것은 종종 깨기 위해 있는 것으로 생각하기 때문이다. 누구보다도 먼저 새로운 것을 시장에 내

놓거나 그것을 위해 행동을 취한다. 애플의 스티브 잡스나 페이스북의 마크 주커버그와 같은 혁신가들은 교란자 모델의 완벽한 상징으로, 이들은 기술과 인터넷이라는 최첨단 분야에서 완전히 새로운 세계를 창출했다. 교란자는 비전통적인 방식으로 일하며 문화 속에 새로운 아이디어를 급진적으로 소개한다. 이들은 적극적인 정신을 지닌 사람들과 고무적인 대화에 끌린다. 이 책 속에서는 많은 교란적 지도자를 만나볼 수 있다. 여기에는 '거꾸로 교실'에서 학생들이 배우는 방식에 변화를 가한 살만 칸, 베이2올락의 CEO로 '도로를 고치지 않으면 교통문제를 해결할 수 없다'라는 전통적 사고를 탈바꿈시키고 있는 가말 사덱, 그리고 단백질 접힘 조합 문제를 푸는 게임을 만들어낸 데이비드 베이커 등이 있다. 교란자는 우리가 모두 연결되어 있을 때 이제까지 묻지 못했던 질문을 던질 수 있다는 것을 알고 있다.

사례: 살만 칸 (chapter 03), 가말 사덱 (chapter 07), 데이빗 베이커 (chapter 07)

교란자를 위한 조언

1. 현재 통용되는 상식을 뒤집고 '어리석은 규칙'이나 절차를 깨거나 뒤집을 수 있는 양식에 주목하라. 가말 사덱은 라디오만이 교통 상황을 추적할 수 있다는 생각에 역발상을 가해 베이2올락을 출시했고, '#카이로교통'이라는 해시태그를 사용해 정보를 공급받는다. 이제 이 휴대전화 애플리케이션은 카이로 시민들이 교통 문제와 씨름하고 도로 기반시설을 바로잡는 방식에 혁신을 일으키고 있다.

2. 창조적인 사고에 집중할 수 있도록 오로지 브레인스토밍만 할

수 있는, 스스럼없이 격식에 얽매이지 않는 분리된 공간을 창출하라. 당신과 동료들을 위한 정기적인 시간을 마련하여 브레인스토밍으로 새로운 아이디어를 얻고, 장기적인 프로젝트에 대한 의견을 나누거나 전략을 세워라. 최고의 교란자에게는 긴밀한 유대감을 지닌 팀이 있을 뿐 아니라, 그런 그에게 우선순위는 자신의 스케줄에서 충분한 양의 '개인 시간'을 잘라내 아이디어를 시험하는 것이 된다. 살만 칸의 개인적인 '취미' 즉 사촌 동생을 위한 유튜브용 수학 비디오를 만드는 일은 어느새 '교실을 뒤집는' 국제적 비영리단체로 변모해, 학생들의 학습 과정에서 교사와 교육 기간, 상호작용하는 시간과 방법을 전복시키고 있다.

3. **문제를 해결할 수 있는 개방적인 플랫폼을 구축하라.** 커다란 도전과제와 씨름할 때는 많은 사람이 그 문제를 풀기 위해 협력할 수 있는 해결 방식을 고안하라. '오픈 플랫폼'을 통해 단 10일 만에 6만 명의 '폴드잇' 게이머들이 풀어낸 문제는 생화학자들이 10년 내내 해결하려 애써왔던 것이었다. 이곳에 개방된 독특한 게임에 몰려든 게이머들이 RNA 종양 바이러스의 단백질 분해 효소, 즉 레트로바이러스 프로테아제라 불리는 단백질 구조를 판독해냈고, 이것은 에이즈 바이러스 HIV가 증식하는 방식을 알아내는 데 핵심 열쇠가 되었다.

교란자를 위한 신조

"규칙을 모두 따르면 즐거움도 모두 잃는다."[10]

-캐서린 헵번(미국 배우, 아카데미 여우주연상 4회 수상)

연결지능 워크플랜

다음의 다섯 단계 플랜을 써내려갈 때는 당신의 비전을 분명하게 서술하고 잘 모르는 것이 무엇인지 확인하며 생각하는 것을 조리 있게 표현해야 한다. 이 플랜은 당신이 한 걸음씩 한계를 넘어 큰일을 이룰 수 있도록 힘을 줄 것이다.

> "새로운 행동을 해야겠다고 생각할 때보다 실제 행동하는 가운데 새로운 사고가 일어나는 법이다."[11]
>
> — 리처드 파스칼(《긍정적 이탈》 공동 저자)

1. 당신이 이루고 싶은 의미 있는 일은 무엇인가?

이것이 당신의 원대한 목적이다. 일터나 삶 속에서 당신의 연결지능을 발휘해 최대화시키고 싶은 당신의 꿈이다.

2. 그 일이 왜 중요한가?

왜 이 일이 당신에게 중요한가? 이 일은 같은 일을 이루어내려고 노력하고 있는 다른 지지층(네트워크, 사람, 단체)에게도 중요할까? 당신이 아직 관계하고 있지 않은 사람들에게도 이 일이 중요한 이유는 무엇인가?

3. 이 의미 있는 일을 이루기 위해 당신이 지렛대로 삼아 힘을 얻을 수 있는 사람들과 단체에는 누가 있는가?

이 일을 이루는 데 정말로 당신이 힘을 얻을 수 있는 중요한 사람은 누구인가? 그 일은 당신의 투자자나 이해관계자에게 중요한 일인가? 당신이 도움을 주려고 애쓰는 사람들에게 중요한 일인가? 또 어떤 사람에게 이 일이 중요한가?

4. 이 의미 있는 일을 이루려면 당신의 연결지능을 어떻게 활성화해야 할까?

어떻게 이 일에 도움을 줄 사람들이 관여하도록 할 수 있을까? 핵심적인 영향력을 행사하는 사람들, 커뮤니케이션의 관문을 지키며 뉴스나 정보의 유출을 통제하는 게이트키퍼, 그리고 정부 관계자들과 일하려면 어떻게 해야 할까? 어떤 유형의 자원과 사고가 당신에게 지렛대로 작용할 수 있을까? 당신의 생각을 행동으로 옮기기 위해 여러 다양한 수단과 기술을 어떻게 활용할 것인가? 어떻게 하면 새로운 사람들이나 네트워크와 관계를 맺어 당신이 이루고 싶은 그 원대한 일과 씨름할 수 있을까? 해법을 찾고자 개연성 없는 별난 장소에 가서 예상 밖의 사람들을 만나려면 어떻게 해야 할까?

5. 행동 목록을 작성하라

해야 하는 모든 일의 목록을 만들어라. 당신의 큰 꿈을 이루기 위해 누구와 언제 그 일을 할 것인지 함께 적어라. 당신의 일에 가장 빈번하게 적용해야 할 5C 자질은 무엇이고 가장 필요로 하게 될 CxQ 역할 모델은 누구인지 적어 보라.

연결지능 관리자 가이드

포춘 선정 500대 기업의 최고경영자건 신생 업체의 인턴팀 관리자건 상관없이, 당신은 당신의 모든 팀원의 연결지능을 북돋는 데 도움을 줄 수 있다. 여기서는 당신의 팀을 과거로부터 끌어내어 더 밝은 연결지능의 세계로 옮겨갈 수 있는 팀 훈련용 관리자 가이드를 제시한다.

훈련의 목적: 이 연결지능 팀 훈련은 팀원들의 개별적 연결지능이 어떻게 팀 전체의 수행력을 개선할 수 있는지 이야기하고, 초점이 분명하고 직접적이며 행동 가능한 피드백을 서로 나누는 토론의 장을 마련하기 위함이다. 또한 연결지능의 힘을 활용할 필요가 있는 프로젝트가 무엇인지 규정하려는 목적도 있다.

시간: 팀의 규모와 협력자의 기량에 맞춰 1~2시간 정도가 필요하다.

훈련 지침:

1단계: **함께 연결지능 퀴즈를 풀어라.** 각각의 팀원이 자체적으로 연결지능 퀴즈를 모두 풀게 하라. 이후 각 팀원이 팀 내에서 맡은 역할에 기초해, 팀에서 그 사람에 대한 퀴즈 문항을 답해줄 수도 있다.

2단계: **팀원 각각의 퀴즈 결과와 팀 전체의 퀴즈 결과에 대해 총계를 내라.** 퀴즈 문항에 대한 모든 답이 완료되면 각 팀원의 점수와 그들이 다른 팀원들에게서 받은 점수에 대해 합계를 내도록 모든 팀원에게 요청하라. 각 팀원에게 퀴즈 결과에 따라 5C의 자질 중 최고 점수가 나온 강점과 최저 점수가 나온 약점이 무엇인지 확인하게 하라.

(주의사항: 팀원들 스스로 퀴즈를 풀며 자신에 대한 답을 써야 한다. 그래야 이 훈련에 전념하면서 자신이 어떤 응답을 했는지 기억할 수 있으며, 다른 사람들이 자신에 대해 언급한 것을 듣고 답변을 바꾸려는 마음이 생기지 않는다.)

3단계: **퀴즈 결과를 공유하라.** 팀의 관리자가 견해를 밝히는 것에서 시작해, 모든 팀원들이 돌아가며 자신의 강점과 약점을 하나하나 소리 내어 읽도록 한다. 모든 사람의 차례가 끝나면 화이트보드에 5C의 강점과 약점에 대한 팀 전체의 점수를 모아 적어라.

다음의 질문을 사용하여 화이트보드에 적힌 결과에 대해 팀원들과 토론하라.

• 당신이 팀의 영향력에 기여하고 있는 가장 중요한 C 한 가지는 무엇인가? (즉, 해당 팀원의 강점을 말한다.)
• 당신이 팀의 영향력을 제한하고 있는 가장 중요한 C 한 가지는 무엇인가? (즉, 해당 팀원의 약점 혹은 발전의 기회를 말한다.)
• 당신은 팀의 목적을 성취하기 위해 팀 전제가 잘 관리해야 하는 가장 중요한 C는 무엇이라고 생각하는가?

4단계: 팀 리더에게 팀원들의 발언에 대한 피드백을 요청하라. 전체 팀 속에서 5C와 관련해 존재하는 격차가 무엇인지 확인하고, 이 부분을 가장 잘 다룰 방법은 어떤 것이 있을지 의견을 나누어라. 예를 들어 당신의 팀 내에는 호기심(Curiosity)이 낮을 수 있다. 그럴 경우 어떤 문제를 해결하기 전에, 각자 어떤 관점을 가지고 있으며, 그 관점에 대해 서로가 어떤 의견을 지니고 있는지 살펴봄으로써, 전체 팀의 전망을 확장하기 위해 더 많은 시간을 투자하고 싶을 수 있다. 혹은 용기(Courage) 부분이 낮게 나올 가능성도 있다. 이때는 잠시 서로 불꽃 튀는 논쟁을 나눌 수 있는 미니 '스파링' 타임을 마련해 다양한 의견을 촉발하고 공유하고 싶은 욕구가 생길 수 있다. 만약 당신의 팀에 '발화' 자질이 더 필요하다고 인식했다면 고객 네트워크나 다양한 분야를 아우르는 여러 그룹과 심도 있는 연계와 관계를 더욱 활성화해 변화의 바람을 일으킬 필요가 있을 것이다.

5단계: 당신의 CxQ 역할 모델은 무엇인지 확인하라. 퀴즈 결과를 바탕으로 팀원들의 CxQ 역할 모델은 무엇인지에 대한 자료를 매핑, 즉 약도로 그려보라. 각 팀원에게 퀴즈 결과에 따라 팀 내에서의 자신의 강점을 가장 잘 드러내는 CxQ 역할 모델 하나를 선택하게 하라. 다른 상황에서 다른 CxQ 역할을 할 수 있으므로, 팀 내에서 수행하고 있는 특정한 역할에 따라 CxQ 역할 모델을 택하게끔 하라. (표 2를 참고하시오.)

표 2

당신의 강점이 … 라면	당신은 다음 가운데 … 일 수 있다
호기심(Curiosity)	탐구자
	이상가
	모험가
결합(Combination)	결합 전문가
	공감적 사업가
	창조적 조직 구성원
공동체(Community)	활동가
	지지자
	직관적 지도자
	창조적 조직 구성원
용기(Courage)	이상가
	모험가
	지지자
	활동가
발화(Combustion)	교란자
	활동가
	공감적 사업가
	결합 전문가

6단계: 전체 팀의 CxQ 역할 모델을 모아 사색가, 조력자, 관계 실행자 등 세 범주의 CxQ 역할 모델에 대한 팀 내의 격차를 살펴보라.

팀에는 세 범주의 CxQ 역할 모델 사이의 적절한 균형이 필요하다. 크고 의미 있는 사고를 자극하고 발생시키는 **사색가**도 있어야 하고, 큰 목표를 이루는 데 필요한 구조와 힘을 창출하는 **조력자**도 있어야 하며, 그리하여 원대한 지향을 이룰 수 있도록 많은 사람을 동원하는 관계 **실행자**도 있어야 한다.

당신의 팀에는 관계 **실행자**보다 **사색가**가 더 많은가? 아니면 **조력자**만 넘치는가? 다양한 CxQ 역할 모델과 관련, 팀의 균형이 유지되도록 필요에 따라 팀 내에서나 팀 밖에서 서로 파트너를 맺을 수 있는 공통성이나 기회가 있는지, 그래서 그러한 점을 통해 함께 의미 있는 일을 이룰 수 있는지 살펴보라. (표 3을 참고하시오.)

표 3

사색가	조력자	관계 실행자
이상가	직관적 지도자	결합 전문가
모험가	지지자	활동가
탐구자	창조적 조직 구성원	공감적 사업가
		교란자

7단계: **팀 전체가 함께 '연결지능 워크 플랜'을 작성하라.** 당신의 팀이 해내고자 하는 한두 가지 특정한 프로젝트를 택해, 어떻게 연결지능의 힘을 활용할지에 대한 질문에 답하라.

8단계: **7단계에서 한 작업을 바탕으로 다음 단계의 실행 계획을 고안하라.** 당신의 팀 내에서 여러 연결지능적 자질들이 향상되고 적절한 CxQ 역할 모델 파트너십이 형성될 수 있도록 팀원들을 격려하여, 큰 목적을 성취하는 데 알맞은 실행 계획을 세워라. 5C에 관련된 팀의 강점과 약점 그리고 팀에서 나타나는 CxQ 역할 모델이 어떤 것인지 알았으므로, 팀의 실행 계획에 대한 다음의 질문에 답해보라.

a. 5C 가운데 하나의 팀으로서 우리가 개선할 수 있는 연결지능 자질은 어떤 것들이 있는가?

b. 5C 사이에 존재하는 서로의 격차를 메우고자 서로의 기량이나 기술을 두고 팀 내에서 어떻게 협력할 수 있을까? (예를 들어, **이상가**와 **결합 전문가**, **활동가**와 **창조적 조직 구성원**을 짝지을 수 있다.)

c. 팀 내에 있지는 않지만 **사색가**와 **조력자, 관계 실행가** 중에서 세 범주의 CxQ 역할 모델 간의 격차를 메우는 데 도움이 될 수 있는 사람이 있는가?

d. 팀에 없는 CxQ 역할 모델을 찾기 위해 접근할 수 있는 다른 개인이나 그룹, 대중이 있는가? (예를 들어 산업 협회, 여러 분야의 콘퍼런스, 디지털 커뮤니티, 크라우드 소싱 플랫폼, CEO, 기업가 등을 고려할 수 있다.)

e. 하나의 팀으로서 모두의 연결지능을 향상하기 위해 취할 수 있는 실행 계획 세 가지로는 어떤 것이 있는가?

9단계: **시사점과 다음 단계는 어떤 것이 있을지 짚어보라.** 모든 팀원이 동료에게서 조언을 얻었다면, 자신이 개별적으로 그리고 팀에서 다른 이들과 어떤 일을 할 것인가를 시사하는 한두 가지 주요 실행 사항을 요약해, 각각의 개인이 팀 전체에게 명시하도록 하라. 이 사항들을 관리자에게 이메일로 보내게 하라.

나의 연결지능 지수는?

다섯 가지 연결지능 자질 '5C'를 바탕으로 다섯 개의 질문이 제시된다. 특정한 역할을 맡은 당신의 행동에 대해 생각해보라. 일상 속에서 부모, 배우자, 형제자매, 룸메이트나 친구일 수도 있고 직장에서는 관리자나 팀원 혹은 공동체의 지도자나 자원봉사자일 수도 있다. 이런 역할을 하면서 당신은 얼마나 자주 5C를 사용하는가? 당신의 행동을 가장 잘 표현하는 항목에 근거해 질문마다 1점(최저)에서 4점(최고)까지 당신을 평가해보라. 5C의 항목을 이용해 팀이나 주변 사람들에게 당신이 역할을 수행할 때 얼마나 연결지능적인지 물어볼 수도 있다. 이 평가의 가치는 전적으로 마음을 열고 정직하게 답하겠다는 당신의 의지에 달려있다.

유의사항: 당신이 받을 수 있는 최대 점수는 16점이다. 5개의 카테고리가 있는데 왜 20점이 나올 수 없을까? 최대 점수를 16점으로 정한 데는 의도가 있다. 연결지능 퀴즈의 목적은 당신이 가장 강한 연결지능 자질이 무엇인지 확인하도록 하는 것과 동시에, 당신의 약점에 대해 정직해지도록 하려는 것이다. 예를 들어 만약 당신이 '호기심'과 '결합' 두 항목에서 각각 4점이 나왔다면 나머지 '발화,' '용기,' '공동체'의 항목에 돌아갈 점수는 총 8점이 남는다. 이처럼 모든 항목에서 만점이 나올 수 없으므로, 점수에 따라 당신의 강점과 약점이 어느 요

소에 있는지 자연스럽게 드러나게 된다. 모든 사람에게는 다른 사람보다 더 강한 연결지능 요소가 있기 마련이다. 당신의 강점이 어디에 있는가를 고려해 신중하게 평가하길 바란다.

현재 나의 역할은 _____ 이다:

연결지능 퀴즈

질문	점수
#1. 호기심 (Curiosity) 나는 새로운 관점을 얻기 위해 서로 다른 상황적 맥락에서 보며 특정한 질문의 뼈대를 잡아 다양한 물음을 던지는 데 얼마나 자질이 있는가?	
#2. 결합 (Combination) 나는 서로 다른 생각이나 자원, 혹은 상품을 취하고 결합해 새로운 개념과 사고방식, 그리고 놀라운 결과를 창출하는 데 얼마나 자질이 있는가?	
#3. 공동체 (Community) 나는 사람들을 모아 어떤 것을 함께 창조하고, 새로운 아이디어를 촉발하고, 관심과 이해력을 발달시키는 데 얼마나 자질이 있는가?	
#4. 용기 (Courage) 나는 불확실함과 두려움 속에서도 다양하고 어려운 대화를 얼마나 이끌어낼 수 있으며 또 거기에 참여할 수 있는가? 이러한 사고와 관계를 유지, 확장하는 데 얼마나 자질이 있는가?	
#5. 발화 (Combustion) 나는 다양한 네트워크를 동원하고 점화시키며 변화를 창출해 활성화하는 데 얼마나 자질이 있는가?	

◉ 퀴즈 결과 살펴보기

다음의 점수표는 당신이 역할을 수행하며 연결지능을 얼마나 강력하게 사용하고 있는지를 알려줄 것이다.

> 13-16 = 뛰어납니다! 계속 꿈을 꾸고 자신에게 힘을 부여하며
> 연결하고 실행하세요!
> 9-12 = 좋습니다. 올바른 방향으로 가고 있어요.
> 5-8 = 해내고 계시네요. 당신의 강점에 집중하고 약점이 무엇인지
> 인식하세요.

당신의 점수를 확인하고 다음 질문에 비추어 깊이 생각해보라.

1. 다섯 가지 연결지능 자질 5C 가운데 어떤 자질에서 가장 높은 점수가 나왔는가? 그것이 바로 당신의 강점이다.
   - 당신이 정의한 역할에서 이러한 자질을 어떻게 사용하고 있는지 몇 가지 예를 적어보라.
   - 당신의 강점을 이용해 취할 수 있는 몇 가지 구체적인 일을 적어보라. 그 일에는 당신의 강점이 도움될 수 있는 사람들과 관계를 맺는 것도 포함될 수 있다.
   - 이러한 강점을 기반으로 계속해나갈 수 있는 일을 몇 가지 적어보라. 많은 경우 모든 사항에서 완벽한 것보다 한두 가지 'C'를 지닌 전문가가 되는 것이 더 낫다.

2. 5C 가운데 어떤 자질에서 가장 낮은 점수가 나왔는가? 거기에 바로 당신이 발전할 기회가 있다.

- 당신이 정의한 역할에서 이러한 자질을 어떻게 사용하고 있는 지 몇 가지 예를 적어보라.
- 당신의 역할 속에서 이러한 자질을 개선하기 위해 할 수 있는 몇 가지 구체적인 일을 적어보라.
- 이러한 약점을 덜어내기 위해 할 수 있는 몇 가지 구체적인 일을 적어보라. 여기에는 보통 이 자질에 대해 좋은 점수가 나와 당신의 부족함을 채워줄 수 있는 사람들과 관계를 맺는 것이 포함된다.

3. 퀴즈 결과를 보고 의외라는 생각이 들었는가? 왜 그러한가? 그 결과를 바탕으로 당신의 역할 속에서 무엇을 할 수 있는가?

- 5C 가운데 당신이 역할을 수행할 때 특정한 성공을 거두기 위해 가장 중요하게 사용해야 하는 자질이 무엇인지 적어보라.

◉ 퀴즈 결과에 따른 CxQ 역할 모델 매핑

다섯 가지 연결지능 자질 5C 중에서 당신의 강점을 가늠하면서 퀴즈 결과와 당신이 선택했던 CxQ 역할 모델이 서로 맞는지 확인하라. 당신의 역할 속에서 **호기심**이 높게 나왔다면 당신은 **탐구자**인가 **이상가**인가? 당신의 역할에서 **용기**가 높게 나왔다면 당신은 **지지자**인가 **모험가**인가? 당신은 연소(Combustion)에서 높은 점수가 나왔을 수도 있다. 그렇다면 당신은 **교란자**인가 **활동가**인가? 당신이 취하는 역할에 따라 5C를 다르게 사용할 수도 있음에 유의하라.

5C 가운데 약점이 무엇인지 알아본 후 우리는 당신이 어떻게 특정한 CxQ 역할 모델과 파트너를 이루거나 함께 일할 수 있을지 생각해 볼 것을 권했다. 그 역할 모델은 당신의 약점을 보완하면서 당신의 CxQ를 향상해 함께 의미 있는 일을 이룰 수 있을 것이다.

여기에 당신의 5C 점수를 개선하기 위해 함께 일하고 싶을지 모르는 CxQ 역할 모델을 모아봤다. 고려하고 싶은 CxQ 역할 모델이 누군지 동그라미 표시를 해보아라.

향상시키고자 하는 자질	파트너를 맺을 CxQ 역할 모델
호기심(Curiosity)	탐구자
	이상가
	모험가
결합(Combination)	결합 전문가
	공감적 사업가
	창조적 조직 구성원
공동체(Community)	활동가
	지지자
	직관적 지도자
	창조적 조직 구성원
용기(Courage)	이상가
	모험가
	지지자
	활동가

발화(Combustion)	교란자
	활동가
	공감적 사업가
	결합 전문가

삶 속에서 함께하는 사람들의 목록을 만들어 당신이 동그라미 표시를 한 역할모델을 할 수 있는 사람이 누구일지 살펴보아라. 그리고 그 사람에게서 배워라. 그 사람을 불러내 카페로 데리고 가서 함께 특별한 프로젝트를 실행하거나 그가 잘하는 것을 공부하라. 다른 CxQ 역할모델과 함께 서로의 다른 5C 간의 격차를 메울 수 있을 것이다. 그리고 함께하면서 멋진 일을 이룰 수 있을 것이다.

자신을 되돌아보는 시간은 연결지능을 쌓아나가는 데 결정적인 출발점으로 작용한다. 다음의 표현들은 원대한 꿈을 이루기 위해 당신이 어떻게 연결지능을 발휘하고 있는가를 곰곰이 생각해보고, 그 속에서 중요한 측면을 발견하도록 이끌어줄 것이다.

연결지능 독서토론 가이드

이제 이 책을 모두 읽었으니 밖으로 나가 당신이 활동하는 공동체나 블로그, 소셜 네트워크 사이트 등과 같은 공간에서 다른 사람들과 토론해볼 때가 되었다. 진정 당신의 꿈을 실현하고 싶다면 동료나 친구, 독서모임 사람들과 개인적으로 이야기를 나눠보라. 연결지능은 대화에 대화를 거듭하며 시작된다.

1. 일상을 보내고 일하는 가운데 당신의 연결지능이 발휘되는 순간은 어디서 발견되는가? 어떤 상황에서는 연결지능을 사용하고 어떤 상황에서는 그렇지 않은가? 예를 들어보라.

2. 배우자, 동료, 친구, 자녀 등 당신의 삶에서 중요한 사람들의 연결지능은 어떤가? 당신은 그들의 CxQ를 어떻게 평가하는가?

3. 책 속에서 당신에게 가장 강한 울림을 주는 부분은 어디인가? 의견이 다른 부분이 있는가? 있다면 이유는 무엇인가?

4. 살면서 연결지능을 발휘한 것이 이점으로 작용한 적이 있는가? 불리하게 작용한 적이 있는가?

5. 당신이 호감을 느끼는 CxQ 역할 모델은 누구인가?

6. 당신은 CxQ가 오늘날의 리더에게 핵심적인 자질이라는 우리 저자들의 의견에 동의하는가?

7. 당신은 내향적인가 외향적인가? 다른 사람들과는 다르게 CxQ를 발휘하는 당신의 방식이 있는가?

8. 당신이 내향적인 사람이라면 외향적인 이들과 있을 때 연결지능을 발휘하기에 가장 어려운 점은 무엇인가?

9. 당신이 외향적인 사람이라면 내향적인 이들과 있을 때 연결지능을 발휘하기에 가장 어려운 점은 무엇인가?

10. 당신이 '기술'에 능하지 않다면 연결지능을 발휘하는 데 가장 힘든 점과 가장 도움이 되는 점은 무엇인가?

11. 당신이 '기술'에 능하다면 연결지능을 발휘하는 데 가장 힘든 점과 가장 도움이 되는 점은 무엇인가?

12. 이 책에서는 연결지능이 기술이나 툴에 관한 것이 아니라 오히려 인간관계를 촉발하는 것에 관한 것임을 암시하고 있다. 당신의 일터에서 기술과 인간관계 사이의 차이를 경험한 적이 있는가?

13. 당신의 일이 연결지능을 발휘하도록 해준다고 생각하는가? 그렇지 않다면 당신의 CxQ를 키우기 위해 어떤 일을 할 수 있을까?

14. (자녀가 있을 경우) 당신의 연결지능과 아이들의 연결지능을 비교해보면 어떠한가? 그 차이를 고려하여 아이들과 어떻게 관계를 개선할 수 있을까?

15. (관계를 맺고 있는 배우자나 연인이 있을 경우) 당신의 연결지능과 배우자나 연인의 연결지능을 비교해보면 어떠한가? 서로 화합하기 힘든 영역을 어떻게 다룰 것인가?

16. 당신은 페이스북이나 트위터 같은 소셜 미디어를 즐겨 사용하는가? 기술이나 툴을 이용해 연결지능을 발휘하는 것을 좋아하는가?

17. 네트워크와 단절되었을 때 연결지능을 더 효과적으로 발휘할 수 있었던 때가 있었는가?

18. CxQ로 세상을 변화시킬 수 있는 것 가운데 제일가는 것은 무엇이라고 생각하는가?

본서에서는 많은 이야기가 다뤄지고 있으므로 모든 것을 단번에 기억해내리란 쉽지 않을 것이다. 여기서는 필요한 내용을 떠올리는 데 도움이 되도록 연결지능의 정의와 연결지능 트위터 버전, 카페 버전 그리고 단기 코스를 제시한다.

정의

연결지능은 세계의 다양한 사람들과 네트워크, 여러 분야의 지식과 경험, 자원 등을 결합해 연결성을 구축함으로써 가치와 의미를 창출하고 난관을 타개할 수 있는 돌파구를 발견하는 재능이다.

트위터 버전

#연결지능(#GBTD)은 연결지능이 오늘날의 세계에서 성공과 리더십의 핵심 열쇠임을 보여준다.

연결지능은 우리 시대에 괴물과도 같은 물결이다. 우리는 모두 그 물결을 함께 타고 있다. #연결지능(#gbtd)

IQ와 EQ의 시대는 지나갔다. 21세기에 사는 우리는 여기서 더 나아가 연결지능(CxQ)를 발휘하여 원대한 꿈을 이뤄야 한다. #연결지능(#gbtd)

카페 버전

제일 중요한 것부터 하자. 연결지능, 즉 CxQ란 무엇인가?

간단히 말하면, CxQ는 사람들과 사고, 지식과 경험으로 이루어진 친숙하고 광범위한 네트워크를 통해 가치와 의미를 이끌어내는 재능으로 정의된다.

연결지능은 왜 중요한가?

연결지능은 힘을 증폭시킨다. 연결지능은 하나의 우주에서 방향을 읽어내겠다는 자신감이다. 그 세계에서 우리는 감히 이제까지 상상했던 것 보다 더 많은 것을 성취할 수 있다. 우리의 집단적인 두뇌와 마음의 힘, 물적 자산의 무한한 공급에 의지함으로써 가능해진다.

왜 지금 연결지능을 말하는가?

오늘날 연결지능의 광대한 힘이 드러나고 있다. 수많은 사람이 지식과 경험, 다양한 관점, 속보, 음악, 문화, 보건 분야 등 세계에 존재하는 모든 것과 포괄적인 관계를 맺게 된 것은 인류 역사상 처음 있는 일이기 때문이다.

연결지능 단기코스

다음은 당신을 위해 준비한《연결지능》의 장별 요약문이다.

다. 미국에서 가장 작은 주 로드아일랜드에서 호박을 키우는 한 농부가 인도의 농업 관행을 변화시키는 모습, 1년 차 주니어 변호사들이 법조계 두뇌들로 가득한 소셜 미디어 보물창고를 만들어내 고도의 효율성을 발휘하는 현장, 학비를 벌기 위해 웨이트리스로 일하던, 21살에 불과한 베트남 이민자가 자신의 맥북을 사용해 화장품 업계에 일대 혁신을 일으킨 이야기, 그리고 인터넷을 통해 다양한 분야의 무료 강의를 제공하는 칸 아카데미가 수업 방식에 강력한 반전을 일궈내며 현대 교육의 미래를 변화시키고 있는 사례 등을 소개한다.

CHAPTER 04

영리하게 연결하라

출신 학교나 주소록의 인맥, 출생 가족 등 전통적 경로에서 얻었던 영향력을 통해서만 전진할 수 있는 시대는 이제 막을 내렸다. 끊임없이 변화하는 디지털 세계에서 행운의 여신은 용기 있고 재빠르며 연결지능을 지닌 이들의 편에 서고 있다. 이러한 시대에 우리는 어떻게 의미 있는 목표, 원대한 꿈을 이룰 수 있을까? 콜게이트, 퀄키, 미티쿨, 허니비 네트웨크, 나이키, MIT 리틀 디바이스 그리고 오레오와 KLM 등을 포함한 크고 작은 기업에서 연결지능의 성공 모델을 살펴본다.

CHAPTER 05

용기는 용기를 통해 굳건해진다

연결지능은 단순히 사업적으로 크게 성공하거나 원대하고 야심 차며 독창적인 꿈을 추구하는 것에 관한 이야기가 아니다. 사람들은 점점 더 다양한 기술과 자신들만의 연결지능을 발휘해, 여러 자연재해, 정치적 사건들의 폭력적 여파, 테러 행위들에 나름의 응답을 보내고 있다. 연결지능이 발휘되는 강력하고 고무적인 사례들은 아이티 지진 구호활동에서부터 위기에 처한 10대들을 돕는 것에 이른다. 용기는 용기를 통해 굳건해진다. 그리고 이것이 연결지능이 진정한 의미와 가치를 획득하는 방법이다. 이 이야기들이 시사하는 바를 통해, 미래에 재난이 닥쳤을 때 우리 자신만의 연결지능을 발휘할 수 있을 것이다.

CHAPTER 06
연결하라! 그리고 변화시켜라

연결지능은 개인 간의 접근력과 영향력을 극적으로 확장한다. 겉보기에는 평범한 사람들이 말 그대로 자신의 세계를 변화시키는 데 연결지능의 어떤 도움을 받을 수 있는지 들여다본다. 가상현실 게임을 이용해 화상 환자들의 고통을 덜어주려 노력하는 과학자, 건강에 좋지 않은 학교급식에 반대하며 영양에 관한 국가적 논쟁을 촉발하고 그 문제를 자신이 기금을 마련하는 비영리단체로 확장한 9살 여학생, 기술의 접속성을 통해 인도 슬럼가의 어린이들에게 관심을 기울이며 멘토링을 하는 영국 할머니들이 다른 시대에서는 결코 얻을 수 없었던 기회를 젊은이들에게 제공하는 중요한 역할을 담당하면서 삶의 의미를 찾아가는 모습을 만나본다.

CHAPTER 07
문제 해결 그리고 놀이의 힘

연결지능의 가장 강력한 형태 중 하나는 혁신적인 개인들이 문제 해결 방식을 고안해내고 서로 지원하며 협력해 문제를 해결하는 방식에 있다. 디지털 게임은 연결지능을 위한 하나의 강력한 플랫폼으로 출현하고 있다. 정보를 신속하게 처리하고 서로 연관 지어 문제를 해결하는 재능이 모두 게임 문화의 DNA에 내장되어 있기 때문이다. 언어를 배우고 쓰레기를 청소하며 과학 문제를 해결하는 것에 이르기까지, 전례 없이 엄청난 수의 사람들이 외견상으로는 단순한 작업에 관여하는 것으로 보이나 궁극적으로 현실 세계의 여러 난제에 대처하는 이야기를 들어본다.

CHAPTER 08
다름의 힘

연결지능을 그토록 지속 가능한 힘으로 만드는 것 중 하나는 자신의 독특함을 굳건히 지켜내면서도 사람들이 모일 수 있게 한다는 점에 있다. 이번 장에서는 특이한 것에 몰두하는 괴짜나 자부심 강한 아웃사이더의 연결지능에 관해 이야기한다. 음악계 슈퍼스타 퍼렐이 자신의 모습을 진화시키며 괴짜들을 지지하는 '아이엠아더' 청년 캠페인으로써 영향력을 발휘하는 이야기, 딜로이트 대학의 '자기노출' 다양성 프로그램, 그리고《잘못은 우리별에 있어》의 저자 존 그린과 그의 영향력 있고 영감 넘치는 네르드파이터 요원 수천 명의 힘 등을 들여다본다.

CHAPTER 09
무엇이 가능할지 새롭게 상상하며

의료와 교육 분야를 변화시키며 우리의 현재와 미래에 영향을 끼치는 해결책을 제시하는 사람들을 만난다. 또한 큰일을 이루려는 탐색의 여정 속에서 우리 시대의 가장 절박한 환경 문제를 해결하고자 연결하는 현대의 몇몇 모험가들도 만나볼 수 있다.

3부
당신의 연결지능을 발견하라
– 연결지능 천재로 거듭나는 법 –

이제까지 우리는 연결지능을 의미 있는 일을 이루는 데 활용할 수 있는 여러 다양한 방식을 살펴보았다. 이제 그것을 당신 자신의 삶에서 어떻게 적용할 것인가? 여기서는 이 책에 제시된 것들을 사용할 수 있는 방법에 초점을 맞추어, 삶과 일 속에서 강력하고 실현 가능한 변화를 이끌어내는 데 승부를 걸어본다. 세상 사람의 수만큼 연결지능을 발휘하는 방법 또한 매우 다양하므로, 다음과 같은 자료와 함께 몇 가지 길을 제시한다.

- 다섯가지 연결지능 자질 5C
- 연결지능 역할 모델
- 연결지능 퀴즈
- 연결지능 워크플랜
- 연결지능 관리자 가이드
- 연결지능 오리엔테이션
- 연결지능 독서 토론 가이드

참고문헌

1부

CHAPTER 01 커다란 물결

1. Vannevar Bush, "As We May Think," The Atlantic Monthly, July 1, 1945, http:// www. theatlantic.com/magazine/archive/1945/07/as-we-may-think/303881/.
2. Ali Heriyanto, "This Is What Happened When We Called Quirky's Least Important CEO," Chipchick, June 30, 2014, ttp://www.chipchick.com/2014/06/happened-called-quirky-least-important-ceo.html.
3. Ariel Schwartz, "Nike Launches GreenXchange for Corporate Idea-Sharing," Fast Company, February 3, 2010, http://www.fastcompany.com/1536739/nike-launches-greenxchange-corporate-idea-sharing.
4. Sheila Shayon, "My Starbucks Idea Turns 5, Sparking a Latte Revolution," Brand-channel, April 1, 2013, http://www.brandchannel.com/home/post/2013/04/01/MyStarbucks-Idea-Turns-5-040113.aspx.
5. John Hagel Ⅲ, John Seely Bown and Lang Davidson, The Power of Pull: How Small Moves, Smartly Made, Can Set Big Things in Motion (New York: Basic Books, 2010), 1-23.
6. 조지프 캠벨, 『천의 얼굴을 가진 영웅』, 이윤기 옮김 (서울: 민음사, 2004)
7. 같은 책,

CHAPTER 02 연결지능의 기원

1. Sir Edward Cook, The Life of Florence Nightingale (London: Macmillan and Co., 1913), 254.
2. I. Bernard Cohen, "Florence Nightingale," http://www.unc.edu/~nielsen/soci708/cdocs/cohen.htm.
3. Cook, The Life of Florence Nightingale, 387.
4. Mark Bostridge, "Florence Nightingale: The Lady with the Lamp," BBC, February 17, 2011, http://www.bbc.co.uk/history/british/victorians/nightingale_01.shtml.
5. Fox Butterfield, "From Ben Franklin, A Gift That's Worth Two Fights," The New York Times,

April 21, 1990, http://www.nytimes.com/1990/04/21/us/from-ben-franklin-a-gift-that-s-worth-two-fights.html.

6. Carl Van Doren, Benjamin Franklin (New york: Penguin Books, 1991), 763.

7. Warren Berger, A More Beautiful Question: The Power of Inquiry to Spark Break-Through Ideas, (New York: Bloomsbury, 2006), 4.

8. Warren Berger, "How to Cultivate the Art of Asking Good Questions," The Wall Street Journal, March 5, 2014, http://blogs.wsj.com/speakeasy/2014/03/05/how-to-cultivate-the-art-of-asking-good-questiongs/.

9. 말콤 글래드웰,『티핑 포인트』, 임옥희 옮김 (서울: 21세기북스, 2004)

10. 같은 책.

11. Florence Nightingale, Florence Nightingale on Mysticism and Eastern Religion, ed. Gerard Vallee (Ontario: Wilfrid Laurier University Press, 2003), 260.

12. Joe Dolce, "When Yotam Mat Sami," Gourmet, February 2009, http://www.gourmet.com/magazine/2000s/2009/02/yotam-ottolenghi-profile.

13. E. M. 포스터,『하워즈 엔드』고정아 옮김 (서울: 열린책들, 2010)

14. Bulent Atalay and Keith Wamsley, Leonardo's Universe: The Renaissance World of Leonardo DaVinci (New York: National Geographic, 2009), 96.

2부

CHAPTER 03 의미 있는 성공은 어떻게 이루어지는가

1. Billy Baker, "Man Grows First One Ton Pumpkin," Boston Globe, September 28, 2012, http://www.bostonglobe.com/metro/2012/09/28/man-grows-first-one-ton-pumpkin/4G7p98dDirbbHMEQazd7TN/story.html.

2. Ron Wallace, in a phone interview with the authors, March 13, 2013.

3. Baker, "Man Grows First One Ton Pumpkin."

4. Ton Wallace, in a phone interview with the authors, March 13, 2013.

5. Catherine Rampell, "They Did Their Homework, 800 Years of It," The New York Times, July 4, 2010, http://www.nytimes.com/2010/07/04/business/economy/04econ.html?pagewanted=all.

6. Ruth Alexander, "Reinhart, Rogoff . . . and Herndon: The Student Who Caught Out the Profs," BBC, April 19, 2013, http://www.bbc.com/news/magazine-22223190.

7. Ibid.

8. Thomas Herndon, Michael Ash, Robert Pollin, "Does High Public Debt Consistently Stifle Economic Growth? A Critique of Reintart and Rogoff," Political Economy Research Institute, April 15, 2013, http://www.peri.umass.edu/236/hash/31e2ff374b6377b2ddec04deaa6388b1/

buplication/566/.

9. Center for Economic and Policy Research, "How Much Unemployment was Caused by Reinhart and Rogoff's Arithmetic Mistake?" April 16, 2013, http://www.cepr.net/index.php/ blogs/beat-the-press/how-much-unemployment-was-caused-by-reinhart-and-rogoffs-arithmetic-mistake.

10. Edward Krudy, "How a Student Took on Eminent Economists on Debt Issues and Won," Reuters, April 18, 2013, http://www.reuters.com/article/2013/04/18/us-global-economy-debt-herndon-idUSBRE93H0CV20130418.

11. Jay Fitzgerald, "Student's Critique of Austerity Policies Creates Firestorm," The Boston Globe, June 22, 2013, http://www.bostonglobe.com/business/2013/06/22/igniting-firestorm-over-austerity-policies/fZbc78sfvAOiJGBDPEgALL/story.html.

12. Alexander, "Reiinhart, Rogoff . . . and Harndon."

13. Paul Krugman, "The Conscience of a Liberal," The New York Time, April 16, 2013, http:// krugman.blogs.nytimes.com/page/55/,?nl=todaysheadlines&emc=edit_ae_20120319.

14. Economics One Blog, "Coding Errors, Austerity and Exploding Debt," blog entry by John B. Taylor, April 22, 2010, http://economicsone.com/2013/04/22/coding-errors-austerity-and-exploding-debt/.

15. The Big Wave Blog, "History," http://www.thebigwaveblog.com/big-wave-surfing-history.

16. Ibid.

17. Sumeet Moghe, "The Power of Pull-John Seely Brown," The Learning Generalist, November 2, 2010, http://www.learninggeneralist.com/2010/11/power-of-pull-john-seely-brown.html.

18. Linda Tucci, "Leaving the Past Behind and Embracing the 'New Normal' in IT," TechTarget, July 28, 2010, http://searchcio.techtarget.com/news/1517420/Leaving-the-past-behind-and-embracing-the-new-nomal-in-IT.

19. Hilary Howard, "Telling Stories, Selling Beauty," The New York Times, August 7, 2013, http:// www.nytimes.com/2013/08/08/fashion/telling-stories-selling-beauty.html?pagewanted=1&_r=0&adxnnl=1&ref=todayspaper&adxnnlx=1408967198-U%20T17ULhFNbzB44TKwA.

20. "YouTube Makeup Guru on Becoming a Beauty Superstar," Glamour, September 2013, http://www.glamour.com/lipstick/2013/09/michelle-phan-youtube-beauty-glamour-october-2013.

21. Stephanie Hayes, "Michelle Phan, a YouTube Sensation for her Makeup Tutorials, Has transformed Her Life," Tampa Bay Times, August 22, 2009, http://www.tampabay.com/ features/humaninterest/michelle-phan-a-youtube-sensation-for-her-makeup-tutorials-has-transformed/1029747.

22. Michelle Phan, "Video," http://michellphan.com/category/video/.

23. Michelle Phan, "About Me," http://michellephan.com/about-me/.

24. Rachel Strutgatz, "VLoggersWinningOnilineBattleOverBrands," WWD, March 14, 2014, http://www.wwd.com/media-news/media-features/vloggers-winning-online-battle-over-brands-7592082.

25. Eva Chen, "Video Exclusive: Michelle Phan for Lancome Holiday Makeup How To," Teen Vogue, November 22, 2010, http://www.teenvogue.com/blog/teen-vogue-daily/2010/11/michelle-phan.html.

26. Alison Beard, "Life's Work: Salman Khan," Harvard Business Review, January 2014, http://hbr.org/2014/01/salman-khan/ar/1.

27. Michael Noer, "One Man, One Computer, 10 Million Students," Forbes, November 2, 2012, http://www.forbes.com/sites/michaelnoer/2012/11/02/one-man-one-computer-10-million-students-how-khan-academy-is-reinventing-education.

28. Salman Khan, "Let's Use Video to Reinvent Education," TED, March 2011, http://www.ted.com/talks/salman_khan_let_s_use_video_to_reinvent_education/transcript.

29. Ibid.

30. Ibid

CHAPTER 04 영리하게 연결하라

1. "Colgate-Palmolive," Forbes, http://www.forbes.com/companies/colgate-palmolive/.

2. "Method to Get Fluoride Powder into Toothpaste Tuves," Idea Connection, http://www.ideaconnection.com/open-innovation-success/Method-to-Get-Fluoride-Power-into-Toothpaste-Tubes-00057.html.

3. Jaff Howe, " The Rise of Crowdsourcing," Wired, June 2006,http://archive.wired.com/wired/archive/14.06/crowds.html.

4. Ed Melcarek, "From a 'Jack to a King,' a True Story," Innocentive, August 20, 2008, http://www.innocentive.com/blog/2008/08/20/ed-melcarek/.

5. Ibid.

6. Ibid.

7. Ibid.

8. US Chamber Foundation, "Millennial Generation Research Review," National Chamber Foundation, 2012, http://www.uschamberfoundation.org/millennial-generation-research-review.

9. Carman Nobel, "Colgate Seeks Fresh Ideas in Personal Care," The Street, May 4, 2010, http://www.thestreet.com/story/10744025/1/colgate-seeks-fresh-ideas-in-personal-care.html.

10. Josh Dean, "Is This the World's Most Creative Manufacturer?," Inc., October 2013, http://www.inc.com/magazine/201310/josh-dean/is-quirky-the-worlds-most-creative-manufacturer.html

11. Natt Garun, "How Social Community Shapes and Develops Quirky Products," Digital Trends, July 30, 2012, http://www.digitaltrends.com/home/how-social-community-shapes-and-develop-quirky-products/#!bJNnSI.

12. Joshua Brustein, "WhyGESeesBigThingsinQuirk'sLittleInventions," Businessweek, November 13, 2013, http://www.businessweek.com/articles/2013-11-13/why-ge-sees-big-things-in-quirkys-little-inventions.

13. Eliza Brooke, "Quirky, The New York-Based Invention Machine, Brings On Doreen Lorenzo as President to Build Out Product Categories," Tech Crunch, October 1, 2013, http://techcrunch.com/2013/10/01/quirky-the-new-york-based-invention-machine-brings-on-doreen-lorenzo-as-president-to-build-out-product-categories/.

14. Dean, "Is This the World's Most Creative Manufacturer?"

15. Vivek Sinha, "Mitticool: Son of the Soil Keeps Things Cool with His 'Desi Gadget,'" Hindustan Times, January 14, 2014, http://www.hindustantimes.com/india-news-mitticool-son-of-the-soil-keeps-things-cool-with-his-desi-gadget/article1-1172621.aspx.

16. Navi Radjou, Jaideep Prabhu, Simone Ahuja and Kevin Roberts, Jugaad Innovation: Think Frugal, Be Flexible, Generate Breakthroughs (New York: Jossey-Bass, 2012).

17. Anil Gupta, "India's Hidden Hotbeds of Innovation." TED, November 2009, http://www.ted.com/talks/anil_gupta_india_s_hidden_hotbeds_of_invention.

18. Ariel Schwartz, "Nike Launches GreenXchange for Corporate Idea-Sharing," Fast Company, February 3, 2010, http://www.fastcompany.com/1536739/nike-launches-greenxchange-corporate-idea-sharing.

19. Don Tapscott, "Davos and Partners Launch the GreenXchange," Businessweek, January 27, 2010, http://www.businessweek.com/the_thread/techbeat/archives/2010/01/davos_nike_and.html.

20. Nike, "Nike Releases Environmental Design Tool," November 29, 2010, http://nikeinc.com/news/nike-releases-environmental-design-tool-to-industry.

21. "How Nike's Green Dsign Saved 82 Million Plastic Bottles," Greenbiz, February 9, 2011, http://www.greenbiz.com/blog/2011/02/09/how-nikes-green-design-saved-82m-plastic-bottles.

22. Little Devices @ MIT, "Little Devices, Big Ideas," http://littledbices.org/.

23. David Chandler, "In the World: MIT-designed Cooler Preserves Tuberculosis Drugs; Record Doses," MIT News, http://newsoffice.mit.edu/2012/fighting-tuberculosis-0530.

24. Tina Rosenburg, "Playing with Toys and Saving Live," The New York Times, January 29, 2014, http://opinionator.blogs.nytimes.com/2014/01/29/playing-with-toys-and-saving-lives/.

25. Ibid.

26. B. Bonin Bough, "The Power of Real-Time Advertising," Havard Business Review, February 5, 2013, http://blogs.hbr.org/2013/02/the-power-of-real-time-adverti/.

27. "Who Bought What in Superbowl XLVIII," AdAge, February 3, 2014, http://adage.com/article/special-report-super-bowl/super-bowl-ad-chart-buying-super-bowl-2014/244024/.

28. Thomas Barrabi, "Is the Superbowl Fixed? Rumors that NFL, BookMakers Rig Game Persist, Cite XLVII Power Outage as Proof," International Business Times, January 31, 2014, http://www.ibtimes.com/super-bowl-fixed-rumors-nfl-book-makers-rig-game-persist-cite-xlvii-

power-outage-proof-1549788.

29. Dave Smith, "Why the Best Super Bowl Ad in 2013 Was Free," International Business Times, February 4, 2014, http://www.ibtimes.com/why-best-super-bowl-ad-2013-was-free-1059500.

30. 360i, "TheOreoBlackoutTweet,"http://www.360i.com/work/oreo-super-bowl/.

31. Rob Bleaney, "KLM Sombrero Tweet Mocking Mexico's World Cup Exit to Holland Causes Fury," The Guardian, June 30, 2014, http://www.theaguardian.com/football/2014/jun/30/klm-sobrero-tweet-mexico-world-cup-holland-gael-garcia-bernal.

32. Ibid.

CHAPTER 05 용기는 용기를 통해 굳건해진다

1. Ory Okolloh, "Ory Okolloh: How I Became an Activist," TED, August 2008, http://www.ted.com/talks/ory_okolloh_on_becoming_an_activist/transcript.

2. Josias Gassesse, "Ory Okolloh: The Kenyan Queen of Digital in Africa!," Africa Top Success, March 21, 2014, http://www.africatopsuccess.com/en/2014/03/21/ory-okolloh-the-kenyan-queen-of-digital-in-africa/.

3. Richard Longhurst, "Famines, Food and Nutrition: Issues and Opportunities for Policy and Research," http://archive.unu.edu/unupress/food/8F091e/8F091E05.htm.

4. Kenyan Pundit, " About," http://www.kenyanpundit.com/about/.

5. Ushahidi, "Frequently Asked Questions," http://www.ushahidi.com/mission/faq/.

6. Russ Linden, "The Life-Saving Power of Crowdsourcing," Governing, January 23, 2013, http://www.governing.com/columns/mgmt-insights/col-crowdwourcing-ushahidi-saving-lives-haiti-earthquake.html.

7. Ibid.

8. Ibid.

9. Ohuud Saad, "Tahrir Supplies: A Superhero Has Finally Landed," What Woman Want Magazine, January 2012, http://whatwomenwant-mag.com/2012/12/tahrir-supplies-a-superhero-has-finaly-landed/.

10. Ibid.

11. Ibid.

12. Interzone Rebels, "Requests and Needs from #Tahrir and #Elsewhere," Storify, http://storify.com/interzonerebels/requests-and-needs-from-egypt-tahrir-and-elsewhere.

13. Clive Thompson, Smarter Than You Think: How Technology Is Changing Our Minds for the Better(New York: Penguin Group, 2012), 156-7.

14. Ibid., 158.

15. McKinsey & Company, "The Improbable Story of Malala and McKinsey," http://www.mckinsey.com/careers/our_people_and_values/alumni-a_community_for_life/the_improbable_

story_of_malala_and_mckinsey.

16. Ibid.

17. Callie Schweitzer, "30 Under 30: Meet Shiza Shahid, Malala's Right-Hand Woman," Time, December 6, 2013, http://ideas.time.com/2013/12/06/30-under-30-shiza-shahid-and-the-malala-fund/.

18. Catupult, "Malala Fund," http://www.catapult.org/partners/partner/26675/public.

19. Do Something.org, "Campaigns," http://www.dosomething.org/campaigns.

20. Do Something.org, "Nancy Lublin: CEO & Chief Old Person," http://www.dosomething.org/staff/nancy_lublin.

21. Nancy Lublin, "Texting That Saves Lives," TED, April 2012, http://www.ted.com/talks/nancy_lublin_texting_that_saves_lives/transcript.

22. Ibid.

23. Naomi Hirabayshi, in a phone interview with the authors, June 26, 2014.

24. Ibid.

25. Lublin, "Texting That Saves Lives."

26. Naomi Hirabayshi, in a phone interview with the authors, June 26, 2014.

27. John H. Richardson, "Lance Armstrong in Purgatory: The Afterlife," Esquire, July 7, 2014, http://www.esquire.com/features/lance-armstrong-interview-0814.

28. Robert R. Wood, "Lance Armstrong Payback for Sunday Times'Libel' That Wasn't," Forbes, August 27, 2013, http://www.forbes.com/sites/robertwood/2013/08/27/lance-armstrong-payback-for-snday-time-libel-that-wasnt/.

29. Mary Pilon, "Armstrong Aide Talks of Doping and Price Paid," The New York Times, October 12, 2012, http://www.nytimes.com/2012/10/13/sports/cycling/lance-armstrong-aide-talks-of-doping-and-price-paid.html?pagewanted=all&_r=0.

30. Ibid.

31. Austin Murphy,"Betsy Andreu Always Knew That Lance Armstrong Doped," Sports Illustrated, January 17, 2013, http://www.si.com/more-sports/2013/01/17/betsy-andreu-lance-armstrong.

32. Ibid.

33. Ibid.

34. Andy Shen, "Michael Ashenson," NY Velocity, April 3, 2009, http://nyvelocity.com/content/interviews/2009/michael-ashenden.

35. David Carr, "Chasing Lance Armstrong's Misdeeds from the Sidelines," The New York Times, October 29, 2012, http://www.nytimes.com/2012/10/29/business/media/chasing-lance-armstrongs-misdeeds-from-the-sidelines.html?pagewanted=all.

36. Richardson, "Lance Armstrong in Purgatory: The Afterlife."

37. "It's Payback Time, Lance! Armstrong Told to Return Every Penny of Prize Money Earned During Doping Years," Mail Online, October 26, 2012, http://www.dailymail.co.uk/sport/othersports/article-2223628/Lance-Armstron-or-dered-pay-prize-money-won-doping.

html.

38. Richardson, "Lance Armstrong in Purgatory: The Afterlife."

39. Simon Marks, "Somaly Mam Holy Saint (and Sinner) Sex Trafficking," Newsweek, May 30, 2014, http://www.newsweek.com/2014/05/30/somaly-mam-holy-saint-and-sinner-sex-trafficking-251642.html.

40. Ibid.

41. Katha Polit, "Sex Trafficking Lies & Money: Lessons from the Somoly Mam Scandal," The Nation, June 4, 2012, http://www.thenation.com/article/180132/sex-trafficking-lies-money-lessons-somaly-mam-scandal.

42. Marks, "Somaly Mam Holy Saint (and Sinner) of Sex Trafficking."

43. Ibid.

44. International Labor Organization, ILO Global Estimate of Forced Labor: Results and Methodology, 2012. International Labor Office, "A Global Alliance Against Forced Labor, Global Report under the Follow-up to the ILO Declaration on Fundamental Principles and Rights at Work," 2005, http://www.ilo.org/public/english/standards/relm/ilc/ilc93/pdf/rep-i-b.pdf.

45. Audre Lorde, Sister Outsider: Essays and Speeches by Audre Lorde (Berkeley, CA: Crossing Press, 2007), 110-114.

CHAPTER 06 연결하라! 그리고 변화시켜라

1. HIT Lab, "VR Therapy for Spider Phobia," http://www.hitl.washington.edu/projects/exposure/.

2. Hunter Hoffman, in a phone interview with the authors, February 25, 2014.

3. Ibid.

4. Ibid.

5. Ibid.

6. Ibid.

7. Ibid.

8. Ibid.

9. Steve Hartman, "How Letters from Strangers Saved a Teen's Life," CBS News, March 8, 2013, http://www.cbsnews.com/news/how-letters-from-strangers-saved-a-teens-life/.

10. Karen Brocklebank, "A Victim of bullying," Letters for Noah, http://www.lettersfornoah.com/about-noah.html.

11. Ibid.

12. Shelley Ng, "Mom's Inspirational Letter Drive Causes Bullied Maryland Boy to Retreat from plan to Commit Suicide, Attracts 10,000 Messages from Kindhearted People Across the Globe," The New York Daily News, March 10, 2013, http://www.nydailymews.com/news/

national/mom-inspirational-letter-drive-bullied-maryland-boy-retteat-plan-commit-suicide-article-1.1284599.

13. Ibid.

14. Karen Brocklebank, Facebook, September 4, 2013, http://www.facebook.com/LettersForNoah.

15. Ibid., August 26, 2013.

16. Ibid., February 8, 2014.

17. Allana Maiden, in a phone interview with the authors, April 1, 2013.

18. Ibid.

19. Ibid.

20. Nina Strochlic, "How an Online Campaign May Get Victoria's Secret into 'Survivor Bras," The Daily Beats, February 1, 2013, http://www.thedailybeast.com/articles/2013/02/01/how-an-online-campaign-may-get-victoria-s-secret-into-survivor-bras.html.

21. Sugata Mitra, "Build a School im the Cloud," TED, July 2010, http://www.ted.com/talks/sugate_mitra_build_a_school_in_the_cloud.

22. World Population Review, "India Population 2014," March 26, 2014, http://worldpopulationreview.com/countries/india-population/.

23. Sugata Mitra, "The Child-Driven Education," TED, July 2010, http://www.ted.com/talk/sugate_mitra_the_child_driven_education/transcript?language=en.

24. Mitra, "Build a School in the Cloud."

25. Joshua Davis, "How a Radical New Teaching Method Could Unleash a Generation of Geniuses," Wired, October 15, 2013, http://www.wired.com/2013/10/free-thinkers/all/.

26. EDU.Blog.com, "Sugata Mitra: The Granny Cloud," blog entry by Ewan McIntosh, January 19, 2011, http://edu.blogs.com/edublogs/2011/01/sugata-mitra-the-granny-cloud.html.

27. Johns Hopkins Medicine, "Gaining Health while Giving Back to the Community," April 2004, http://www.hopkinsmedicine.org/press_releases/2004/04_06_04.html.

28. Linnea Covington, "Food Blogger, 9.. Crusades For Better School Lunches," To-day, May 23, 2012, http://www.today.com/food/food-blogger-9-crusades-better-school-lunches-790083.

29. Ravi Somaiya, "Girl 9 Gives School Lunch Failing Grade," The New York Times, June 15, 2012, http://www.nytimes.com/2012/06/16/world/europe/girl-9-gives-school-lunch-failing-grade.html.

30. NeverSeconds Blog, "Today was Very Different at Lunchtime," blog entry by Martha Payne, May 2012, http://neverseconds.blogspot.com/2012/05/today-was-very-different-at-lunchtime.html.

31. Brendan Carlin and Malcolm Moore, "Oliver's Campaign Bears Fruit," The Telegraph, March 31, 2005, http://www.telegraph.co.uk/news/uknews/1486782/Olivers-campaign-bears-fruit.html.

32. Alexandra Sifferlin, "9-Year-Old Food Blogger Takes on School Lunch," Time, May 25, 2012,

http://healthland.time.com/2012/05/25/9-year-old-food-blogger-takes-on-school-lunch/.

33. NeverSeconds Blog, "New Things from Yesterday Radishes," blog entry by Martha Payne, May 2012, http://neverseconds.blogspot.com/2012/05/new-things-from-yesterday-radishes-mini.html.

34. Susie Boniface, "Food For Thought: Star Pupil Martha Exposes Shocking State of Her School Dinners-and Teaches Grown-Ups a Lesson," Mirrior, June 15, 2012, http://www.mirror.co.uk/news/uk-news/never-seconds-blog-martha-exposes-884987.

35. Ibid.

36. Ibid.

37. Martha Payne, " Martha Payne: Diary of a Girl Who Fed the Starving," The Telegraph, October 4, 2012, http://www.telegraph.co.uk/news/worldnews/africaandindianocean/malawi/9584222/Martha-Payne-diary-of-a-girl-who-fed-the-starving.html.

38. Valerie Aguilar, "Maria Theresa Kumar," BellaOnline, http://www.bellaonline.com/articles/art35108.asp.

39. "RaisingOur Voices: Meet Maria Theresa Kumar, founder of Voto Latino," Woman's Day, http://www.womansday.com/life/personal-stories/maria-teresa-kumar.

40. Ibid.

41. Ibid.

CHAPTER 07 문제 해결 그리고 놀이의 힘

1. The Green Book: A Guide to Members' Allowances (Westminster: House of Commons, march 2009), 59-60.

2. "MP's lose bid to hide expense claims from journalists," Press Gazette, May 16, 2008, http://www.pressgazette.co.uk/node/41186.

3. Iain Watson, "Risks and Gains of Expenses Leak," BBC, May 9, 2009, http://news.bbc.co.uk/2/hi/uk_news/politics/8041591.stm.

4. Clogdah Hartley, "Millions see Beckett Heckled,"The Sun, January 12, 2011, http://www.thesun.co.uk/sol/homepage/news/article2432534.ece.

5. "MP's Expenses: All the Revelations, as a Spreadsheet," The Guardian, http://www.theguardian.com/news/datablog/2009/may/13/mps-expenses-houseofcommons.

6. Martin Beckford, "MP's Two Lvatory Seats in two Tears for John Prescott," The Telegraph, May 2009, http://www.telegraph.co.uk/news/mewstopics/mps-expenses/5293199/MPs-expenses-Two-lavatory-seats-in-two-years-for-John-Prescott.html.

7. Rosa Prince, "David Milliband Callenged by Gardener: MP's Expenses," The Telegraph, May 2009, http://telegraph.co.uk/news/newstopics/mps-expenses/5293729/David-Miliband-challenged-by-gardener-MPs-expenses.html.

8. Martin Beckford, "Immingration Minister Claimed for Women's Clothing and Panty

Liners," The Telegraph, May 2009, http://www.telegraph.co.uk/news/newstopics/mps-expenses/5298364/Immigration-Minister-claimed-for-womens-clothing-and-panty-liners.html.

9. Rosa Prince, "MP's Expenses: Taxpayer Chared for Michael Ancram's Pool," The Telegraph, May 2009, http://www.telegraph.co.uk/mews/mewstopics/mps-expenses/5309953/MPs-expenses-Taxpayer-charged-for-Michael-Ancrams-pool.html.

10. Allegra Stratton, "Bill Cash battles for Political Life as Expenses Row Threatens More MPs," Cuardian, May 2009, http://www.theguardian.com/politics/2009/may/29/bill-cash-conservatives-mps-expenses.

11. Kevin Maguire, "Where Do You Rank in the Official Earning List? Figures Reveal Huge Pay Gap Between the Rich and Poor," Mirror, January 9, 2014, http://www.mirror.co.uk/news/uk-news/uk-average-salary-26500-figures-3002995.

12. Iain Martin, "MPs Expenses: A Scandal That Will Not Die," The Telegraph, April 13, 2014, http://www.telegraph.co.uk/news/newstopics/mps-expenses/10761548/MPs-expenses-A-scandal-that-will-not-die.html.

13. Mike Butcher, "Guardian Releases Crowdsourcing App to Pick Over MP's Expenses," TechCrunch, June 18m 2009, http://techcruch.com/2009/06/18/guardian-releases-crowd-sourcing-app-to-pick-over-mps-expenses/.

14. Clive Thompson, Smarter Than You Think: How Technology Is Changing Our Minds for the Better, (New York: Penguin Group 2013).

15. Michael Anderson, "Four Crowdsourcing Lessons from the Guardian's Spectacular Expenses Scandal," Neiman Lab, June 23, 2009, http://www.niemanlab.org/2009/06/four-crowdsourcing-lessons-from-the-guardians-spectacular-expenses-scandal-experiment/.

16. Ibid.

17. Ibid.

18. TED, "Seth Cooper," http://www.tedmed.com/speakers/show?id=6591.

19. Clive Thompson, "Clive Thompson: Towards the Hive Mine," National Post, November 28, 2013, http://fullcomment.nationalpost.com/2013/11/28/clive-thompson-toward-the-hive-mind/.

20. Rachel Botsman, What's Mine Is Yours: The Rise of Collaborative Consumption, (New York: HarperCollins, 2010).

21. Ibid.

22. Let's Do It, "Statistics," http://www.letsdoitworld.org/statistics.

23. Let's Do It, "About World Cleanup." http://www.letsdoitworld.org/about.

24. Let's Do It, "Let's Create the Biggest and Ugliest Map Ever," March 23, 2011, http://www.letsdoitworld.org/news/lets-create-biggest-and-ugliest-map-ever.

25. Saul Kaplan, The Business Model Innovation Factory: How to Stay Relevant When the World Is Changing, (New York: Wiley, 2012).

26. Small Business Professor, "The Gem Plumbing Dynasty," http://www.smallbusinessprof.com/

case-studies/gem-plumbing.php.

27. Scott Sayare, "A Dictator Is Gone, but Egypt's Traffic and Congestion Seem Immovable," The New York Times, September 10, 2012, http://www.nytimes.com/2012/09/11/world/ middleeast/for-egyptians-no-relief-from-cairos-infamous-traffic.html?pagewanted=all&_r=0.

28. Ibid.

29. Reem Leila, "Beating the Traffic Together," Al-Aahram Weekly, may 2, 2014, http://weekly. hram.org.eg/Print/5314.aspx.

30. Sayare, "A Dictator Is Gone, but Egypt's Traffic and Congestion Seem Immovable."

31. Bey2ollak, "Bey2ollak, 'We Empower People to Fight Traffic Together," http://desktop. bey2ollak.com/about-bey2ollak/.

32. "Co-founder of Bay2ollak: Entrepreneurship is the only solution for developing Ebypt," DailyNews Egypt, September 1, 2013, http://www.dailynewsegypt.com/2013/09/01/co-founder-of-bey2ollak-entrepreneurship-is-the-only-solution-for-developing-egypt/.

33. Bey2ollak, "Bay2ollak; 'We Empower People to Fight Traffic Together.'"

34. Reem Leila, "Beating the Traffic Together."

35. Ibid.

36. Nancy Messieh, "Beyollak, an Egyptian Startup Success Story to Aspire To," The Next Web, July 17, 2011, http://thenextweb.com/me/2011/07/17/bey2ollak-an-egyptian-start-up-success-story-to-aspire-to/.

37. Ibid.

38. Soutik Biswas, "Digital Indians: Rikin Gandhi Helps Farmers with Videos," BBC, September 11, 2013, http://www.bbc.com/news/technology-23867132.

39. Ian Steadman, "Digital Green Uses Social Networking to Improve Farming Knowledge," Wired, November 14, 2012, http://www.wired.co.uk/news/archive/2012-11/14/farmerbook.

40. Ibid.

41. Ibid.

42. Ibid.

43. Ibid.

44. Ibid.

45. Luis von Ahn, "Massive Scale Online Collaboration," TED, December 2011, http://www.ted. com/talks/luis_von_ahn_massive_scale_online_collaboration/transcript.

46. Ibid.

47. Saj-nicole Joni, "Help Yourself and Help the World: An Interview With Duolingo CEO Luis von Ahn," Forbes, May 28, 2014, http://www.forbes.com/sites/forbesleadershipfor um/2015/05/28/help-yourself-and-help-the-world-an-interview-with-duolingo-ceo-luis-von-ahn/.

48. Von Ahn, "Massive Scale Online Collavoration."

49. Ibid.

50. Joni, "Help Yourself and Help the World."

51. Ibid.

52. Ibid.

53. Luis von Ahn, "Massive Scale Online Collaboration [video]," TED, December 2011, http://www.ted.com/talks/luis_von_ahn_massive_scale_online_collaboration?language=en#t-833641

54. Joni, "Help Yourself and Help the World."

55. Ibid.

CHAPTER 08 다름의 힘

1. Simon Hattenstone, "Pharrell Williams: My Music Is so Much Bigger Than Me, and What I Am," The Guardian, March 7, 2014, http://www.theguardian.com/music/2014/mar/08/pharrell-williams-interview-daft-punk.

2. Zach Baron, "How Pharrell Williams on Advanced Style Moves and that Oscar Snub: My song Will Be Here for 10 Years," GQ, March 2014, http://www.gq.com/entertainment/profiles/201404/pharrell-williams-oscar-snub.

3. Ibid.

4. I am Other, "About," http://Iamother.com/about.

5. Brain Athlete, "The Closest Friendships of Albert Einstein," http://brainathlete.co/closest-friendships-albert-einstein/.

6. Kevin Brown, Reflections on Relativity, October 2013, http://www.mathpages.com/rr/s3-08/3-08.htm.

7. Joshua Shenk, Powers of Two: Finding the Essence of Innovation in Creative Paris (New York : Houghton Mifflin Harcourt, 2014).

8. Ibid.

9. Ayana Byrd, "How Pharrell's Crative Director Is Making the World Happy," Fast Company, July 1, 2014, http://www.fastcompany.com/3032361/innovation-agents/how-pharrells-creative-director-is-making-the-world-happy.

10. Collaborative Fund, "About," http://collaborativefund.com/about/collavorative-fund/.

11. Ibid.

12. Zack Baron, "Pharrell Williams Is Finally Happy," GQ, February 27, 2014, http://www.gq.com/entertainment/profiles/201402/pharrell-girl-album-exclusive.

13. Kenji Yoshino, Covering: The Hidden Assault of Our Civil Rights, (New York: Random House, 2006).

14. Christie Smith, in a phone interview with the authors, April 20, 2014.

15. Ibid.

16. Powerhouse Museum, "Slim Fit Burqini by Ahiida," 2011, http://www.powerhousemuseum.com/mob/collection/database/?irn=435338.

17. Ibid.

18. Ibid.

19. Ibid.

20. Ibid.

21. Liz Jackson, "Riot and Revege," Australian Broadcasting Corporation, March 13, 2006, http://www.abc.net.au/4corners/content/2006/s1590953.htm.

22. "Man Charged over Sydney Messages," BBC, December 22, 2005, http://www.news.bbc.co.uk/2/hi/asia-pacific/4551356.stm.

23. Jackson, "Riot and Revenge."

24. Powerhouse Museum, "Slim Fit Burqini by Ahiida."

25. Frans Johansson, The Medici Effect: What Elephants and Epidemics Can Teach Us About Epidemics (Boston: Harvard Business Review Press, 2006).

26. Pat Mitchell, in an interview with the authors, March 13, 2014.

27. Ibid.

28. Ibid.

29. Susan Sontag, "Illness as Metaphor," New York Review of Books, January 26, 1978, http://www.nybooks.com/articles/archives/1978/jan/26/illness-as-metaphor/.

30. Michelle Dean, "Nerdfighter," http://www.urdandictionary.com/Be-a-nerd-fighter.

31. Urban Dictionary.com, "Nerdfighter," http://www.urbandictionary.com/define.php?term=Nerdfighter.

32. Wikihow.com, "How to Be a Nerdfighter," http://www.wikihow.com/Be-a-Nerdfighter.

33. Dean, "A Note on Nerdfighter."

34. Vlog brothers, "Rest in Awesome, Esther," YouTube, August 27, 2010, http://www.youtube.com/watch?v=Mj96HM9kDTQ.

35. Wikihow.com, "How to Be a Nerdfighter."

CHAPTER 09 무엇이 가능할지 새롭게 상상하며

1. carl Zimmer, "The Who Turned to Bone," The Atlantic, May 22, 2013, http://www.theatlantic.com/magazine/archive/2013/06/the-mystery-of-the-second-skeleron/309305

2. Ibid.

3. Ibid.

4. Ibid.

5. Ibid.

6. Ibid.

7. Centers for Disease Control and Protection, "Osteoporosis or Low Bone Mass at the Femur Neck or Lumbar Spine in Older Adults," April 2012, http://www.cdcgov/nchs/data/databriefs/db93.htm.

8. Knight blog, "the Power of Crowd Wisdom in Solving Difficult Medical Cases," blog

entry by Thomas Krafft, March 27, 2014, http://www.knightfoundation.org/blogs/knightblog/2014/3/27/power-crowd-wisdom-solving-difficult-medical-cases/.

9. Crowdsourcing.org, "CrowdMed Adds Crowd Wisdom to the Medical Community," April 17, 2013, http://www.crowdsourcing.org/editorial/crowdmed-adds-crowd-wisdom-to-the-medical-community/25332.

10. Liar Clark, "medical Web Tool Lets the Crowd Diagnose Your Illness,"Wired, Aprill 17, 2013, http://www.wired.co.uk/news/archive/2013-04/17/crowdmed.

11. Carolyn Johnson, "Thorny research Problems, Solved by Crowdsourcing," Boston Globe, February 11, 2013, http://www.vostonglobe.com/business/2013/02/11/crowdsourcing-innovation-harvard-study-suggests-prizes-can-spur-scientific-problem-solving/JxDkokuKboRjWAoJpM0OK/story.html/.

12. Diabetes Mine, "Harvard Culls New Type I Diabetes Research Ideas," October 13, 2010, http://www.diabetesmine.com/2010/10/harvard-culs-new-type-1-diabetes-research-ideas.html.

13. Eliot van Buskirk. "Harvard-Based Crowdsource Project Seeks New Diabetes Answers-and Questions," Wired, February 3, 2010, http://www.wired.com/2010/02/crowdsourcing-rewires-harvard-medical-frsearchers-brain/.

14. Eva Guinan, Kevin J. Boudreau and Karim R. Lakhani, "Experiments in Open Innovation at Harvard Medical School," MIT Sloan Management Review, March 19, 2013, http://sloanreview.mitedu/article/experiments-in-open-innovation-at-harvard-medical-school/.

15. Ibid.

16. The World Bank, "Curbing Air Pollution in Mongolia's Capital," April 25, 2012, http:/www.worldbank.orgen/news/feature_tense/2012/04/25/curbing_air-pollution-in-mongolia-capital.

17. Jeffrey Young, "The Student Becomes the Teacher," Slate, April 23,2014, http://www.slate.com/articles/technology/future_tense/2014/04/battushig_myan ganbayar_aced_an_edx_mooc_then_gave_lessons_to_mit.2.html.

18. Laura Pappano, "The Boy Genius of Ulan Bator," the New york times, Septem-of-ulan-vator.html?pagewanted=all.

19. Young, "The Student Becomes the Teacher."

20. Pappano, "The Boy Genius of Ulan Bator."

21. Elizabeth Hone, "The Gardener Who Nurtured London's Crystal Palace," Christian Science Monitor, October 4, 1980, http://www.csmonitor.com/1980/1024/102456.html.

22. Ibid.

23. 허버트 조지 웰스,『타임머신』, 김석희 옮김 (서울: 열린책들, 2011)

24. Architects for Peace, "Curriculum Vitae: Mick Pearce," http://www.architects forpeace.org/mickprofile.php.

25. 제닌 M. 베니어스,『생체모방』, 최돈찬 · 이명희 옮김 (서울: 시스테마, 2010)

26. Architects for Peace, "Curriculum Vitae: Mick Pearce."

27. Abigal Doan, "Biomimetic Architecture: Green Building in Zimbabwe Modeled after Termite

Mounds," Inhabitat, November 29, 2012, http://inhabitat.com/building-modelled-on-termites-eastgate-centre-in-zimbabwe/.

28. Ibid.

29. Chris Fischer, in a phone interview with the authors, October 31, 2013.

30. Ibid.

31. National Wildlife Foundation Bolg,"Is There Still Hope for Sharks?." 〈arch 21, 2012, http://blog.nwf.org/2012/03/wildlife-week-is-there-still-hope-for-sharks/.

32. Chris Fischer, in a pone interview with the authors, October 31, 2013.

33. National Geographic Channel, "Chris Fischer," http://natgeotv.com/za/sharkmen/biographies/.

34. Chris Fischer, in a phone interview with the authors, October 31, 2013.

35. Ibid.

36. Ibid.

37. Ibid.

3부

당신의 연결지능을 발견하라
–연결지능 천재로 거듭나는 법–

1. Gloria Steinem, "Q&A," http://www.gloriasteinem.com/qa/.

2. 앙드레 지드, 『위폐범들』, 권은미 옮김 (서울: 문학과 지성사, 2012)

3. 오스카 와일드, 『오스카 와일드 희곡선집』, 오경심 옮김 (서울: 이화여자대학교 출판부, 2010),

4. Seth Godin, Tribes: We need you to Lead Us(London : Leonard Smithers and Co.,1898.), 15.

5. Bombay Sarvoyda Mandal and Gandhi Research Foundation, "The Power of Non-Violence," http://www.mkgandhi Research Foundation, "The Power of Non-violence," httpwww.mkgandhi.org/nonviolence/phil2.htm.

6. 앙투안 드 생텍쥐페리, 『전시 조종사』, 이립니키 그림, 배영란 옮김 (서울: 현대문화센터, 2009)

7. Maria Popova, in an interview with the authors, August 31, 2014.

8. Nelson Mandela.org, "Selected Quotes," http://www.nelsonmandela.org/content/mini-site/selected-quotes.

9. Kathy Caprino, "10 Lessons I Learned form Sara Blakely," forbes, May 23, 2012, http://www.forbes.com/sites/kathycaprino/2012/05/23/10-lessons-i-learned-from-sara-blakely-that-you-wont-hear-n-business-school/.

10. Katharine Hepburn and Susan Crimp, Katharine Hepburn Once Said...: Great Lines to live by(New York: HarperCollins, 2003), 30.

11. 리처드 파스칼 · 제리 스터닌 · 모니크 스터닌, 『긍정적 이탈』, 박홍경 옮김 (서울: 알에이치코리아, 2012)